Friedrich Nietzsche



# A Gaia Ciência

Friedrich Nietzsche

# A Gaia Ciência

Tradução
Antonio Carlos Braga

Lafonte

2020 - Brasil

Título original: *Die Fröhliche Wissenschaft*


**Direção Editorial** *Sandro Aloísio*
**Tradução** *Antonio Carlos Braga*
**Diagramação e Capa** *Marcelo Sousa | deze7 Design*
**Imagem** *Foto baseada em ilustração de Elena Ray, Shutterstock.com*
**Revisão** *Nídia Licia Ghiardi*
**Produção Gráfica** *Diogo Santos*
**Organização Editorial** *Ciro Mioranza*

**Dados Internacionais de Catalogação na Publicação (CIP)**
**(Câmara Brasileira do Livro, SP, Brasil)**

Nietzsche, Friedrich Wilhelm, 1844-1900
A gaia ciência / Friedrich Nietzsche ; tradução Antonio Carlos Braga. -- São Paulo : Lafonte, 2017.

Título original: Die fröhliche Wissenschaft
Bibliografia.
ISBN: 978-85-8186-243-9

1. Filosofia alemã I. Título.

17-08241 CDD-193

**Índices para catálogo sistemático:**

1. Filosofia alemã 193
2. Filósofos alemães 193

**Editora Lafonte**

Av. Profª Ida Kolb, 551, Casa Verde, CEP 02518-000,
São Paulo-SP, Brasil - Tel.: (+55) 11 3855-2100,
Atendimento ao leitor (+55) 11 3855- 2216 / 11 – 3855 - 2213 – *atendimento@editoralafonte.com.br*
Venda de livros avulsos (+55) 11 3855- 2216 – *vendas@editoralafonte.com.br*
Venda de livros no atacado (+55) 11 3855-2275 – *atacado@escala.com.br*

# ÍNDICE

# Apresentação

*A gaia ciência* ou *O alegre saber* é uma obra de reflexão de Nietzsche sobre a história do saber, a busca do conhecimento, os percalços do homem nessa busca histórica. Não é um relato didático, dividido em fases ou etapas na aquisição do conhecimento. É mais uma crítica aos caminhos e descaminhos trilhados no decurso dos séculos e dos milênios pelo próprio indivíduo, por teorias e correntes, influenciadas geralmente por superstições, preconceitos, religiões e atavismos diversificados.

Independendo das perspectivas projetadas por essas influências vindas do preconceituoso, do religioso, ligado a um eventual sobrenatural, o verdadeiro saber, o autêntico conhecimento brota do intelecto humano, da razão depurada, da inteligência em si e de per si. Este é o conhecimento profundo, filosófico, ontológico que privilegia o saber humano como essencialmente metafísico, que constrói o mundo dos espíritos livres. Não resta dúvida que a experiência de vida também é fonte de conhecimento, mas de uma ciência prática que descobre e segue as leis da natureza, que observa as diferentes atitudes comportamentais do homem através do tempo para estabelecer regras, normas, ditames, leis, geralmente de cunho moral. Este é o conhecimento proveniente da observação física, intelectualizado ou espiritualizado em vista da vivência do homem em sociedade. Não é, contudo, o conhecimento como projeção do próprio ser para dentro de si mesmo, perscrutando a vivência de seu próprio eu. Sem muitos rodeios, com *A gaia ciência* Nietzsche tenta explicar as verdadeiras raízes do conhecimento humano puro e cristalino.

No decorrer da obra, o autor analisa e critica – mais critica que analisa – os percalços do homem antigo e moderno em seu afã de obter o conhecimento, a verdadeira ciência, o saber profundo. Analisa os muitos erros, os muitos acertos pela metade, os poucos acertos integrais, os não poucos e desastrosos deslizes, as elucubrações de mentes desviadas, a sinceridade e a insinceridade de pensadores, além de muitas outras facetas dessa milenar pesquisa do homem que tinha como objetivo o cognoscível. A seu modo, Nietzsche elogia todos aqueles que elevaram o homem e desautoriza com a conhecida língua e caneta ferinas todos aqueles que superestimaram o homem, divinizando-o, ou que o subestimaram, demonizando-o.

*Ciro Mioranza*

# A Gaia Ciência
# La Gaya Scienza[1]

Moro em minha própria casa,
Nunca imitei ninguém,
E rio de todos os mestres
Que nunca riram de si.

*(Escrito em cima de minha porta)*

[1] Este subtítulo "La gaya scienza" (em provençal) só apareceu na capa da segunda edição de 1887. Entretanto, esta expressão já constava num fragmento de 1882 e servia de título a uma lista de trovadores provençais e a suas canções. Esta é uma das razões pelas quais sempre se traduziu o título Die fröhliche Wissenschaft como A gaia ciência, pois poderia ser traduzido igualmente como O alegre saber, O feliz saber, A alegre ciência.

# Prefácio

## 1

Mesmo que escrevesse mais de um prefácio a este livro, não estaria seguro de poder transmitir o que ele contém de pessoal para aquele nada *viveu* de análogo. Parece escrito na língua de um vento de degelo: nele se encontra petulância, inquietação, contradições e um tempo de abril, o que leva a pensar incessantemente na proximidade do inverno, mas também na *vitória* sobre o inverno, na vitória que chega, que deve chegar, que talvez já tenha chegado... Transborda de gratidão, como se a coisa mais inesperada se tivesse realizado: é a gratidão de um convalescente – pois essa coisa mais inesperada foi a *cura*. "Gaia Ciência": a expressão significa as saturnálias[1] de um espírito que resistiu pacientemente a uma terrível e demorada pressão – paciente, severa, friamente, sem se submeter, mas sem esperança – e que agora, de repente, é assaltado pela esperança, pela esperança de sarar, pela *embriaguez* da cura.

Que haverá de surpreendente se muitas coisas irracionais e tresloucadas são trazidas à luz, se muita ternura maliciosa é desperdiçada por problemas eriçados de espinhos, que não são feitos para serem atraídos e acariciados? É que este livro inteiro nada mais é que uma festa

[1] Festas que os romanos celebravam em honra de Saturno, nas quais se trocavam presentes, os participantes se entregavam a orgias e os escravos assumiam o lugar de seus patrões (NT).

depois das privações e das fraquezas, é o júbilo das forças renascentes, a nova fé no amanhã e no depois de amanhã, o sentimento repentino, o pressentimento de um futuro, de aventuras iminentes e de mares novamente abertos, objetivos novamente permitidos, objetivos a que é novamente permitido crer. E quantas coisas eu tinha então atrás de mim!... Essa espécie de deserto de esgotamento, de ausência de fé, de congelamento em plena juventude, essa senilidade que se introduziu onde não devia, essa tirania da dor, ultrapassada ainda pela tirania da vaidade que rejeita as *consequências* da dor – pois aceitar as consequências é se consolar – esse isolamento radical para se preservar de toda misantropia quando ela se torna morbidamente clarividente, essa limitação por princípio a tudo o que o conhecimento tem de amargo, de áspero, de doloroso, tal como a prescrevia o *desgosto* nascido aos poucos de um imprudente regime intelectual, que satura o espírito de mimos – isso se chama romantismo – ai! Quem poderia, portanto, sentir tudo isso comigo! Aquele que pudesse fazê-lo me daria certamente mais que um pouco de loucura, de impetuosidade, de "gaia ciência" – me pediria contas, por exemplo, do punhado de canções que acompanharão desta vez este volume – canções nas quais um poeta se ri dos poetas de uma maneira dificilmente perdoável.

Ah! Não é só contra os poetas e seus belos "sentimentos líricos" que esse ressuscitado deve derramar sua maldade: quem sabe de que espécie é a vítima que ele procura, que monstruoso tema paródico vai seduzi-lo em breve? *Incipit tragoedia*[2] – se diz no fim deste livro de uma inquietante simplicidade: deve-se tomar cuidado! Alguma coisa de essencialmente malicioso e mau se prepara: *incipit parodia*[4][3], não há sombra de dúvida...

## 2

*– Mas deixemos o senhor Nietzsche: que nos importa que o senhor Nietzsche tenha recuperado a saúde?...*

Entretanto, um psicólogo sabe pouco de questões tão atraentes como aquela da relação da saúde com a filosofia e caso ele próprio caísse doente, dedicaria à sua doença toda a sua curiosidade científica.

[2] Expressão latina que significa "começa a tragédia" (NT).

[3] Expressão latina que significa "começa a paródia" (NT).

De fato, admitindo que cada um de nós seja uma pessoa, tem-se necessariamente também a filosofia de sua pessoa.

Mas nisso existe uma diferença sensível: num, são os defeitos que sustentam os raciocínios filosóficos, no outro, são as riquezas e as forças. O primeiro *precisa* de sua filosofia, seja para se apoiar, para se acalmar, se cuidar, se salvar, se elevar ou para se esquecer; no segundo, a filosofia é um luxo, no melhor dos casos é a volúpia de um reconhecimento triunfante que acaba por sentir a necessidade de se inscrever em maiúsculas cósmicas no céu das ideias.

Na maioria das vezes, é a miséria que filosofa, como em todos os pensadores doentes – os pensadores doentes não predominam na história da filosofia? – O que acontece com o pensamento quando é exercido sob a pressão da doença? Essa é a pergunta que diz respeito ao psicólogo: e neste campo a experiência é possível. Precisamente como ao viajante que se propõe acordar a uma hora determinada e se entrega então tranquilamente ao sono, do mesmo modo nós filósofos, se cairmos doentes, nos resignamos por um tempo de corpo e alma à doença – de alguma maneira fechamos os olhos diante de nós mesmos. Mas como o viajante sabe que alguma coisa *não dorme*, que alguma coisa conta as horas e não falhará em acordá-lo, de igual modo nós sabemos que o instante decisivo nos encontrará acordados – que então alguma coisa sairá de seu esconderijo e surpreenderá o espírito em *flagrante delito*, quero dizer, prestes a fraquejar ou a retroceder, a se resignar, ou a se endurecer, ou ainda de se engrossar, todos estados doentios aos quais, quando gozamos de boa saúde, o espírito se opõe *altivamente* (pois continua verdadeiro este ditado: *O espírito altivo, o pavão e o cavalo são os três animais mais orgulhosos da terra*).

Depois de semelhante autointerrogação, de semelhante autossedução, aprende-se a lançar um olhar mais sutil para tudo aquilo que até agora foi filosofia; advinha-se melhor que antes quais são os desvios involuntários, os caminhos dispensados, os bancos de repouso, os recantos *ensolarados* das ideias para onde os pensadores doentes, precisamente porque sofrem, são levados e transportados; sabe-se então para onde o *corpo* doente e suas necessidades impelem e atraem o espírito – para o sol, o silêncio, a doçura, a paciência, o remédio, o cordial, qualquer que seja seu aspecto. Toda filosofia que coloque a paz acima da guerra, toda ética com uma concepção negativa da felicidade, toda metafísica e toda física que conhecem um final, um estado definitivo de uma espécie qualquer, toda aspiração, sobretudo estética ou religiosa, possui um ao-lado, um para-além, um de-fora, um por-cima, autorizam a perguntar-se se não foi a doença que inspirou o filósofo. O inconsciente disfarce das necessidades fisiológicas sob o manto do objetivo, do ideal, da ideia pura vai tão longe que se poderia ficar espantado – e não poucas vezes me perguntei se a filosofia, de uma maneira geral, não foi até agora sobretudo uma interpretação do corpo e um *mal-entendido do corpo*. Atrás das mais elevadas avaliações que guiaram até agora a história do pensamento se escondem mal-entendidos de conformação física, seja de indivíduos, seja de castas, seja de raças inteiras.

Pode-se considerar sempre em primeira linha todas essas audaciosas loucuras da metafísica, sobretudo no tocante à resposta à questão do *valor* da existência, como sintomas de determinadas constituições físicas; e se essas afirmações ou essas negações do mundo não possuem, em seu conjunto, a menor importância do ponto de vista científico, fornecem não menos preciosos elementos ao historiador e ao psicólogo, sendo sintomas do corpo, de seu êxito ou de seu malogro, de sua plenitude, de seu poder, de sua soberania na história, ou ao contrário, de seus recalques, de suas fadigas, de seus empobrecimentos, de seu pressentimento do fim, de sua vontade do fim. Espero sempre que um *médico* filosofo, no sentido excepcional da palavra – um daqueles que estude o problema da saúde geral do povo, da época, da raça, da humanidade – tenha uma só vez a coragem de levar minha suspeita até suas últimas consequências e que arrisque expressar esta ideia: em todos os filósofos se tratou em absoluto, até o presente, de "verdade", mas de outra coisa, digamos de saúde, de futuro, de crescimento, de força, de vida...

## 3

– Compreende-se que eu não gostaria de me despedir com ingratidão desse período profundamente patológico, do qual não tirei ainda todo o benefício possível: precisamente porque tenho consciência da vantagem que me proporciona minha saúde versátil sobre todos aqueles de espírito mesquinho. Um filósofo que passou e que volta a passar constantemente por numerosos estados de saúde, passa por outras tantas filosofias: de fato, não *pode* fazer de outra maneira que transpor cada vez seu estado na forma distante mais espiritual – essa arte de transfiguração *é* precisamente a filosofia.

Nós os filósofos não temos a liberdade de separar o corpo da alma, como faz o povo, e menos liberdade ainda temos de separar a alma do espírito. Não somos rãs pensadoras, não somos aparelhos registadores com entranhas frigorificadas – devemos incessantemente dar à luz nossos pensamentos na dor e maternalmente dar-lhes o que temos em nós de sangue, de coração, de ardor, de alegria, de paixão, de tormento, de consciência, de fatalidade.

A vida consiste, para nós, em transformar sem cessar em claridade e em chama tudo o que somos e também tudo o que nos toca. Não *podemos* fazer de outra maneira. Quanto à doença, não seríamos tentados a perguntar se podemos passar sem ela? Só o grande sofrimento é o derradeiro libertador do espírito, é ele que ensina a *grande suspeita*, que faz de cada U um X, um X verdadeiro e autêntico, quer dizer a antepenúltima letra antes da última... Só o grande sofrimento, esse demorado e lento sofrimento que leva seu tempo e chega a nos consumir de alguma forma como que queimados por lenha verde, nos obriga, a nós filósofos, a descer até nossas últimas profundezas e a nos desfazer de todo bem-estar, de todo meio véu, de toda doçura, de todo meio-termo onde tínhamos talvez colocado até então nossa humanidade.

Duvido muito que semelhante sofrimento nos torne "melhores"; – mas sei que nos torna mais *profundos*. Que lhe oponhamos nosso orgulho, nossa ironia, nossa força de vontade, a exemplo do pele-vermelha que, embora horrivelmente torturado, se vinga de seu carrasco com injúrias, ou que nos retiremos, diante do sofrimento, para o nada dos orientais – a que chamam Nirvana – na resignação muda, rígida e surda, no esquecimento e na anulação de si: retorna-se sempre como outro homem desses perigosos exercícios de domínio de si, com alguns pontos de interrogação a mais, antes de tudo com a *vontade* de fazer doravante mais perguntas que então, com mais profundidade, rigor, duração, maldade e silêncio. Trata-se de um efeito da confiança na vida: a própria vida se tornou um *problema*. – Mas não se julgue que tudo isso o tornou necessariamente misantropo!

Mesmo amar a vida ainda é possível – apenas se passa a amar de maneira diferente. É como o amor por uma mulher de quem se suspeita... Entretanto, o encanto de tudo o que é problemático, a alegria causada pelo X são demasiado grandes nos homens mais espiritualizados e mais intelectuais, para que esse prazer não paire incessantemente como uma chama clara sobre todas as misérias do que é problemático, sobre todos os perigos da incerteza, até mesmo sobre os ciúmes do apaixonado. Nós conhecemos uma felicidade nova...

## 4

Que não me esqueça, para terminar, de dizer o essencial: retorna-se *renascido* de semelhantes abismos, de semelhantes doenças graves, mesmo da doença da suspeita grave, retorna-se como se tivesse trocado de pele, mais irritadiço, mais maldoso, com um gosto mais sutil para a alegria, com uma língua mais sensível para todas as coisas boas, com o espírito mais alegre, com uma segunda inocência, mais perigosa, na alegria; retorna-se mais criança e, ao mesmo tempo, cem vezes mais refinado do que nunca se havia sido antes.

Ah! Como o gozo vos repugna agora, o gozo grosseiro, surdo e cinzento como o entendem em geral os aproveitadores, nossas pessoas "eruditas", nossos ricos e nossos dirigentes! Com que malícia escutamos agora a grande algazarra da feira, pela qual o "homem erudito" das grandes cidades se deixa impor, por meio da arte, do livro, da música e de outros produtos do espírito, seus "prazeres do espírito"! Como hoje essa paixão teatral nos faz mal aos ouvidos, como se tornou estranha a nosso gosto toda essa desordem romântica, esse emaranhado de sentidos que a plebe instruída ama, sem esquecer suas aspirações ao sublime, ao elevado, ao retorcido! Não, se ainda precisamos de uma arte nós convalescentes, será de uma arte bem *diferente* - uma arte maliciosa, leve, fluida, divinamente artificial, uma arte que jorra como uma chama clara num céu sem nuvens! Antes de tudo: uma arte para os artistas, unicamente para os artistas. Compreendemos melhor agora que, *para isso*, é necessário, em primeiro lugar a alegria, *toda alegria*, meus amigos!

Mesmo como artistas: – poderia prová-lo. Há coisas que sabemos agora muito bem, nós os iniciados: a partir disso é preciso aprender a esquecer, a *não* saber, como artistas! Quanto a nosso futuro, dificilmente nos encontrarão seguindo as pegadas desses jovens egípcios que durante a noite tornam pouco seguros os templos, abraçando as estátuas e querendo a todo o custo desvendar, descobrir, pôr em plena luz tudo o que, por boas razões, está escondido. Não, não encontramos mais prazer nessa coisa de mau gosto, a vontade de verdade, da "verdade" a qualquer custo, essa loucura de jovem no amor da verdade: nós temos muito mais experiência para isso, somos demasiado sérios, demasiado alegres, demasiado provados pelo fogo, demasiado profundos... Não acreditamos mais que a verdade continue sendo verdade se forem levantados seus véus; já vivemos bastante para escrever isso.

Para nós hoje é uma questão de conveniência não querer ver tudo nu, de não querer assistir a tudo, de não querer tudo compreender e "saber". "*É verdade que Deus está presente em toda parte*? – perguntou uma menina à sua mãe – *Eu acho isso inconveniente.*" – Palavra de filósofo! Dever-se-ia honrar mais o *pudor* que faz com que a natureza se esconda atrás dos enigmas e das incertezas disfarçadas. Talvez a verdade seja uma mulher que tem razões para não querer mostrar suas razões! Talvez seu nome, para empregar o grego, seja Baubô[4]! Ah! Esses gregos, sabiam realmente *viver*! Para viver, importa ficar corajosamente na superfície, manter-se na epiderme, adorar a aparência, acreditar na forma, nos sons, nas palavras, em todo o Olimpo da aparência! Esses Gregos eram superficiais – por profundidade! E não voltamos a eles, nós que partimos a espinha do espírito, que escalamos o cume mais elevado e mais perigoso do pensamento atual para, de lá, olharmos em nossa volta, *olharmos para baixo*? Não seremos, precisamente nisso – gregos? Adoradores das formas, dos sons, das palavras? E com isso – artistas?

*Ruta, perto de Gênova,*
*outono de 1886*

[4] Na mitologia grega, velha ama-de-leite ligada aos mistérios dos deuses (NT).

# Brincadeira, astúcia e vingança

## Prelúdio em rimas alemãs

### 1 - Convite

Experimentem, pois, minhas iguarias, comilões!
Amanhã haverão de achá-las bem melhores,
E excelentes depois de amanhã!
Se quiserem mais – pois bem, minhas sete coisas antigas
Me darão coragem para fazer sete novas.

### 2 - Minha felicidade

Depois de estar cansado de procurar
Aprendi a encontrar.
Depois que um vento se opôs a mim
Navego com todos os ventos.

### 3 - Intrépido

Onde quer que estejas,
cava profundamente;
A teus pés está a nascente.
Deixa os obscurantistas gritar:
"*Embaixo está sempre – o inferno*!"

## 4 - Diálogo

*A – Estive doente?*
*Estou curado?*
*E quem foi então meu médico?*
*Como pude esquecer de tudo isso?*
*B – Só agora acredito que estejas curado,*
*Pois está bem de saúde aquele que esqueceu.*

## 5 – Aos virtuosos

Até mesmo nossas virtudes
devem ter o passo leve:
Para ir e vir, como os versos de Homero.

## 6 – Sabedoria do mundo

Não fiques embaixo
Não subas muito alto
O mundo é sempre mais belo
Visto à meia altura.

## 7 – Vademecum – Vadetecum[5]

Meu porte e meus discursos te atraem,
Tu me segues, me segues passo a passo?
Segue-te a ti mesmo fielmente:
– E assim me seguirás! - Suavemente, muito suavemente!

## 8 – Na época da terceira mudança de pele

Já minha pele se racha e cai,
Já meu desejo de serpente,

[5] Vademecum é um termo latino que designa um guia, um manual, composto claramente da expressão vade mecum que quer dizer vem comigo; Nietzsche faz com ele um jogo de palavras e inventa vadetecum, composto de vade tecum, que significa vai contigo (NT).

Apesar da terra absorvida,
Ambiciona terra nova;
Já rastejo entre as pedras e a erva,
Faminto, em meu rasto tortuoso,
Pronto para comer o que sempre comi:
Tu, alimento da serpente, tu, a terra!

## 9 – Minhas rosas

Sim! minha felicidade – quer tornar feliz!
Toda felicidade quer tornar feliz!
Querem colher minhas rosas?
É preciso que se abaixem, que se escondam,
Entre os espinheiros, os rochedos,
E lambam muitas vezes os dedos!
Pois minha felicidade é zombadora!
Pois minha felicidade é pérfida!
Querem colher minhas rosas?

## 10 – O desdenhoso

Como ando semeando ao acaso
Me tratam de desdenhoso.
Aquele que bebe em copos muito cheios
Os deixa transbordar ao acaso –
Não continuem a pensar mal do vinho.

## 11 – A palavra ao provérbio

Severo e suave, grosseiro e fino,
Familiar e estranho, sujo e puro,
Lugar de encontro dos loucos e dos sábios:
Eu sou, quero ser tudo isso,
Ao mesmo tempo pomba, serpente e porco.

## 12 – A um amigo da luz

Se não quiseres que teus olhos e teus sentidos se enfraqueçam
Corre atrás do sol – à sombra.

## 13 – Para os dançarinos

Gelo liso,
Um paraíso,
Para quem sabe dançar bem.

## 14 – O corajoso

Mais vale uma inimizade de boa madeira
Que uma amizade feita de madeira colada!

## 15 – Ferrugem

Necessitas também de ferrugem: ser cortante não basta!
Senão dirão sempre de ti:
"*É muito jovem*!"

## 16 – Para as alturas

"*Como vou escalar melhor a montanha*?"
Sobe e não penses nisso!

## 17 – Sentença do homem forte

Nunca perguntes! Para que serve gemer!
Agarra, peço-te, agarra sempre!

## 18 – Almas pequenas

Odeio as almas pequenas:
Não têm nada de bom e quase nada de mau.

## 19 – O sedutor involuntário

Para passar o tempo, lançou uma palavra no ar,
E no entanto, por causa dela, uma mulher caiu.

## 20 - A considerar

Um duplo desgosto é mais fácil de suportar
Que um único: não queres experimentar?

## 21 - Contra a vaidade

Não te infles, caso contrário,
A menor picada te fará explodir.

## 22 - Homem e mulher

*"Teu coração bate por uma mulher? Rapta-a!"*
Assim pensa o homem; a mulher não rapta, rouba.

## 23 - Interpretação

Se vejo claro em mim,
eu me envolvo em mim mesmo,
Não posso ser meu próprio intérprete.
Mas aquele que se eleva sobre seu próprio caminho
Leva com ele minha imagem à luz.

## 24 - Remédio para o pessimista

Tu te queixas porque não encontras nada a teu gosto?
Então, são sempre teus velhos caprichos?
Ouço-te praguejar, gritar, escarrar –
Perco a paciência, meu coração se despedaça.
Ouve, meu amigo, decide-te livremente,
A engolir um pequeno sapo gordo,
Depressa e sem sequer olhar para ele! –
É remédio soberano contra a dispepsia.

## 25 - Oração

Conheço o espírito de muitos homens
E não sei quem eu mesmo sou!
Meu olhar está demasiado próximo de mim –

Não sou aquilo que contemplo.
Saberia ser-me mais útil,
Se estivesse mais distante de mim.
Não tão longe, decerto, como meu inimigo!
Meu amigo mais próximo já está demasiado longe –
Entretanto, a meio caminho entre ele e mim!
Adivinham o que estou pedindo?

## 26 - Minha dureza

Devo subir mais de cem degraus
Devo subir, eu os ouço dizer:
"*És duro! Será que somos de pedra então?*" –
Preciso subir mais de cem degraus,
E ninguém quer servir de degrau.

## 27 - O viajante

"Acabou o atalho! Abismo em volta e silêncio de morte!"
Assim o quiseste! Por que deixaste o atalho?
Atrevido! É o momento! O olhar frio e claro!
Estás perdido se acreditas no perigo.

## 28 - Consolo para os principiantes

Vejam a criança, os porcos grunhem em torno dela,
Abandonada a si mesma, os artelhos encolhidos!
Só sabe chorar e chorar mais ainda –
Será que um dia vai aprender a ficar de pé e a caminhar?
Não tenham medo! Muito breve, penso,
Poderão ver a criança dançar!
Logo que conseguir manter-se de pé,
Haverão de vê-la caminhando de cabeça para baixo.

## 29 - Egoísmo das estrelas

Se eu não girasse sem cessar em torno de mim mesmo
Como um tonel que se rola,

Como suportaria sem pegar fogo
Ao correr atrás do sol ardente?

## 30 – O próximo

Não gosto que meu próximo esteja muito perto de mim:
Que vá embora para longe e para as alturas!
Senão, como faria para se tornar minha estrela?

## 31 – O santo mascarado

Para que tua felicidade não nos oprima,
Tu te encobres com a astúcia do diabo,
Com o espírito do diabo, com o traje do diabo.
Mas em vão! De teu olhar cintila a santidade.

## 32 – O servo

A – *Para e escuta: o que é que conseguiu enganá-lo?*
*O que é que ele ouviu zunir em seus ouvidos?*
*O que é que conseguiu abatê-lo desse modo?*
B – *Como todos aqueles que carregaram correntes,*
*O ruído das correntes o persegue por toda parte.*

## 33 – O solitário

Detesto tanto seguir como conduzir.
Obedecer? Não! E governar, nunca!
Aquele que não é terrível para si, não incute terror a ninguém,
E só aquele que inspira terror pode comandar os outros.
Já detesto guiar-me a mim próprio!
Gosto, como os animais das florestas e dos mares,
De me perder durante um bom tempo,
Acocorar-me, sonhando, em desertos encantadores,
De me chamar a mim mesmo, por fim, de longe,
E de me seduzir a mim mesmo.

## 34 – Sêneca et hoc genus omne[6]

Escrevem e escrevem sempre sua insuportável
E sábia cantilena
Como se se tratasse de *primum scribere,*
*deinde philosophari*3[7].

## 35 - Gelo

Sim, às vezes faço gelo:
É útil para digerir!
Se tivesses muito que digerir,
Ah! como gostarias de meu gelo!

## 36 – Escritos de juventude

O *alfa* e o *ômega* de minha sabedoria
Me apareceram: que foi que ouvi?...
Já não ressoam da mesma maneira,
Já não ouço senão os Ah! e os Oh!
Velhas coisas insuportáveis de minha juventude.

## 37 - Precaução

Não é bom viajar nessa região;

E se tens espírito, tem cuidado em dobro!
Vão te atrair e vão te amar a ponto de te dilacerarem.
Espíritos exaltados – sempre lhes falta espírito!

## 38 – O homem piedoso fala

Deus nos ama porque nos criou! –
"*Foi o homem que criou Deus*!" – É sua resposta sutil.
E não havia de amar o que criou?

---

[6] Expressão latina que significa "e todo aquele que é dessa espécie" (NT).

[7] Expressão latina que significa "primeiro escrever, depois filosofar" (NT).

Porque o criou, deveria negá-lo?
Isso manca, como com o casco do diabo.

## 39 - No verão

Deveremos comer nosso pão
Com o suor de nosso rosto?
Quando se está molhado de suor é melhor não comer nada,
Segundo o sábio conselho dos médicos.
Sob a canícula, o que nos falta?
Que quer esse sinal de fogo?
Com o suor de nosso rosto
Devemos beber nosso vinho.

## 40 - Sem vontade

Seu olhar é sem vontade
e vocês o honram por isso?
Pouco lhe importam suas honras;
Tem o olho da águia, olha para longe,
Não os vê! Apenas vê estrelas, estrelas!

## 41 - Heraclitismo[8]

Toda a felicidade na terra
Amigos, está na luta!
Sim, para tornar-se amigo
É necessária a fumaça da poeira!
Em três casos os amigos estão unidos:
Irmãos diante da miséria,
Iguais diante do inimigo,
Livres – diante da morte!

[8] Heráclito (550-480 a.C.), filósofo grego, de cuja obra só restam fragmentos. Este poema de Nietzsche
evoca a seguinte passagem de Heráclito (Fragmento 8): "O que é contrário é útil e é do que está em luta que surge a mais bela harmonia: tudo se faz por discórdia" (NT).

## 42 – Princípio dos demasiado sutis

Melhor andar na ponta dos pés
Do que com quatro patas!
Melhor passar pelo buraco da fechadura
Do que pelas portas abertas!

## 43 - Conselho

Aspiras à glória?
Escuta, pois, um conselho:
Renuncia a tempo, livremente,
À honra!

## 44 – Até o fundo

Um pesquisador, eu? – Não empregues esta palavra! –
Sou apenas muito pesado – por excesso de libras!
Nada mais consigo senão cair sem cessar
Para cair, finalmente,
até o fundo.

## 45 – Para sempre

"*Venho hoje porque me convém*" –
Assim pensa cada um que vem para sempre.
Que lhe importa se o mundo lhe diz:
"*Vens muito cedo*! *Vens muito tarde*!"

## 46 – Juízo dos homens fatigados

Todos os esgotados amaldiçoam o sol:
Para eles o valor das árvores – é a sombra!

## 47 – Declínio

"*Ele declina, ele cai*" – gritam vocês zombadores;
A verdade é que ele se inclina

em direção a vocês!
Seu excesso de felicidade
foi sua desgraça,
Seu excesso de luz
segue a obscuridade de vocês.

## 48 – Contra as leis

A partir de hoje penduro
Ao pescoço o relógio que marca as horas:
A partir de hoje cessam seu curso as estrelas,
O sol, o canto do galo, as sombras;
E tudo aquilo que o tempo jamais anunciou
Está agora mudo, surdo e cego:
– Para mim toda a natureza se cala
Ao tique-taque da lei e da hora.

## 49 – O sábio fala

Estrangeiro para o povo e, no entanto, útil ao povo,
Sigo meu caminho, ora sol, ora nuvens –
E sempre por cima desse povo!

## 50 – De cabeça perdida

Agora ela tem espírito – Como teria conseguido encontrá-lo?
– Por ela um homem acaba de perder a cabeça,
Seu espírito era rico antes de perder seu tempo:
Foi para o diabo – não! para a mulher!

## 51 – Piedoso anseio

"Que todas as chaves
Se percam, pois, depressa,
E que em todas as fechaduras
*Possa servir uma chave-mestra!*"
Assim pensa a todo instante
Aquele que é ele próprio – uma chave-mestra.

## 52 – Escrever com o pé

Eu só escrevo com a mão,
Mas o pé quer sem cessar
escrever também.
Sólido, livre e corajoso quer fazer isso,
Ora através dos campos,
ora sobre o papel.

## 53 – Humano demasiado humano, livre

Melancólico, tímido,
enquanto olhas para trás,
Confiante no futuro,
logo que tens confiança em ti mesmo,
Ave, devo te contar entre as águias?
És tu a ave de Minerva?

## 54 – A meu leitor

Boas maxilas e bom estômago –
É o que te desejo!
Depois de teres digerido meu livro,
Certamente conseguirás entender-te comigo!

## 55 – O pintor realista

"*Totalmente fiel à natureza*!" – Como consegue fazer isso?
Quando é que porventura
a natureza se *submete* a um quadro?
Infinita é a menor parcela do mundo!
– Finalmente pinta o que dela lhe *agrada*.
E o que é que lhe agrada?
Aquilo que *sabe* pintar!

## 56 – Vaidade de poeta

Deem-me cola, e eu mesmo
Encontrarei a madeira para colar!
Encerrar um sentido
em quatro rimas insensatas –
Isso não é por acaso pequena vaidade!

## 57 – O gosto difícil

Se me deixassem escolher livremente,
Escolheria de bom grado um pequeno lugar,
Precisamente no meio do paraíso:
E, melhor ainda – diante de sua porta.

## 58 – O nariz torcido

O nariz avança insolente
No mundo. A narina se infla –
É por isso que, rinoceronte sem chifre,
Homem altivo, tu cais sempre para a frente!
E unidas sempre encontramos essas duas coisas:
A altivez rígida e o nariz torcido.

## 59 – A caneta rabisca

A caneta rabisca: que inferno!
Será que estou condenado a rabiscar?
Mas bravamente tomo meu tinteiro,
E escrevo em grandes ondas de tinta.
Que belos fluidos largos e cheios!
Como tudo o que faço tem êxito!
A escrita, é verdade, não está realmente nítida –
Que importa! Quem é que lê o que escrevo?

## 60 – Homens superiores

Este se eleva! – é preciso elogiá-lo!

Mas aquele vem sempre lá de cima!
Vive mesmo acima do louvor,
Ele *é* do alto!

## 61 – O cético fala

A metade de tua vida já passou,
O ponteiro avança, tua alma estremece!
Há muito tempo já ela gira,
Ela procura e não encontrou – e ainda hesita?
A metade de tua vida passou:
Foi dor e erro, de hora em hora!
Que procuras ainda? *Por quê?*
– É justamente o que procuro – o que eu procuro!

## 62 – Ecce Homo

Sim, sei de onde venho!
Insatisfeito, como a labareda,
Ardo para me consumir.
Aquilo em que toco torna-se luz,
Carvão aquilo que abandono: Sou certamente labareda.

## 63 – Moral de estrela

Predestinada à tua órbita,
Que te importa, estrela, a escuridão?
Rola, bem-aventurada, através desse tempo!
Que a miséria te seja estranha e distante!
Ao mundo mais longínquo destinas tua claridade:
A piedade deve ser pecado para ti!
Admites somente uma única lei: ser pura!

# Livro I

## 1 – Aqueles que ensinam o objetivo da vida

— Quer considere os homens com um olhar benevolente ou malevolente, vejo-os todos, e cada um em particular, fazer a mesma coisa: a saber, o que é útil para a sobrevivência da espécie. Ora, não é por amor a essa espécie que agem assim, mas simplesmente porque não há neles nada mais antigo, nada mais forte, mais inexorável, mais invencível que esse instinto – porque esse instinto é precisamente a essência de nossa espécie e de nosso rebanho. Habitualmente, não se vê mais longe que cinco passos e se acredita poder classificar cuidadosamente seu próximo em homens úteis e em homens prejudiciais, em bons e em maus; mas quando se leva em conta o conjunto, quando se toma tempo para refletir mais delongadamente sobre o todo, acaba-se por desconfiar dessa cuidadosa distinção, antes de renunciar a ela totalmente.

De fato, o homem mais prejudicial pode ser o homem mais útil à conservação da espécie; com efeito, ele sustenta em si ou, por sua influência, nos outros, instintos sem os quais a humanidade estaria há muito entorpecida ou corrompida. O ódio, o prazer de ver o outro sofrer, a sede de rapina e de dominação e de tudo aquilo a que se dá o nome de mal: tudo isso faz parte da espantosa economia da conservação das espécies, uma economia dispendiosa certamente, pródiga e no fundo totalmente insensata: – mas que, *como está provado*, manteve nossa espécie até agora. Não sei, meu caro congênere, meu caro próximo, se ainda *podes* viver em detrimento da espécie, isto é, viver de uma forma "desrazoável" e "má"; o que poderia ter prejudicado a espécie talvez tenha se extinguido há milhares de anos e agora faz parte dessas coisas que, para Deus, não são mais possíveis. Segue tuas melhores ou tuas piores inclinações e, sobretudo, vai para o diabo! – nos dois casos serás provavelmente ainda, de uma maneira ou de outra, o benfeitor da humanidade e haverá sempre gente para te elogiar – bem como para zombar de ti!

Mas nunca encontrarás aquele que saberá zombar de ti, indivíduo, mesmo naquilo que tens de melhor, aquele que será capaz de te fazer ver de maneira adequada tua miserável pequenez de mosca e de rã! Para rir de si como conviria, como a *estrita verdade* o exigisse, os melhores não tiveram até agora bastante autenticidade, os mais dotados bastante gênio! Talvez ainda haja um futuro para o riso!

O que poderá muito bem ser verificado quando a humanidade tiver incorporado a máxima: "*a espécie é tudo, o indivíduo não é nada*", e quando cada um dispuser, a cada momento, de um acesso a essa liberação derradeira, a essa derradeira irresponsabilidade. Talvez então o riso se tenha aliado à sabedoria, talvez então resulte em nada mais que a "gaia ciência". Enquanto se espera, tudo caminha de maneira diferente, a comédia da existência ainda não se tornou "consciente de si mesma", continuamos ainda na época da tragédia, na época das morais e das religiões. O que significa essa perpétua aparição de fundadores de morais e de religiões novas, de instigadores da luta pelas avaliações morais, de professores de remorsos e de guerras de religião? Que significam esses heróis e esse teatro?

De fato, enfim, foram realmente heróis e todo o resto, tudo o que, por momentos, era somente visível e muito próximo de nós, nunca serviu senão de preparação para esses heróis, seja como maquinaria e como bastidor, seja como confidente e como criado. (Os poetas, por exemplo, foram sempre os criados de uma moral qualquer). É fora de dúvida que esses trágicos trabalham também eles no interesse da espécie, embora talvez imaginem trabalhar no interesse de Deus e como enviados de Deus. Eles também favorecem a vida da espécie *ao promover a crença na vida*. "*Vale a pena viver* – exclama cada um deles – *a vida não é nada, há alguma coisa por detrás dela e acima dela, prestem atenção nisso*!" Esse instinto que reina de uma forma igual nos homens superiores como nos homens comuns, o instinto de conservação se manifesta de tempos em tempos sob a aparência da razão ou de paixão intelectual; então se apresenta, cercado de numeroso séquito de brilhantes motivos, e quer, a todo o custo, fazer esquecer que no fundo não é mais que impulso, instinto, loucura e ausência de razão. É *preciso* amar a vida, *pois*...! *É preciso* que o homem ative sua vida e aquela do próximo, *pois*...!

E quaisquer que sejam ainda esses "é preciso" e esses "pois", no presente e no futuro. O que ocorre totalmente só e necessariamente, sem nenhum objetivo, deve aparecer doravante como tendo sido feito em vista de um objetivo, isso deve tomar para o homem o aspecto da razão e do imperativo – aí está porque surge o professor de moral, aí está porque ele se impõe como professor do objetivo da vida; por isso inventa uma segunda vida e, por meio de sua nova mecânica, faz sair de seus bons e velhos gonzos nossa boa e velha vida. Não, ele não quer de maneira nenhuma que nos ponhamos a *rir* da existência, nem de nós mesmos – nem dele!

Para ele, um indivíduo é sempre um indivíduo, algo de primeiro, de último e de imenso; para ele não há espécie, não há soma, não há zero. Por mais loucas e fantasiosas que possam ser suas invenções e suas apreciações, por mais desconhecimento que ele tenha da marcha da natureza e das condições da natureza: – e todas as éticas até o presente foram de tal modo loucas e contrárias à natureza, a ponto que cada uma delas teria levado a humanidade à sua perdição se tivessem se apoderado da humanidade – de qualquer modo, cada vez que "o herói" aparecia no palco, algo de novo era atingido, o oposto espetacular do riso, a emoção profunda compartilhada por muitos, quando se diz: "*Sim, vale a pena viver! Sim, sou digno de viver*!" – a vida, e eu, e tu, e todos nós, quantos somos, voltamos a ser *interessantes*, recobramos por algum tempo o interesse em nós mesmos.

– É inegável que a *longo prazo* o riso, a razão e a natureza acabem sempre por se tornar senhores de cada um desses grandes professores de teleologia; a tragédia não dura: retorna-se sempre à eterna comédia da existência e o mar "*de sorriso inumerável*" – para falar com Ésquilo[1] – acaba sempre por cobrir com suas ondas a mais longa dessas tragédias. Mas, apesar de tudo, apesar desse sorriso corretor, a natureza humana foi transformada pela aparição sempre renovada desses professores do

[1] Ésquilo (525-456 a.C.), poeta trágico grego; a citação é extraída da obra Prometeu acorrentado (NT).

objetivo da vida – essa natureza tem agora uma necessidade a mais, precisamente aquela de ver reaparecer incessantemente semelhantes doutrinas do fim.

O homem se tornou aos poucos um animal fantasioso que deve preencher uma condição de existência a mais que todos os outros animais: o homem *deve* de tempos em tempos acreditar que sabe a razão *por que* existe, sua espécie não pode prosperar sem uma confiança periódica na vida! Sem a fé na *razão* da vida! E a espécie humana acabará sempre por decretar: "*Há qualquer coisa de que não temos de forma alguma o direito de rir.*" E o mais malicioso dos filantropos acrescentará: "*Não somente o riso e a sabedoria alegre, mas também o trágico com sua sublime sem-razão, fazem parte dos meios necessários para conservar a espécie!*" – E por conseguinte! Por conseguinte! Por conseguinte!

Ó meus irmãos, me compreendem agora? Compreendem essa nova lei do fluxo e do refluxo? Também nós havemos de ter nossa hora!

## 2 – A consciência intelectual

Refaço sem cessar a mesma experiência e sem cessar resisto; não quero crer nela, apesar de sua evidência: *à maioria dos homens falta consciência intelectual*; sim, muitas vezes tive a impressão que reivindicar semelhante consciência fazia de mim um ser solitário e, nas cidades mais populosas, era como se eu estivesse num deserto. Todos continuam olhando para mim com olhos estranhos e continuam a se servir de sua balança, designando uma coisa boa, outra má; ninguém cora de vergonha quando dou a entender que os pesos de que se servem não são bastante pesados – ninguém tampouco se indigna contra mim: quando muito riem de minhas dúvidas.

Quero dizer: *a maioria dos homens* não acha desprezível acreditar e viver de forma coerente com isso *sem* ter pesado de antemão as razões últimas e certas, sem mesmo ter-se dado ao trabalho de encontrar essas razões – os homens mais dotados e as mulheres mais nobres fazem parte desse número. Mas que me importam bondade, a fineza e o gênio, se o homem que possui essas virtudes tolera nele uma fé que se assemelha, se a *necessidade de certeza* não é mais nele o desejo mais profundo, a mais íntima necessidade – como o que distingue os homens superiores dos homens inferiores!

Encontrei em certos homens piedosos um ódio contra a razão pelo qual lhes fiquei agradecido: assim se revelava pelo menos sua má consciência intelectual! Mas encontrar-se no meio dessa *rerum concordia discors*[2] e de toda essa maravilhosa incerteza, dessa complexidade da vida, e *não interrogar*, não tremer com a alegria de interrogar, nem mesmo odiar o interrogador – é isso que acho *desprezível* e é esse sentimento de desprezo que começo a procurar: - basta um nada para me levar a acreditar sempre que cada homem possui, como homem, esse sentimento. Essa é minha injustiça.

## 3 - Nobre e vulgar

Para os caracteres vulgares todos os sentimentos nobres e generosos parecem deslocados e, por conseguinte, na maioria das vezes inverossímeis: piscam o olho quando ouvem falar disso e parecem dizer: "Deve haver aí um proveito qualquer, mesmo se escapa ao olhar": – mostram-se desconfiados com relação ao homem nobre, como se este procurasse seu benefício com artifícios.

Se a ausência de intenções egoístas e de lucros pessoais num nobre transparecem no olhar, eles fazem desse senhor uma espécie de louco: só sabem demonstrar desprezo por sua alegria e riem do brilho de seu olhar. "Como pode alguém regozijar-se com seu prejuízo, como pode querer um prejuízo de olhos abertos! Sua razão deve estar realmente afetada." – Assim pensam do nobre, com um olhar de desprezo, com o ar que demonstram quando veem um alienado comprazer-se com sua ideia fixa. O caráter vulgar se distingue pelo fato de que jamais perde de vista seu proveito; esse é seu instinto mais forte e mais violento: não se deixar levar para atos inadequados – essa é sua sabedoria e sua identidade.

Comparada à natureza vulgar, a natureza superior é a mais *desrazoável* – pois o homem nobre, generoso, aquele que se sacrifica, sucumbe de fato a seus instintos e, em seus melhores momentos, sua razão faz uma *pausa*. Um animal que protege seus filhotes com risco de sua vida ou que, no período do cio, acompanha a fêmea até a morte, não pensa no perigo nem na morte; sua razão também faz uma pausa, pois o prazer que lhe proporciona sua ninhada ou sua fêmea e o receio

[2] Expressão latina que significa "concórdia discordante das coisas, dissonância na harmonia das coisas" (NT).

de ser privado o dominam inteiramente; torna-se ainda mais animal do que habitualmente, assim como ocorre com o homem nobre e generoso. Este experimenta sensações de prazer ou de desprazer com tal intensidade que o intelecto deveria se calar ou se colocar a serviço dessas sensações: então seu coração sobe à cabeça e se fala de "paixão". (Aqui e acolá se encontra também o oposto desse fenômeno e, de alguma forma, a "inversão da paixão", por exemplo em Fontenelle, a quem alguém dizia um dia pondo-lhe a mão no coração: "O que você tem aqui, meu caro, também é cérebro".)

É a desrazão ou a falsa razão da paixão que o vulgar despreza no homem nobre, sobretudo quando essa paixão se concentra em objetos cujo valor lhe parece realmente fantasioso e arbitrário. Irrita-se contra aquele que sucumbe à paixão do ventre, mas compreende no entanto a atração que essa tirania exerce; em contrapartida, não explica como se pode, por exemplo, por amor do conhecimento, pôr em risco sua saúde e sua honra.

O gosto das naturezas superiores se prende às exceções, às coisas que deixam frio e não parecem ter sabor; a natureza superior tem uma escala de valores que lhe é peculiar. Além disso, geralmente acredita *não* ter escala de valores singular em sua idiossincrasia do gosto, congela pelo contrário seus valores e não-valores particulares em valores e não-valores universais e cai assim no incompreensível e no irrealizável. É muito raro que uma natureza superior conserve razão bastante para considerar e tratar os homens comuns como homens comuns: geralmente acredita em sua paixão como numa paixão que se esconde nas outras e essa crença desperta justamente seu ardor e sua eloquência.

Mas se os homens de exceção não se consideram eles próprios como exceções, como é que alguma vez poderiam compreender as naturezas vulgares e avaliar sua regra de uma forma equitativa! – Falam então, eles também, da loucura, da inadequação e do espírito fantasioso da humanidade, totalmente surpresos por causa do frenesi do mundo que não quer reconhecer o que "lhe importa". – Essa é a eterna injustiça dos homens nobres.

## 4 – O que conserva a espécie

Foram os espíritos mais fortes e os mais maldosos que até agora que promoveram os maiores progressos da humanidade:

reacenderam sem cessar as paixões que adormeciam – toda sociedade organizada adormece as paixões – despertaram sem cessar o sentido da comparação, da contradição, o gosto pelo novo, pelo ousado, por aquilo que ainda não foi tentado; obrigaram os homens a contrapor a opinião a opinião, tipo ideal a tipo ideal. Pelas armas, pela derrubada dos marcos fronteiriços, pela violação da piedade, na maioria das vezes: mas também por novas religiões e novas morais! Encontra-se a mesma "maldade" na alma de todos os professores e de todos os pregadores do que é *novo* – essa maldade que lança no descrédito um conquistador, mesmo quando ela se exprime de maneira mais sutil e não movimente imediatamente os músculos, o que de resto leva a diminuir o descrédito!

O que é novo, entretanto, é de qualquer maneira o *mal*, uma vez que é aquilo que quer conquistar, que quer derrubar os marcos e as antigas crenças; unicamente o antigo é que pode ser o bem! Os homens de bem em todas as épocas foram aqueles que aprofundaram as velhas ideias para levá-las a dar fruto, os cultivadores do espírito. Mas todo terreno acaba por se esgotar e é preciso que sempre retorne a relha do arado do mal. – Existe hoje uma doutrina da moral fundamentalmente errônea, muito em voga na Inglaterra, segundo a qual os conceitos "bem" e "mal" traduzem o acúmulo das experiências sobre o que "adequado" e "inadequado"; de acordo com essa doutrina, é chamado "bem" aquilo que conserva a espécie, e "mal" aquilo que é prejudicial à espécie. Mas na realidade os maus instintos são tão adequados, tão úteis à espécie e também tão indispensáveis como os bons: – somente sua função é diferente.

## 5 – Deveres absolutos

Todos os homens que sentem que lhes é necessário utilizar palavras e entonações mais violentas, atitudes e gestos mais eloquentes para *simplesmente* poder agir, os políticos revolucionários, os socialistas, os pregadores cristãos ou não, em resumo todos aqueles que não podem permitir-se meio êxito, todos eles falam de "deveres" e sempre deveres que têm um caráter absoluto – de outra forma não teriam direito à sua ganância desmesurada: sabem muito bem isso. Por isso é que se apoderam de uma filosofia da moral que prega um imperativo categórico qualquer ou se apropriam de uma bela dose de religião, como fez Mazzini[3]. Como desejam que se tenha absoluta confiança neles, têm de começar por terem neles próprios uma confiança absoluta, em virtude de um mandamento derradeiro qualquer, indiscutível e sublime, em virtude de um mandamento de que se sintam seus servidores e seus instrumentos e que gostariam de se sentir reconhecidos como tais. Encontram-se nessa categoria os adversários mais naturais e geralmente mais influentes da emancipação moral e do ceticismo, mas são raros.

Em compensação, há uma classe muito numerosa desses adversários em qualquer lugar onde o interesse ensine a submissão, quando a reputação e a honra parecem proibi-la. Aquele que se sente desonrado ao pensar que é o *instrumento* de um príncipe, de um partido, de uma seita ou mesmo de uma potência financeira – por exemplo, como descendente de uma família antiga e altiva – mas que quer justamente ser esse instrumento ou é forçado a sê-lo, por causa de si próprio e da opinião pública, esse terá necessidade de princípios patéticos com que se possa ter a boca cheia a todo o instante: – princípios de uma obrigação absoluta, aos quais seja possível submeter-se e mostrar-se submisso sem vergonha. Qualquer servilismo um pouco sutil se liga ao imperativo categórico e se mostra inimigo mortal de todos aqueles que querem tirar do dever seu caráter absoluto: é por isso que exige deles a conveniência e muito mais que a conveniência.

## 6 – Dignidade perdida

A meditação perdeu toda a dignidade de sua forma; ridicularizou-se o cerimonial e a atitude solene daquele que reflete e não se toleraria mais um homem sábio ao velho estilo. Pensamos depressa, pensamos pelo caminho, em plena marcha, no meio de negócios de toda espécie, mesmo quando se trate de pensar nas coisas mais sérias; basta-nos apenas um pouco de preparação e até mesmo pouco silêncio: – é como se nossa cabeça contivesse uma máquina em movimento constante, que continuasse trabalhando mesmo nas condições mais impróprias para o pensamento. Outrora, quando alguém queria pensar – era realmente uma coisa excepcional! – era visto tornar-se mais calmo e preparar

[3] Giuseppe Mazzini (1802-1872), revolucionário italiano, fundador de uma sociedade secreta, mais vezes preso e exilado, escreveu duas obras de inspiração católica: Fé e futuro e Os deveres do homem (NT).

sua ideia: contraía o rosto como se fosse para uma oração e parava de caminhar; alguns ficavam até mesmo imóveis durante horas – apoiados numa só ou nas duas pernas – na rua, quando o pensamento "vinha". Isso era chamado "pensar"!

## 7 – Para aqueles que gostam de trabalhar

Aquele que quiser fazer da moral seu objeto de estudo abre para si um enorme campo de trabalho. Todas as categorias de paixão devem ser meditadas separadamente, através dos tempos, dos povos, dos indivíduos grandes e pequenos: deve ponderar todas as suas razões, todas as suas apreciações, todos os seus conceitos das coisas! Até o presente, tudo o que deu cor à existência não tem ainda história: ou se poderia falar de uma história do amor, da avidez, da vontade, da consciência, da piedade, da crueldade? Falta-nos mesmo completamente até hoje uma história do direito ou ainda somente uma história da penalidade. Já foi tomado por objeto o estudo alguma vez das diversas maneiras de dividir o tempo, as consequências de uma regulamentação do trabalho, das festas e do repouso? São conhecidos os efeitos morais dos alimentos?

Existe uma filosofia da nutrição? (A perpétua agitação pró e contra o vegetarianismo prova de per si que não existe ainda filosofia desse tipo!) Já foram recolhidas experiências da vida em comum, por exemplo, a vida monástica? A dialética do casamento e de amizade já foi exposta? Os costumes dos sábios, dos comerciantes, dos artistas, dos artesãos – já encontraram seu pensador? Há tanta coisa ainda a pensar nesse assunto! Tudo o que os homens consideraram até hoje como suas "condições de existência" e o que há de razão, de paixão, de superstição nessas considerações – isso já foi estudado até o fim?

A simples observação dos diferentes graus de crescimento que os instintos humanos adotaram ou poderiam adotar, segundo os diferentes climas, já daria muito que fazer ao mais laborioso; seriam necessárias gerações de sábios trabalhando segundo um plano comum para esgotar os diferentes pontos de vista e o conjunto da matéria. Ocorreria o mesmo para justificar a variedade dos climas morais; (por que esse sol, isto é, esse juízo moral fundamental e essa avaliação moral brilha aqui – e lá brilha outro?). Seria ainda outro trabalho determinar o que há de errôneo em toda justificação e em todos os juízos morais produzidos até o presente. Supondo que todos esses trabalhos fossem feitos, a mais espinhosa de todas as questões surgiria então primeiro: a questão de saber se compete à ciência *conferir* objetivos novos à atividade do homem, depois de ter provado que os pode tirar e destruir – então começaria uma experimentação que poderia satisfazer toda espécie de heroísmo, experimentação de muitos séculos e que relegaria para a sombra todos os grandes trabalhos e todos os grandes sacrifícios que a história nos deu a conhecer até hoje. Até o presente a história não entregou ainda suas construções ciclópicas; para isso também o tempo virá.

## 8 – Virtudes inconscientes

Todas as qualidades pessoais de que um homem tem consciência – notadamente quando supõe que são visíveis e evidentes também para aqueles que os rodeiam – estão submetidas a leis de evolução completamente diferentes daquelas que regem as qualidades que ele conhece mal ou não conhece, qualidades que sabem se esconder até aos olhos do observador mais sutil, por sua fineza, como por detrás do nada.

Ocorre o mesmo como as figuras nas escamas dos répteis: seria um erro ver nelas um ornamento ou até um meio de defesa – porque não podem ser vistas senão ao microscópio, isto é, através de olhos tornados mais aguçados por um meio artificial, que os animais, supondo-se que os utilizem como ornamento ou meio de defesa, não possuem! Nossas qualidades morais visíveis, e sobretudo aquelas que *acreditamos* serem visíveis, seguem seu caminho – e nossas qualidades invisíveis de denominações idênticas que, com relação às outras não podem nos servir de ornamento nem de arma, *seguem igualmente seu caminho*: provavelmente um caminho bem diferente, com linhas, finezas e esculturas que poderiam talvez dar prazer a um deus munido de um microscópio divino. Possuímos, por exemplo nosso trabalho, nossa ambição, nossa perspicácia: todos os conhecem – e, além disso, possuímos provavelmente uma vez mais *nosso* trabalho, *nossa* ambição, *nossa* perspicácia; mas para essas qualidades, que são nossas próprias escamas de réptil, o microscópio ainda não foi inventado! – E aqui os amigos da moralidade instintiva haverão de exclamar: "*Bravo! Pelo menos admite a possibilidade de virtudes inconscientes – isso nos basta*!" – Oh! como lhes basta pouco!

## 9 – Nossas erupções

Há uma infinidade de coisas de que a humanidade se apropriou em épocas anteriores, mas de maneira tão frágil e tão embrionária que ninguém conseguiu perceber e que, muito mais tarde, talvez depois de séculos, vêm de repente à luz: no intervalo, se tornaram fortes e amadureceram. Parece que a certas épocas, como a muitos homens, falta totalmente este ou aquele talento, esta ou aquela virtude: mas que se esperem os filhos e os netos, caso se dispor de tempo para esperar – e se verá vir à luz a alma dos avós, essa alma a respeito da qual os próprios avós nada sabiam ainda. Muitas vezes o filho já se torna revelador de seu pai: este se compreende melhor a si mesmo depois de ter um filho. Todos temos em nós plantações e jardins desconhecidos; e, para empregar outra imagem, somos todos vulcões em atividade que terão sua hora de erupção: é verdade que ninguém sabe se esse momento está próximo ou distante, o próprio Deus o ignora.

## 10 – Uma espécie de atavismo

Não posso compreender melhor os homens excepcionais de uma época senão como rebentos tardios que surgem de repente de culturas antigas e de suas forças: de algum modo, como o atavismo de um povo e de seus costumes; – só assim é que se poderia encontrar neles alguma coisa a *compreender*! Agora parecem estranhos, esquisitos, extraordinários: e aquele que sente em si essas forças é obrigado a cultivá-las e a defendê-las contra um mundo inimigo, a venerá-las e a vigiar por seu crescimento: torna-se por isso ou um grande homem ou um original e um louco, a menos que pereça a tempo. Antigamente essas qualidades raras eram habituais e, por conseguinte, eram consideradas como vulgares: não conferiam nobreza. Talvez fossem exigidas, colocadas como condição; era impossível tornar-se grande com elas, a não ser que não houvesse risco algum em tornar-se, com elas, louco ou solitário. É sobretudo nas raças e nas castas conservadoras de um povo que se apresentam semelhantes contragolpes de instintos antigos, enquanto que a aparição de semelhante atavismo não é provável no caso em que as raças, os costumes, as avaliações de valores alternam demasiado depressa.

De fato, entre as forças que provocam a evolução de um povo, o andamento ocorre como na música; em nosso caso particular, a evolução deve absolutamente ser *andante*, pois é o movimento de um espírito apaixonado e lento: ora, tal é o espírito das raças conservadoras.

## 11 – A consciência

A consciência é o último estágio, o mais tardio, daquilo que é orgânico; é, por conseguinte, também o que há de menos acabado e de menos forte. Da consciência provêm inumeráveis enganos que fazem perecer um animal ou um homem mais cedo do que seria necessário, "apesar do destino", como dizia Homero. Sem a associação conservadora dos instintos, se essa associação não fosse infinitamente mais poderosa que a consciência, não haveria regulador: a humanidade sucumbiria sob o peso de seus juízos absurdos, de suas divagações, de seus juízos superficiais e de sua credulidade, numa palavra, de sua consciência: ou antes, não existiria mais há muito tempo!

Antes de estar desenvolvida e madura, toda função constitui um perigo para o organismo: é preferível que seja longa e sistematicamente tiranizada! Por isso a consciência é sistematicamente tiranizada – e não é ao orgulho que o deve menos!

Pensa-se que isso forma o *núcleo* do ser humano, o que tem de duradouro, de eterno, de supremo, de primordial! Considera-se a consciência como uma grandeza constante! Nega-se seu crescimento, sua intermitência!

É considerada como a "unidade do organismo"! – Essa ridícula superestimação, esse desconhecimento da consciência teve esse resultado feliz de *impedir* o desenvolvimento demasiado rápido da consciência. Julgando já possuir o consciente, os homens pouco se esforçaram por adquiri-lo – e hoje ainda não é diferente!

Uma *tarefa* permanece sempre nova e apenas perceptível ao olho humano, apenas claramente reconhecível, a tarefa de *incorporar o saber* e de torná-lo instintivo. – Essa tarefa não pode ser percebida senão por aqueles que compreenderam que até aqui somente nossos *erros* foram incorporados e que toda a nossa consciência não se relaciona senão a erros.

## 12 – Do objetivo da ciência

Como? O objetivo supremo da ciência seria proporcionar ao homem tanto prazer e tão pouco desprazer possível? E se o prazer e o desprazer estivessem de tal modo solidários um com o outro que aquele que quer *saborear* ao máximo de um *deve* saborear ao máximo do outro – que aquele que quer chegar até a "*felicidade do céu*" deve também se preparar para ser "*triste até a morte*"?

Ora, talvez seja assim mesmo! Os estoicos pelo menos acreditavam nisso e eram coerentes quando pediam o mínimo de prazer possível para que a vida lhes causasse o mínimo de desprazer possível (dizendo que "*o virtuoso é o mais feliz*", exibiam tão bem uma insígnia da escola para a grande massa como propunham uma sutileza casuística para os mais sutis). Ainda hoje se pode escolher: seja *o menor desprazer possível*, em outras palavras, a ausência de dor – e no fundo os socialistas e os políticos de todos os partidos não deveriam honestamente prometer mais nada aos seus clientes – seja o *maior desprazer possível* como preço pelo aumento de uma multidão de alegrias e de prazeres, sutis e raramente usufruídos até esse dia!

Se optarem pela primeira alternativa, se quiserem reduzir e diminuir os sofrimentos dos homens, pois bem! é preciso reduzir diminuir também *sua capacidade de se alegrar*.

É certo que com a *ciência* se pode favorecer um e outro objetivo. Talvez agora se conheça mais a ciência por causa de sua faculdade de privar os homens de seu prazer e de torná-los mais frios, mais insensíveis, mais estoicos. Mas nada impede também que se descubra nela faculdades de *grande dispensadora de dores*! – E então talvez fosse descoberta ao mesmo tempo sua força contrária, sua prodigiosa faculdade de fazer brilhar para a alegria um novo céu estrelado!

## 13 – Para a doutrina do sentimento de poder

Ao fazer o bem e ao fazer o mal, exercemos nosso poder sobre os outros – e é o que se quer! Fazemos o mal àqueles a quem somos forçados primeiramente a fazê-los sentir nosso poder, pois a dor é para isso um meio muito mais refinado que o prazer: – a dor procura sempre suas causas, enquanto o prazer mostra inclinação para se bastar a si próprio e a não olhar para trás.

Ao fazer o *bem* e querendo o bem daqueles que já dependem de nós de uma maneira ou de outra (isto é, que estão habituados a pensar em nós como em sua causa), queremos aumentar seu poder para aumentar o nosso ou queremos mostrar-lhes a vantagem que há em estar em nosso poder – assim ficarão satisfeitos com sua situação e mais hostis aos inimigos de *nosso* poder, mais dispostos a lutar contra eles.

Os sacrifícios consentidos, seja em favor do bem, seja em favor do mal, não modificam o valor definitivo de nossos atos, mesmo se arriscarmos nossa vida, como faz o mártir por sua igreja, seria um sacrifício que fazemos por *nossa* exigência de poder ou em vista de conservar nosso sentimento de poder. Aquele que pensa "*estou em poder da verdade*", quantas outras posses não deixa escapar para conservar esse sentimento! Quantas coisa não se joga por cima da borda para se manter "na superfície" – isto é, *por cima* dos outros, daqueles que estão privados da verdade!

Certamente, fazer o mal é raramente tão agradável como fazer o bem – aí está um sinal de que nos falta ainda poder ou é a revelação do mau humor que nos causa essa pobreza, é o anúncio de novos perigos e de novas incertezas para nosso capital de poder, de um horizonte velado pelas vinganças, pelas zombarias, pelas punições, pelos malogros, pelos quais é preciso esperar. Unicamente os homens mais sensíveis ao sentimento de poder, aqueles que mais o desejam, podem ter prazer em imprimir ao recalcitrante o sinete de seu poder; para esses, os homens já submetidos (e como tais, objetos de sua benevolência) são apenas um fardo sem interesse.

Tudo depende da maneira pela qual se tem o hábito de *condimentar* a própria vida; é uma questão de gosto preferir o aumento de poder lento ou repentino, seguro ou perigoso e ousado – procura-se sempre este ou aquele condimento de acordo com o próprio temperamento.

Uma presa fácil, para as naturezas altivas, é algo de desprezível; só experimentam um sentimento de bem-estar diante do aspecto de homens íntegros que poderiam tornar-se seus inimigos, e diante de todas as posses dificilmente acessíveis; muitas vezes são duros para aquele que sofre, porque não o julgam digno de seu esforço; mostram-se tanto mais corteses para com seus *semelhantes*, com os quais lutar seria certamente honroso, se a ocasião se apresentasse.

Foi sob o efeito do sentimento de bem-estar que lhe dava essa perspectiva que os homens da casta cavalheiresca se acostumaram a usar uns para com os outros de uma delicadeza requintada. – A piedade é o sentimento mais agradável para aqueles que são pouco orgulhosos e que não têm esperança de grandes conquistas: para eles, a presa fácil – e aquele que sofre é presa fácil – é coisa que os encanta. Elogia-se a piedade como sendo a virtude das meretrizes.

## 14 - Tudo aquilo que é chamado amor

Cobiça e amor: que diferença nos sentimentos que cada uma dessas palavras nos causa! – e, no entanto, não se trata nos dois casos do mesmo instinto sob dois nomes diferentes? O primeiro vocábulo não provém daqueles que já possuem, em quem o instinto de posse já se acalmou um pouco e que temem agora por seus "bens"? O segundo, dos insatisfeitos e dos ávidos que acham "bom" esse instinto! Nosso "amor ao próximo" não é um desejo imperioso de nova *propriedade*?

E não ocorre o mesmo com nosso amor pela ciência, pela verdade e, em geral, com todo desejo de novidade? Nós nos cansamos aos poucos daquilo que possuímos há muito tempo e com toda segurança e nos pomos a estender novamente as mãos; mesmo a mais bela paisagem onde vivemos mais de três meses deixa de nos agradar e qualquer margem distante excita nossa cobiça. O objeto da posse diminui geralmente pelo fato de ser possuído.

O prazer que tiramos de nós mesmos quer manter-se, transformando *em nós mesmos* qualquer coisa de sempre novo – e é precisamente isso que se chama possuir. Cansar-se de uma posse é cansar-se de si próprio. (Pode-se também sofrer com uma grande riqueza – ao desejo de rejeitar, de distribuir pode também atribuir-se o nome de "amor").

Quando vemos alguém sofrendo, aproveitamos de bom grado a ocasião que se oferece para nos apoderarmos dele; é o que faz, por exemplo, o homem caridoso, aquele que tem compaixão; ele também chama "amor" ao desejo de nova posse despertada nele e tem prazer nisso, como diante do apelo de uma nova conquista.

Mas é o amor sexual que se revela mais nitidamente como desejo de posse: aquele que ama quer possuir, somente para ele, a pessoa que deseja, quer ter um poder absoluto tanto sobre sua alma como sobre seu corpo, quer ser amado unicamente e instalar-se na outra alma, nela dominar como o que há de mais elevado e mais admirável.

Se considerarmos que isso não significa nada menos que excluir o mundo inteiro de um bem precioso, de uma felicidade e de um prazer; que aquele que ama visa ao empobrecimento e à privação de todos os outros competidores, que visa a tornar-se o dragão de seu tesouro, como o mais indiscreto e o mais egoísta de todos os conquistadores e exploradores; se considerarmos finalmente que, para aquele que ama, todo o resto do mundo lhe parece indiferente, pálido, sem valor, e que está pronto a fazer todos os sacrifícios, a provocar em toda parte a desordem, a relegar todos os seus interesses: espantamo-nos que essa avidez selvagem, essa injustiça do amor sexual tenha sido glorificada e divinizada a tal ponto e em todas as épocas, sim, que desse amor se tenha extraído a ideia de amor, em oposição ao egoísmo, quando talvez seja a expressão mais natural do egoísmo. O uso corrente na língua provém com evidência daqueles que não possuíam e que desejavam possuir – sempre foram numerosos demais.

Os favorecidos pela fortuna, aqueles que possuíram muito e que conheceram a saciedade deixaram sem dúvida escapar de vez em quando uma invectiva contra o "demônio furioso", como dizia esse ateniense, o mais amável e o mais amado de todos, Sófocles: mas Eros sempre ria de semelhantes caluniadores – justamente seus maiores favoritos. Existe realmente, aqui e acolá, na terra, uma espécie de prolongamento do amor, no qual esse desejo ávido que duas pessoas experimentam uma pela outra dá lugar a um novo desejo, a uma nova cobiça, a uma sede *comum*, superior, de um ideal que as ultrapassa: mas quem conhece esse amor? Quem o viveu? Seu verdadeiro nome é *amizade*.

## 15 – À distância

Essa montanha faz todo o encanto e todo o interesse da região que domina: depois de ter-nos dito isso pela centésima vez, nos achamos, a seu respeito, num estado de espírito tão sobressaltado e tão cheio de reconhecimento que imaginamos que aquela que possui todos esses encantos deve ser ela própria o que há de mais encantador na região – é por isso que subimos até o topo e ficamos desiludidos!

De repente o encanto desaparece na própria montanha e em toda a paisagem que a cerca; havíamos esquecido que há certas grandezas, precisamente como certas bondades, que só querem ser vistas de longe, e sobretudo de baixo, sob hipótese alguma, do alto – é somente assim que *fazem efeito*.

Talvez conheças homens de teu meio que só podem olhar-se a si próprios a certa distância para se julgarem suportáveis, sedutores e vivificantes; deve-se desaconselhar a eles o conhecimento de si.

## 16 - A passarela

É preciso saber dissimular com as pessoas que têm o pudor de seus sentimentos; com efeito, têm um ódio repentino contra aquele que surpreende sua ternura, seu entusiasmo ou sua nobreza como se tivesse violado um segredo.

Se alguém quiser fazer-lhes o bem em tais momentos, deve fazê-las rir ou lhes sugerir, por brincadeira, alguma fria malícia: – seu humor se regela e se dominam novamente.

Mas dou a moral antes de contar a história. – Estivemos uma vez tão perto um do outro na vida que nada parecia entravar nossa amizade e nossa fraternidade e que só havia entre nós uma pequena passarela. Exatamente no momento em que tu ias colocar nela o pé, te perguntei: "*Queres atravessar a passarela*"? – Mas então não quiseste mais, e como eu te pedia, não respondeste nada.

Desde então, montanhas, rios e tudo o que pode separar e tornar estranho se acumulou entre nós e, se quisermos nos reencontrar, já não seria possível. E agora, quando pensas nessa pequena passarela, não sabes mais o que dizer – soluças, espantado.

## 17 - Justificar sua pobreza

É verdade que não podemos, por qualquer artifício, fazer de uma pobre virtude uma virtude rica e abundante, mas podemos embelezar essa pobreza e fazer dela uma necessidade, de modo que seu aspecto não nos cause mais dor e que por causa dela não continuemos a recriminar a fatalidade. É o que faz o jardineiro prudente que coloca o pobre fio de água de seu jardim nos braços de uma ninfa das fontes e que justifica assim a pobreza: – e quem não teria como ele necessidade das ninfas?

## 18 - Altivez antiga

Falta-nos o mais antigo colorido da nobreza porque nos falta o escravo antigo. Um grego de origem nobre encontrava entre sua superioridade e esse último grau de baixeza um número tão grande de graus intermediários e uma tal distância que só com dificuldade conseguia distinguir nitidamente o escravo: o próprio Platão não o conseguiu ver inteiramente. Ocorre de outro modo conosco, habituados como estamos à *doutrina* da igualdade entre os homens, se não é à própria igualdade.

Um ser que não pode dispor livremente de si e que não dispõe de lazer – não tem nada de desprezível a nossos olhos; de fato, cada um de nós está demasiado afetado por esse gênero de servilismo, dadas as condições de nossa posição e de nossa atividade sociais, que são fundamentalmente diferentes daquelas dos antigos. – O filósofo grego atravessava a vida com o sentimento íntimo de que havia muito mais escravos do que se pensava: para ele, era escravo quem não era filósofo; transbordava de orgulho quando considerava que até os mais poderosos da terra figuravam entre os escravos. Semelhante altivez se tornou para nós estranha, impossível; mesmo como símbolo, o termo "escravo" não possui para nós toda a sua força.

## 19 - O mal

Examinem a vida dos homens e dos povos melhores e mais fecundos, e perguntem se uma árvore que deve elevar-se altivamente nos ares pode viver sem o mau tempo e as tempestades; se a hostilidade e a resistência do exterior, se toda espécie de ódio, de inveja, de teimosia, de desconfiança, de dureza, de avidez, de violência não fazem parte das circunstâncias *favoráveis,* sem as quais um grande crescimento, mesmo na virtude, poderia realmente ser possível? O veneno que mata o mais fraco é um fortificante para o forte – por isso ele não o chama de veneno.

## 20 - Dignidade da loucura

Mais alguns milhares de anos pelo caminho que segue o último século! – E em tudo o que o homem fizer, a mais alta sabedoria será visível: mas justamente por isso a sabedoria terá perdido toda a sua dignidade. Será então certamente necessário ser sábio, mas isso será coisa tão comum, tão vulgar, que um espírito com um gosto um pouco acima da média poderá considerar essa necessidade uma *grosseria.* Do mesmo modo que uma tirania da verdade e da ciência seria capaz de conferir valor à mentira, da mesma forma uma tirania da sabedoria poderia fazer germinar um novo gênero de nobreza de alma. Ser nobre – seria talvez então ser louco.

## 21 - Aos professores de desinteresse

Dizemos que são *boas* as virtudes de um homem, não por causa dos resultados que podem ter para ele, mas por causa dos resultados que podem ter para nós e para a sociedade: – no elogio da virtude nunca se foi muito pouco "desinteressado", muito pouco "não-egoísta"! Caso contrário, ter-se-ia observado que as virtudes (como a aplicação, a obediência, a castidade, a piedade, a justiça) são geralmente prejudiciais àquele que as possui, porque elas reinam com demasiada violência e avidez, como instintos que não querem de maneira alguma estar sob as rédeas da razão no mesmo nível dos demais instintos. Possuir uma virtude, uma virtude verdadeira e completa (e não apenas o pequeno instinto de uma virtude) – é ser *vítima* dela! Essa é a razão por que é elogiada pelo vizinho!

Elogia-se o trabalhador, embora seu zelo prejudique a acuidade de sua vista, a espontaneidade e o frescor de seu espírito; venera-se e lastima-se o jovem que se "matou no trabalho", dizendo: "*Para a sociedade em seu conjunto, a perda do melhor indivíduo não passa de um pequeno sacrifício! É lamentável que esse sacrifício seja necessário! Mas seria certamente muito mais lamentável que o indivíduo pensasse de outra forma e que desse mais importância à sua conservação e a seu progresso do que ao trabalho a serviço da sociedade*!" Por outro lado, não se lastima esse jovem por causa dele próprio, mas porque, com essa morte, a sociedade perdeu um instrumento *submisso* – o que se costuma chamar de "um homem de valor". – Talvez se possa também perguntar se não teria sido preferível no interesse da sociedade que esse rapaz tivesse trabalhado mais prudentemente e se tivesse conservado mais tempo. Reconhece-se o dano sofrido, mas se considera superior e mais duradouro o fato de que um *sacrifício* tenha sido feito e que a mentalidade do animal de sacrifício recebeu uma vez mais uma confirmação *visível*.

Assim, portanto, o que realmente se elogia nas virtudes é, por um lado, sua natureza de instrumento e, de outro, o instinto que foge dos limites da vantagem que dela tira o indivíduo – numa palavra, é a sem-razão na virtude, graças à qual o ser individual se deixa transformar em "função" do todo. O elogio da virtude é o elogio de alguma coisa de prejudicial ao privado, o elogio de instintos que privam o homem de seu mais nobre amor de si, de sua mais elevada força de autoproteção. É verdade que em vista da educação e para inculcar hábitos virtuosos, se procura extrair uma série de resultados da virtude que identificam a virtude com a vantagem particular – e existe, de fato, semelhante similitude!

A tenacidade cega, essa virtude típica dos instrumentos, é apresentada como o caminho das riquezas e das honras e como a poção mais eficaz contra o aborrecimento e as paixões; mas se passa sob silêncio o que essa tenacidade tem de perigoso, o que é seu perigo superior. A educação procede geralmente dessa forma: procura determinar no indivíduo, por uma série de atrações e vantagens, uma maneira de pensar e de agir que, tornada hábito, instinto, paixão, domina nele e sobre ele, *no final das contas em seu detrimento*, mas "para o bem geral".

Quantas vezes observei que, se a tenacidade cega proporciona riquezas e honras, tira ao mesmo tempo dos órgãos a sensibilidade que lhe permitiria desfrutar essa riqueza e essas honras! Quantas vezes observei também que esses remédios radicais contra o aborrecimento e as paixões amolecem ao mesmo tempo os sentidos e os tornam recalcitrantes a qualquer nova excitação. (A mais ativa de todas as épocas – a nossa – não sabe fazer outra coisa de todo o seu dinheiro e de todo o seu trabalho senão acumular sempre mais dinheiro e sempre mais trabalho: é que é necessário muito mais gênio para gastar do que para adquirir! – Que seja! Esperemos nossos "netos".) Se a educação tem êxito, toda virtude do indivíduo se tornará, enquanto objetivo privado último, útil ao público e nefasta ao privado – disso decorre provavelmente uma espécie de enfraquecimento do espírito e dos sentidos ou mesmo um declínio precoce: examinem-se sob esse ponto de vista, uma após outra, as virtudes da obediência, da castidade, da piedade, da justiça.

O elogio do altruísta, do homem virtuoso, daquele que se sacrifica – portanto, o elogio daquele que não emprega toda a sua força e toda a sua razão em *sua própria* conservação, em *seu* desenvolvimento, em *sua* elevação, em *seu* progresso, no aumento de *seu* poder, mas que vive com humildade sem se preocupar consigo mesmo, talvez até com indiferença e ironia a seu respeito – esse elogio não flui certamente do espírito de desinteresse: o "próximo" elogia o desinteresse porque é *dele que tira sua vantagem*! Se o próximo raciocinasse também de uma forma "desinteressada", recusaria essa ruptura de forças, esse prejuízo ocasionado em seu favor, se oporia ao nascimento de semelhantes inclinações e manifestaria antes de tudo seu próprio desinteresse, designando-os precisamente como *nefastas*! – Essa é a contradição fundamental dessa moral que tanto se estima hoje: os *móveis* dessa moral estão em contradição com seu *princípio*!

O argumento de que ela se quer servir, para se demonstrar legítima, é recusado por seu critério de moralidade. O princípio "*deves renunciar a ti mesmo e te oferecer em sacrifício*", para não refutar sua própria moral, só deveria ser decretado por um ser que renunciasse assim ele próprio a sua vantagem e que provocasse talvez, por esse sacrifício exigido dos outros, sua própria queda. Mas, desde que o próximo (ou a sociedade) recomenda o altruísmo *por causa de sua utilidade*, o princípio contrário "*Deves procurar teu proveito mesmo à custa de todos os outros*" é posto em prática e é pregado com o mesmo fôlego o "*tu deves*" e o "*tu não deves*"!

## 22 - A ordem do dia para o rei

Começa o dia: comecemos, para este dia, a colocar em ordem os negócios e os prazeres de nosso muito gracioso senhor que se digna estar ainda repousando.

Sua Majestade tem mau tempo hoje: evitaremos de chamá-lo de ruim; não falaremos do tempo – mas hoje vamos dar aos negócios um tom mais solene e às festas algo de mais pomposo do que seria de outra forma necessário. Sua majestade talvez esteja doente: contaremos no almoço a última boa notícia de ontem à noite, a chegada do senhor Montaigne[4] que sabe falar de uma forma tão divertida de sua doença – sofre de cálculos renais.

Receberemos algumas personalidades (Personalidades! – o que não diria, se ouvisse esta palavra, essa velha rã inchada que há de estar entre elas! "*Não sou uma personalidade,* diria ela, *sou sempre o próprio negócio.*") – A recepção durará mais tempo do que será agradável a quem quer que seja: razão suficiente para contar a anedota do poeta que escreveu em sua porta: "*Quem entrar me dará honra, quem não entrar me dará prazer*". – Essa é verdadeiramente uma falta de cortesia formulada de maneira tão cortês!

---

[4] Michel Eyquem de Montaigne (1533-1592), pensador e escritor francês, assíduo frequentador da corte real de Paris. Sua obra inteira está contida em seus Ensaios (NT).

E talvez esse poeta tivesse perfeitamente razão para ser descortês: dizem que seus versos são melhores que aqueles de um ourives. Que faça ainda muitos deles e que se retire do mundo: esse é realmente o sentido de sua malícia. Em contrapartida, um príncipe vale sempre muito mais que os versos que produz, mesmo quando... – mas que fazemos? Conversamos e toda a corte pensa que estamos trabalhando e que nos inquietamos: não se vê nenhuma luz antes daquela de nossa janela. – Escutem! Não foi a campainha? Com os diabos!

O dia e a dança começam e não sabemos nossas funções! Precisamos, portanto, improvisar – todos improvisam seu dia. Vamos fazer hoje como todos! – Então meu sonho se dissipou, meu singular sonho matinal, sem dúvida sob as batidas violentas do relógio da torre que acaba de anunciar, com a solenidade que lhe é própria, a quinta hora. Parece-me que desta vez o deus dos sonhos quis zombar de meus hábitos – tenho o costume de começar o dia acomodando-o de forma a torná-lo suportável e sem dúvida me ocorreu muitas vezes de torná-lo demasiado cerimonioso e demasiado principesco.

## 23 – Os sintomas da corrupção

Observemos os sintomas dessa doença social necessária de tempos em tempos que é chamada "corrupção". Logo que a corrupção se manifesta em algum lugar, uma *superstição* múltipla aparece e o que o povo acreditava até então se torna pálido e sem força, pois a superstição é uma isca de livre pensamento – aquele que se submete a ela escolhe certas formas e fórmulas que lhe agradam e se concede o direito de escolher. O supersticioso, comparado ao crente, é sempre mais "pessoal" que o outro; uma sociedade supersticiosa será aquela onde se encontram já muitos indivíduos e onde se tem prazer por tudo o que é individual.

Desse ponto de vista a superstição aparece sempre como um *progresso* com relação à fé, como um sinal anunciando que o intelecto se torna mais independente e reivindica seus direitos. Os partidários da velha religião e da velha religiosidade se queixam da corrupção – mas foram eles que até aqui determinaram o vocabulário e que deram à superstição uma má reputação, mesmo junto dos espíritos mais livres. Aprendemos, portanto, que a superstição é um sintoma do surgimento do iluminismo. – Em segundo lugar, acusa-se de *relaxamento* uma sociedade da qual a corrupção se apodera: de fato, é visível que então diminui o prestígio da guerra e o entusiasmo com que se faz uma guerra e que se aspira aos prazeres da vida com tanto ardor como aquele que antigamente se punha em procurar as honras da guerra e da ginástica.

Mas o que não se vê é que essa velha energia popular, essa paixão popular, que a guerra e os torneios punham em tão pomposa evidência, se transformou numa infinidade de paixões privadas que são somente menos visíveis; é até provável que, no estado de "corrupção", o poder e a força da energia que um povo gasta são maiores que nunca e que o indivíduo use delas com muito mais prodigalidade do que podia fazê-lo anteriormente: – porque então não era ainda suficientemente rico para isso! É, portanto, precisamente nas épocas de "relaxamento" que a tragédia corre as casas e as ruas, que se vê nascer o grande amor e o grande ódio e que a chama do conhecimento se eleva com brilho para o céu. – Pretende-se, em terceiro lugar, para compensar ao mesmo tempo a acusação de superstição e de relaxamento, que nas épocas de corrupção os costumes se tornam mais suaves e que, comparada às épocas antigas, mais crentes e mais fortes, a crueldade ora está diminuindo. Não poderia subscrever esse elogio, como não subscrevi a acusação precedente: concedo somente um ponto, que a crueldade se afirma e que as formas de que se revestia antigamente são doravante contrárias ao bom gosto; mas é somente nos tempos de corrupção que se expandem o ferimento e a tortura que são infligidos pela palavra e pelo olhar – é somente agora que se pode falar de *maldade* e de prazer em ser mau. Os homens da corrupção são espirituais e caluniadores; sabem que há outras formas de matar que não seja pelo punhal e pela emboscada – sabem também que se acredita em tudo o que é *bem dito*. – Em quarto lugar, é preciso esperar que "os costumes se corrompam" para que esses seres chamados tiranos comecem a aparecer: são os precursores e, de alguma forma, os *protótipos* dos indivíduos.

Mais um pouco de paciência e esse fruto, que é o fruto dos frutos, acabará por pender, maduro e dourado, da árvore do povo – ora, é somente por causa desses frutos que essa árvore existe! Quando a decomposição atingiu seu apogeu, assim como a luta dos tiranos de toda espécie, chega sempre o César, o tirano definitivo, que vibra o golpe final ao combate pela preponderância, aquele que se aproveita do relaxamento geral.

É em sua época que o indivíduo está mais maduro e que, por conseguinte, a "cultura" está mais elevada e mais fecunda, não graças ao tirano, nem por ele: embora seja próprio dos homens de uma cultura superior cultivar seu César, fazendo-se passar por *sua* obra. Na verdade, eles têm necessidade de paz exterior porque neles tudo é agitação e trabalho. Então, chega-se ao cúmulo da corrupção e da traição: pois o amor do ego que acaba de ser descoberto é agora muito mais poderoso que o amor da velha pátria, desgastado e repetitivo; e a necessidade de se defender contra os temidos caprichos da fortuna abre mesmo as mãos mais nobres, desde que um homem rico e poderoso se mostre disposto a ali depositar ouro.

O futuro é tão incerto que é preciso viver o dia após dia: estado de alma que favorece o jogo fácil de todos os sedutores – pois também não se deixa seduzir e corromper senão por "um dia", reservando-se o futuro e a virtude! Sabe-se que os indivíduos, esses autênticos homens "em si" e "para si", pensam nas coisas do momento, muito mais que seus antípodas, os homens de rebanho, porque se consideram a si próprios tão imprevisíveis como o futuro; do mesmo modo, eles gostam de se ligar aos homens violentos, porque se julgam capazes de ações e de investigações que não podem contar nem com a compreensão nem com o perdão da multidão – mas o tirano ou o César compreende o direito do indivíduo, mesmo em suas transgressões; tem interesse em favorecer uma moral pessoal mais ousada e até mesmo em lhe dar a mão.

De fato, pensa dele e quer que os outros pensem dele o que Napoleão exprimiu uma vez da forma clássica que lhe era peculiar: "*Tenho o direito de responder a todas as suas queixas com um eterno eu. Estou distante de todos, não aceito as condições de ninguém. Devem submeter-se a todas as minhas fantasias e achar muito simples que eu me dê semelhantes distrações.*" Foi o que ele disse à mulher um dia em que ela tinha razões para duvidar de sua fidelidade conjugal. – As épocas de corrupção são aquelas em que as maçãs caem das árvores: quero dizer os indivíduos, aqueles que carregam a semente do futuro, os promotores da colonização intelectual e da nova formação das relações entre o Estado e a sociedade. Corrupção – não passa de um termo injurioso para o outono de um povo.

## 24 – Descontentamentos diversos

Os descontentes fracos e de alguma forma femininos são os mais engenhosos quando se trata de tornar a vida mais bela e mais profunda; os descontentes fortes – os descontentes do sexo masculino para conservar a imagem – são mais inventivos para tornar a vida melhor e mais segura. Os primeiros mostram sua fraqueza e sua feminilidade quando gostam de se deixar enganar e porque se contentam com um pouco de embriaguez e de entusiasmo, mas no final das contas não é possível satisfazê-los e sua frustração é incurável; além disso, encorajam todos aqueles que sabem criar ópios e narcóticos consoladores e detestam, por esse motivo, aqueles que colocam o médico acima do pastor – mantêm dessa maneira a continuidade dos verdadeiros males! Se não tivesse havido na Europa, a partir da Idade Média, uma multidão de descontentes dessa espécie, talvez a famosa faculdade europeia de *evolução* nunca tivesse surgido: de fato, as ambições dos descontentes fortes são demasiado grosseiras e, no fundo, demasiado modestas para não poderem ser finalmente satisfeitas. A China nos dá o exemplo de país onde o descontentamento em massa e a faculdade de evolução desapareceram há muitos séculos; os socialistas e os idólatras do Estado na Europa, com suas medidas para tornar a vida melhor e mais segura, poderiam facilmente levar a Europa a uma felicidade "chinesa", se conseguissem extirpar essa frustração e esse romantismo doentios, ternos e femininos, atualmente superabundantes.

A Europa é um doente que deve a maior gratidão à sua incurabilidade e às eternas transformações de seu mal: essas situações sempre novas, esses perigos, essas dores, esses expedientes, igualmente sempre novos, acabaram por gerar uma irritabilidade intelectual que quase equivale ao gênio e que é, em todo o caso, a mãe de todo gênio.

## 25 – Não predestinado ao conhecimento

Existe uma humildade ingênua, bastante frequente em suma que, quando toma conta de nós, nos torna de uma vez por todas impróprios a sermos discípulos do conhecimento.

De fato, no momento em que um homem dessa espécie percebe alguma coisa que o afeta, volta-se de alguma forma para si mesmo e diz: "*Tu te enganaste! Onde é que tinhas a cabeça! Isso não pode ser verdade*!" – E então, em vez de examinar mais de perto, em vez de prestar mais atenção, foge intimidado e evita encontrar aquilo que o choca e procura esquecê-lo o mais depressa possível.

Sua lei interior diz: "*Não quero ver nada que esteja em contradição com a opinião corrente sobre as coisas. Serei eu feito para descobrir novas verdades? Já há demais antigas.*"

## 26 – O QUE SIGNIFICA VIVER?

Viver? – significa: repelir incessantemente aquilo que quer morrer. Viver? – isso significa: ser cruel e implacável contra tudo o que, em nós, se torna fraco e velho, e não somente em nós.

Viver, isso significaria, portanto: não ter piedade dos moribundos, dos miseráveis, dos anciãos? Ser assassino sem cessar? – E no entanto o velho Moisés disse: "*Não matarás.*"

## 27 – O HOMEM QUE RENUNCIA

O que faz aquele que renuncia? Aspira a um mundo superior, quer voar mais longe e mais alto que todos os homens da afirmação – ele se livra de muitas coisas que sobrecarregariam seu voo e, entre essas coisas, há aquelas que têm valor e das quais ele gosta: ele as sacrifica a seu desejo das alturas.

Ora, é esse sacrifício e esse desprendimento que são unicamente visíveis nele: é por isso que lhe dão o nome de renunciador e é como tal que se apresenta diante de nós, envolto em seu hábito de monge, como se fosse a alma de um cilício.

Mas fica muito satisfeito com a impressão que produz: quer esconder a nossos olhos seu desejo, seu orgulho, sua intenção de se elevar pelos ares, *acima de nós*. Sim! É muito mais hábil do que pensamos e tão cortês conosco – esse afirmador! Porque é perfeitamente como nós, mesmo em sua renúncia.

## 28 – PREJUDICAR COM O QUE SE TEM DE MELHOR

Nossas forças nos impelem de tal forma para frente que não podemos mais suportar nossas fraquezas e por elas perecemos: acontece também que podemos prever esse resultado e, no entanto, não queremos que seja diferente. Então usamos a dureza contra o que deveria ser poupado em nós e nossa grandeza é também nossa barbárie.

Semelhante aventura, que acabamos por pagar com a vida, é um exemplo da influência geral que os grandes homens exercem nos outros e em seu tempo: – é justamente com aquilo que têm de melhor, com o que unicamente eles sabem fazer que arruínam muitos seres fracos, incertos, que ainda estão no vir-a-ser e no querer – e é por isso que se tornam nocivos.

Pode até mesmo acontecer que só prejudiquem porque aquilo que há de melhor neles só é absorvido, de alguma forma degustado, por aqueles que ali perdem sua razão e sua ambição, como sob a influência de uma bebida forte, e cujos membros se quebrarão nos impasses por onde a embriaguez os conduz.

## 29 – Os que acrescentam uma mentira

Quando na França se começou a combater as três unidades de Aristóteles[5] e, por conseguinte, também a defendê-las, se pôde ver uma vez mais o que se vê frequentemente, mas sempre com muito desgosto: havia quem mentia a si mesmo para encontrar as razões que fazem subsistir essas leis, simplesmente para não confessar que se estava *habituado* à sua dominação e que não se queria mais ouvir falar de outra coisa. E é assim que se age em toda moral, em toda religião reinante e sempre se agiu desse modo: as intenções que se escondem atrás do hábito são sempre acrescentadas por mentiras, logo que alguém começa a contestar o hábito e a *pedir* as razões e as intenções. É aí que se encontra a grande má-fé dos conservadores de todas as épocas: – eles acrescentam mentiras.

## 30 - Comédia dos homens célebres

Os homens célebres que precisam de sua glória, como por exemplo os políticos, não escolhem seus amigos e seus aliados sem segundas intenções: este deve lhes proporcionar um pouco de brilho e de reflexo de sua virtude, aquele o temor que inspiram certas qualidades duvidosas que todos reconhecem nele; a outro roubam sua reputação de ocioso, de preguiçoso, porquanto convém passar momentaneamente por desatento e indolente: – eles se escondem logo que estiverem em apuros; ora precisam ter junto de si o fantasista, ora o pesquisador, ora o pedante, como de um *alter ego*, mas logo não têm mais necessidade deles! É assim que seu séquito some de repente, assim desaparecem seus traços exteriores, quando tudo parece querer se aglomerar nesse séquito e lhe conferir um "caráter" peculiar: nisso se parecem com as grandes cidades. Sua reputação se transforma sem cessar, precisamente como seu caráter, pois seus meios mutáveis exigem

[5] Trata-se das unidades de lugar, de tempo e de ação, atribuídas pela tradição a Aristóteles, mas que não constam especificamente em sua obra filosófica (NT).

essa mudança e trazem em primeiro plano na cena ora uma ora outra de suas qualidades reais ou supostas: seus amigos e seus aliados fazem parte dessas qualidades teatrais. Pelo contrário, o que eles querem deve permanecer ainda mais firme, mais sólido e mais brilhante – e isso também por vezes tem necessidade de sua comédia e de seu jogo de cena.

## 31 – Comércio e nobreza

Vender e comprar passam hoje por coisa banal, precisamente como ler e escrever; qualquer um sabe fazê-lo, mesmo não sendo comerciante, e o faz todo dia: exatamente como outrora, na época dos homens selvagens, cada um era caçador e treinava dia após dia na técnica da caça.

Nessa época, a caça era banal, mas foi se tornando pouco a pouco privilégio dos poderosos e dos nobres e perdeu seu caráter cotidiano e banal – pois deixou de ser necessária para se tornar negócio de capricho e de luxo: – poderia ocorrer exatamente o mesmo algum dia com a compra e a venda.

Podem ser imaginadas condições sociais em que nada será vendido nem comprado e em que a necessidade dessa arte deverá se perder aos poucos completamente; talvez então haverá indivíduos menos submissos às leis da condição geral que se permitirão a compra e a venda como um *luxo da sensibilidade*.

Então somente o comércio se tornará uma coisa distinta e os nobres se ocupariam dele talvez com a mesma predileção que ora se entregam à guerra e à política: enquanto que, ao contrário, a política perderia todo prestígio e toda dignidade.

Hoje, a política já deixou de ser ofício de fidalgo: poderá ser que um dia ela venha a ser considerada tão vulgar que seja classificada, como toda literatura de partidos e de jornais, sob a rubrica "prostituição do espírito".

## 32 – Discípulos que ninguém deseja

"*Que devo fazer com esses dois jovens!*" – exclamava zangado um filósofo que "corrompia" a juventude como Sócrates a havia outrora corrompido. "*Semelhantes discípulos me importunam. Este não sabe dizer "não" e aquele responde a tudo "sim, mas". Admitindo que compreendessem minha doutrina, o primeiro sofreria demais, porque minhas ideias exigem uma alma guerreira, um desejo de fazer mal, um prazer da negação, uma pele dura – sucumbiria a suas chagas abertas e a suas feridas interiores. E o outro se situaria no meio de todas as causas que defende para fazer algo de medíocre – semelhante discípulo, eu o desejo a meu inimigo!*"

## 33 - Fora dos anfiteatros

"Para lhes provar que o homem no fundo faz parte da classe dos animais de uma ingenuidade natural, terei apenas de lhes recordar sua longa credulidade. Somente hoje, muito tarde e depois de uma imensa vitória sobre si mesmo, se tornou um animal desconfiado – sim, o homem é agora mais maldoso do que nunca." – Não compreendo: por que o homem seria hoje mais desconfiado e mais maldoso? – Porque agora tem uma ciência – porque agora tem necessidade de uma ciência!"

## 34 - História abscôndita

Todo grande homem possui uma força retroativa: por causa dele, toda a história é recolocada sobre a balança e mil segredos do passado saem de seus esconderijos – para serem iluminados por *seu* sol. Não é possível de forma alguma prever tudo o que virá a ser ainda a história. O passado talvez continue ainda essencialmente inexplorado! Há ainda necessidade de muitas forças retroativas!

## 35 - Heresia e feitiçaria

Pensar de forma diferente do que é usual – é muito menos o efeito de um intelecto melhor que o efeito de inclinações fortes e más, de inclinações separadoras, isoladoras, altivas, zombadoras, pérfidas. A heresia é a contrapartida da feitiçaria; é totalmente pouco inocente ou venerável em si. Os hereges e os feiticeiros são duas categorias de seres maus: o que possuem em comum é não só que são maus, mas que se sentem também maus; seu maior prazer é fazer o mal ao que reina (homens ou opiniões). A Reforma, uma espécie de repetição do espírito medieval numa época em que a Idade Média já não tinha por ele a boa consciência, produziu os dois em grande abundância.

## 36 – Últimas palavras

Talvez se lembrem que o imperador Augusto, esse homem terrível que era senhor de si e que sabia se calar, tão bem como um Sócrates, se traiu a si próprio em suas últimas palavras: deixou pela primeira vez cair sua máscara quando deu a entender que havia usado uma máscara e representado uma comédia; tinha feito perfeitamente o papel de pai da pátria e de sábio no trono até iludir inteiramente a todos: "*Plaudite, amici; comaedia finita est*"[6]! – O pensamento de Nero moribundo "*Qualis artifex pereo*!" [7]foi também o pensamento de Augusto moribundo: vaidade de histrião, loquacidade de histrião! E é exatamente a contrapartida de Sócrates moribundo. – Mas Tibério morreu em silêncio, ele que foi o mais atormentado de todos quantos se atormentaram a si próprios – ele foi verdadeiro e não desempenhou o papel de um comediante!

O que é que poderá ter pensado em sua última hora? Talvez isto: "*A vida – é uma longa morte. Como fui louco ao abreviar tantas existências! Seria feito, eu, para ser um benfeitor? Deveria ter-lhes dado a vida eterna: poderia assim ao menos vê-los morrer eternamente. Saberia ver isso tão bem! Qualis spectator pereo*!"[8] Quando, depois de longa agonia, pareceu recuperar forças, julgou-se de bom alvitre sufocá-lo com travesseiros – assim, morreu duas vezes.

## 37 – Três erros

Nos últimos séculos se fez avançar a ciência, seja porque com ela e por ela se esperava compreender melhor a bondade e a sabedoria de Deus – o principal motivo na alma dos grandes ingleses (como Newton) – seja porque se acreditava na utilidade absoluta do conhecimento, sobretudo na união mais íntima entre a moral, a ciência e a felicidade – principal motivo na alma dos grandes franceses (como Voltaire) – seja porque se pensava possuir e amar na ciência uma coisa desinteressada, inofensiva, que se bastava a si própria e inteiramente inocente, na qual os maus instintos do homem não participavam de forma alguma – o motivo principal na alma de Spinoza que, como pensador, se achava divino: – portanto, três erros.

[6] Frase latina que significa "aplaudam, amigos, a comédia terminou" (NT).

[7]Expressão latina que significa "que artista morre comigo" (NT).

[8] Expressão latina que significa "que espectador morre comigo" (NT).

## 38 - Os explosivos

Se considerarmos que necessidade de explodir reside na força dos jovens, não nos surpreenderemos mais ao ver a falta de fineza e de discernimento que têm para se decidir em favor desta ou daquela causa: o que os atrai é o espetáculo do ardor que cerca uma causa e, de algum modo, ver a mecha acesa – e não a causa em si. É por isso que os sedutores sutis se esforçam a fazê-los esperar a explosão antes que persuadi-los por razões: não é com argumentos que se conquista esses barris de pólvora!

## 39 - Gosto mudado

A mudança do gosto comum é mais importante que aquela das opiniões; as opiniões, com todas as provas, as refutações e toda a máscara intelectual que as acompanha, são apenas sintomas de uma mudança de gosto e certamente não aquilo por que são ainda geralmente consideradas a causa dessa mudança. Como é que se modifica o gosto comum? Pelo fato de indivíduos poderosos e influentes pronunciarem sem vergonha seu *hoc est ridiculum, hoc est absurdum*[9], quer dizer, de experimentarem seu gosto e seu desgosto e imporem tiranicamente esse juízo: – submetem assim muitos a uma coação, coação que se transforma aos poucos em hábito para alguns e finalmente numa necessidade para todos. Mas o fato desses indivíduos sentirem outras sensações e outros gostos, tem geralmente sua razão na singularidade de sua maneira de viver, de se alimentar e de digerir; é talvez devido à presença de uma dose mais ou menos grande de sais inorgânicos em seu sangue e em seu cérebro, em resumo, em seu físico: mas eles têm a coragem de reconhecer seu físico e acatar suas exigências mesmo em seus mais finos matizes: seus juízos estéticos e morais fazem parte desses "finos matizes" do físico.

## 40 - Da ausência de nobreza

Os soldados e seus chefes mantêm ainda relações bem superiores àquelas existentes entre operários e patrões. Provisoriamente pelo menos,

[9] Expressão latina que significa "isso é ridículo, é absurdo" (NT).

toda civilização de tipo militar se encontra muito acima de tudo o que se chama civilização industrial: esta, em seu estado atual, é a forma de existência mais baixa que houve até nossos dias. Nela estão em vigor somente as leis da necessidade: quer-se viver e se é obrigado a vender-se, mas se despreza aquele que explora essa necessidade e que compra o operário. É singular que a submissão a pessoas poderosas que inspiram o temor e mesmo o terror, a tiranos e a comandantes de exército, produza uma impressão muito menos penosa, e de longe, que a submissão a pessoas desconhecidas e sem interesse, como o são todos os magnatas da indústria: no patrão, o operário só vê geralmente um homem astuto, um vampiro, um cão que especula todas as misérias e cujo nome, conduta, costumes e reputação lhe são inteiramente indiferentes.

Os fabricantes e os grandes comerciantes mostraram provavelmente até hoje a extrema falta dessas formas e desses sinais que distinguem a *raça superior*, necessárias para tornar interessante uma *personalidade*; se tivessem tido, no olhar e no gesto, a distinção da nobreza hereditária, não haveria talvez socialismo das massas. Porque as massas estão prontas, no fundo, à *escravidão* sob todas essas formas, contanto que aquele que está acima delas afirme sem cessar sua superioridade, contanto que legitime o fato que ele *nasceu* para comandar – pela nobreza das maneiras! O homem mais comum sente que a nobreza não se improvisa e que deve reverenciar nela o fruto do tempo – mas a ausência de formas superiores e a vergonhosa vulgaridade dos fabricantes, com suas mãos vermelhas e gordas, desperta no homem comum o pensamento que unicamente o acaso e a sorte elevaram aqui um acima do outro: pois bem! Pensa ele consigo, vamos também *nós* experimentar o acaso e a sorte! Lancemos os dados! – e o socialismo começa.

## 41 – Contra o remorso

O pensador vê em seus próprios atos pesquisas e perguntas para obter esclarecimentos sobre alguma coisa: o sucesso ou o fracasso são para ele, antes de tudo, *respostas*. Entretanto, zangar-se porque alguma coisa não dá certo ou mesmo sentir remorsos – deixa isso para aqueles que não agem senão sob uma ordem e que esperam alguns golpes de açoite, se seu gracioso patrão não se mostrar satisfeito com o resultado.

## 42 - Trabalho e aborrecimento

Procurar um trabalho para ter um salário – isso é o que torna hoje quase todos os homens iguais nos países civilizados; para todos eles o trabalho é um meio e não um fim; por isso são pouco difíceis na escolha do trabalho, desde que lhes proporcione um ganho significativo. Ora, há homens raros que preferem perecer a trabalhar sem *prazer*: são delicados e difíceis a satisfazer, não se contentam com um ganho abundante, se o próprio trabalho não representar o ganho dos ganhos. Dessa espécie de homens raros fazem parte os artistas e os contemplativos, mas também esses ociosos que passam sua vida na caça ou nas intrigas do amor e nas aventuras. Todos procuram o trabalho e o sacrifício na medida em que estejam ligados ao prazer e, se necessário, o trabalho mais duro e difícil.

Caso contrário, se decidem pela preguiça, mesmo que essa preguiça signifique miséria, desonra, perigos para a saúde e para a vida. Não receiam tanto o aborrecimento que o trabalho sem prazer: é preciso mesmo muito aborrecimento para que *seu* trabalho dê resultado. Para o pensador e para o espírito inventivo o aborrecimento é essa "calma monótona" da alma que precede o curso feliz e os ventos alegres; é preciso que suporte essa calma, *esperar* seu efeito apesar deles: – é precisamente isso que as naturezas inferiores não podem em absoluto obter delas próprias! Expulsar o aborrecimento a qualquer custo é tão vulgar como trabalhar sem prazer. Nisso talvez os asiáticos se distinguem dos europeus: são capazes de um repouso mais longo e mais profundo; mesmo seus narcóticos agem mais lentamente e exigem paciência, contrariamente à insuportável instantaneidade desse veneno europeu, o álcool.

## 43 - O que revelam as leis

Equivoca-se grosseiramente quem estudar as leis penais de um povo como se fossem a expressão de seu caráter; as leis não revelam o que é um povo, mas somente aquilo que lhe parece estranho, esquisito, monstruoso, exótico. A lei se refere às exceções da moralidade dos costumes; e as penas mais duras atingem o que está de acordo com os costumes do povo vizinho. É assim que entre os *wahabitas*[10] existem apenas dois pecados mortais: ter um deus diferente daquele dos *wahabitas* e – fumar (designam isso como "*a mais vergonhosa maneira de beber*").

"*E que pensam do assassinato e do adultério*?" – perguntou com espanto o inglês a quem contavam essas coisas. "*Ora, Deus é cheio de graça e de misericórdia*!" – respondeu o velho chefe. – Da mesma forma, os antigos romanos acreditavam que uma mulher só podia tornar-se culpada de pecado mortal de duas maneiras: cometendo adultério e – bebendo vinho. O velho Catão pensava que só se tinha criado o costume de se beijar entre parentes para poder controlar as mulheres a esse respeito; esse beijo significava: cheira a vinho? Foram realmente punidas de morte as mulheres que eram surpreendidas bebendo vinho: e certamente não era só porque as mulheres, sob a influência do vinho, perdessem às vezes toda a veleidade de dizer "não"; os romanos receavam sobretudo o sopro orgíaco e dionisíaco que passava de vez em quando por essas mulheres do sul da Europa (quando o vinho era ainda novidade), como uma monstruosa manifestação antinacional que abalava a base do sentimento romano: para eles era como uma traição de Roma, como a assimilação do estrangeiro.

## 44 – Os motivos em que se acredita

Apesar da importância que possa haver em conhecer os autênticos motivos que guiaram até hoje as ações humanas, talvez seja mais importante ainda, para quem procura o conhecimento, saber qual *crença* está ligada a este ou aquele motivo, quero dizer, conhecer o que a humanidade supôs e imaginou até o presente como sendo a verdadeira alavanca de seus atos. De fato, a felicidade e a miséria interior dos homens vieram-lhe de sua crença neste ou naquele motivo – e *não* daquilo que foi o motivo verdadeiro! Este tem apenas um interesse secundário.

## 45 – Epicuro[11]

Sim, estou orgulhoso por sentir o caráter de Epicuro de uma forma talvez diferente daquela de todos e de usufruir da antiguidade como

[10] Os wahabitas formavam uma corrente religiosa islâmica, fundada em torno de 1750, por Mohamed Ebn Abdel Wahab (NT).

[11] Epicuro (341-270 a.C.), filósofo grego; sua doutrina era essencialmente materialista e pregava tirar todo o proveito possível dos prazeres materiais e espirituais da vida (NT).

de uma felicidade vespertina, cada vez que leio ou ouço alguma coisa dele; – vejo seu olhar errar sobre vastos mares esbranquiçados, sobre falésias onde repousa o sol, enquanto animais grandes e pequenos vêm brincar sob seus raios, seguros e tranquilos como essa luz e esse olhar. Semelhante felicidade só pode ter sido inventada por alguém que sofria sem cessar; é a felicidade de um olhar que viu se apaziguar sob seu olhar o mar da existência e que agora não pode mais se satisfazer de ver essa superfície ondulante, essa epiderme multicolorida, delicada e frementе: nunca ali tinha havido até então semelhante modéstia da voluptuosidade.

## 46 - Nosso espanto

Há uma felicidade profunda e radical no fato de que a ciência descubra as coisas que se "*aguentam de pé*" e que dão sempre motivo a novas descobertas: – de fato, com certeza, poderia muito bem não ser assim. Estamos tão intimamente persuadidos da incerteza e da loucura dos nossos juízos e da eterna transformação das leis e das ideias humanas, que ficamos estupefatos ao ver *como* os resultados da ciência se aguentam de pé! Antigamente não se sabia nada dessa instabilidade de todas as coisas humanas, a moralidade dos costumes mantinha a crença que toda a vida interior do homem era fixada por eternos grampos a uma necessidade de bronze: – talvez se experimentasse então semelhante volúpia ao ouvir fábulas surpreendentes e contos de fadas. O maravilhoso fazia tamanho bem a esses homens que às vezes deviam se cansar da regra e da eternidade. Perder o pé uma vez! Planar! Errar! Ser louco! – Isso fazia parte do paraíso e da embriaguez de outrora: ao passo que nossa beatitude se assemelha à do náufrago que alcança a costa e que põe seus pés na velha terra firme – espantado de não senti-la vacilar.

## 47 - Da repressão das paixões

Se continuamente se reprimir a expressão das paixões como uma coisa que deve ser deixada ao "vulgar", às naturezas mais grosseiras, burguesas e rústicas – se, portanto, se quiser não refrear as próprias paixões, mas apenas sua linguagem e seu gesto, nem por isso se deixa de atingir aquilo que não se quer atingir, a repressão das próprias paixões, pelo menos seu enfraquecimento e sua transformação: – como aconteceu, exemplo instrutivo, com a corte de Luís XIV e com tudo o que dela dependia. A época *seguinte*, educada no hábito de refrear a expressão das paixões, perdeu a própria paixão que, substituída pela graça, pela frivolidade, pela leviandade – foi uma época marcada pela incapacidade de ser sem cortesia, a tal ponto que até uma ofensa era recebida com palavras de cortesia e devolvida da mesma forma. Talvez nossa época forneça a mais curiosa contrapartida disso: vejo em toda parte, na vida e no teatro e, não menos, em tudo o que se escreve, o sentimento do bem-estar que causam todas as irrupções *grosseiras*, todos os gestos vulgares da paixão: exige-se agora certa convenção da própria paixão – mas a preço algum se aceitaria a própria paixão! Apesar disso, acabar-se-á por acatá-la e nossos descendentes possuirão uma *verdadeira selvageria* e não somente a selvageria e a grosseria das maneiras.

## 48 – Conhecimento da miséria

Talvez nada separe os homens e as épocas a não ser os diferentes graus de seu conhecimento da miséria: tanto a da alma como a do corpo. No que se refere a esta última, nós, homens de hoje, apesar de todas as nossas fraquezas e nossas enfermidades, por causa de nossa falta de experiências sérias, talvez todos nos tornamos ignorantes e fantasiosos: em comparação com uma época do temor – a mais longa da humanidade – quando o indivíduo devia se proteger a si mesmo contra a violência e era obrigado, para esse fim, a ser ele próprio violento. Nessa época o homem fazia um duro aprendizado de sofrimentos físicos e de privações e encontrava, numa certa crueldade para consigo mesmo e no exercício voluntário da dor, um meio necessário à sua conservação; então se educava seu meio a saber suportar a dor, então se gostava de provocar a dor e se via os outros serem atingidos por aquilo que há de pior nesse gênero, sem experimentar outro sentimento que não fosse o da própria segurança. Quanto à miséria da alma, examino agora cada homem para me dar conta se ele a conhece por experiência ou por descrição; se julga ser necessário, por exemplo, simular o conhecimento dessa miséria, para testemunhar certa cultura ou se, no fundo de sua alma, se recusa a acreditar nas grandes dores da alma e se, quando são mencionadas em sua presença, não se passa nele qualquer coisa de análogo ao que acontece quando lhe falam de sofrimentos físicos – pensa então logo em suas dores de dente e de estômago.

Parece-me que é assim entre a maioria das pessoas. Já ninguém é treinado no sofrimento, nem físico nem moral, ninguém vê uma pessoa sofrer a não ser muito raramente; do que resulta uma consequência muito importante: é que se odeia agora o sofrimento mais do que antigamente, que dele se diz mais mal do que nunca, e que se vai mesmo ao ponto de já nem sequer se poder suportar a ideia dele: disso se faz uma questão de consciência e uma censura à existência, em sua totalidade.

O surgimento de filosofias pessimistas não é de forma alguma indício de grandes e terríveis misérias; muito pelo contrário, fazem-se essas interrogações sobre o valor geral da vida em épocas em que o conforto e a facilidade acham cruéis, demasiado sangrentas, as pequenas e inevitáveis picadas de mosquitos na alma e no corpo e gostariam de fazer aparecer, na penúria das autênticas experiências dolorosas, representações dolorosas comuns como um sofrimento de espécie superior. – Haveria realmente um remédio contra as filosofias pessimistas e o excesso de sensibilidade que me parece ser a verdadeira "miséria do presente": – mas talvez esse remédio parecesse demasiado cruel e poderia ser ele próprio classificado entre os sintomas em que se baseiam agora para considerar que "*a vida é algo de mau*". Que seja! O remédio contra a "miséria" se chama: *miséria*.

## 49 – A generosidade e o que a ela se assemelha

Os fenômenos paradoxais, como a frieza repentina no comportamento de um homem caloroso, o humor do melancólico, sobretudo a *generosidade* como renúncia brusca da vingança ou da satisfação da vontade – se manifestam nos homens que possuem uma grande força centrífuga, nos homens prontos à saciedade e ao desgosto. Suas satisfações são tão rápidas e tão fortes que são imediatamente seguidas de antipatia, de repugnância e que fogem imediatamente para o terreno oposto: nessa oposição se resolve a crise do sentimento, num por frieza repentina, em outro por um acesso de hilaridade, num terceiro pelas lágrima e pelo sacrifício.

O homem generoso – pelo menos a espécie de homens generosos que sempre causou mais impressão – me parece ser o homem da extrema sede de vingança, que vê a seu alcance uma possibilidade de satisfazê-la e que, esvaziando a taça até a última gota, se satisfaz já na imaginação, de modo que um enorme desgosto se segue rapidamente a esse excesso; – eleva-se então, como se costuma dizer, "acima de si próprio" e perdoa seu inimigo, a ponto de abençoá-lo e homenageá-lo. Por essa violação de seu eu, por essa zombaria de seu instinto de vingança, há pouco ainda tão poderoso, não faz mais que ceder um novo instinto que acaba de se manifestar poderosamente nele (o desgosto) e isso com o mesmo excesso e a mesma impaciência com os quais tinha há pouco antecipado em espírito a alegria de se vingar, para logo esgotá-la. Há na generosidade o mesmo grau de egoísmo que na vingança, mas se trata de um egoísmo de outra qualidade.

## 50 – O argumento do isolamento

A recriminação da consciência, mesmo nos mais conscienciosos, pesa pouco diante do sentimento segundo o qual "esta ou aquela coisa é contrária aos bons costumes de *tua* sociedade". Um olhar frio, uma boca gelada naqueles entre os quais e pelos quais se foi educado inspirará *temor* até mesmo ao mais forte. Temor de que, realmente?

Do isolamento! De fato, esse é um argumento que destrói até mesmo os melhores argumentos em favor de um homem ou de uma coisa! – É assim que o instinto do rebanho fala em nós.

## 51 – Veracidade

Elogio toda espécie de ceticismo que me permite que lhe responda: "*Vamos tentar sempre*!" Mas não quero mais ouvir falar de todas as coisas e de todas as questões que não permitem a experiência. Esses são os limites de minha "veracidade": pois aqui a bravura perdeu seus direitos.

## 52 – O que os outros sabem de nós

O que sabemos de nós mesmos e o que guardamos em nossa memória, para a felicidade de nossa vida, não é tão decisivo como se pensa.

Chega um dia em que aquilo que os outros sabem de nós (ou julgam saber) cai sobre nós – e a partir de então reconhecemos que é isso o que há de mais poderoso. Arranjamo-nos melhor com a má consciência do que com a má reputação.

## 53 – Onde começa o bem

Lá onde a fraqueza dos olhos não permite mais ver, por causa de sua extrema sutilidade, o mau instinto como tal, é ali que o homem faz começar o reino do bem; e a sensação de ter agora penetrado nesse reino desperta a excitação de todos os instintos que estavam ameaçados e limitados pelos instintos maus, como o sentimento de segurança, de bem-estar, de benevolência. Por conseguinte: quanto mais o olhar é impreciso, maior é o domínio do bem! Daí a eterna serenidade do povo e das crianças! Daí o abatimento dos grandes espíritos, seu humor negro, próximo da má consciência.

## 54 – A consciência da aparência

Que lugar admirável ocupo diante da existência inteira com meu conhecimento, como isso me parece novo e ao mesmo tempo espantoso e irônico! *Descobri* por mim que a velha humanidade, a velha animalidade, sim, mesmo todos os tempos primitivos e o passado de toda existência sensível, continuam a viver em mim, a escrever, a amar, a odiar, a concluir – despertei de súbito no meio desse sonho, mas somente para ter consciência que estava sonhando e que devo continuar sonhando para não perecer: precisamente como o sonâmbulo deve continuar sonhando para não cair. O que é agora para mim a "aparência"?

Certamente não será o contrário de um "ser" qualquer – que saberia eu dizer desse ser que não fossem os atributos de sua aparência? Certamente não uma máscara inanimada que se poderia pôr, e talvez até mesmo tirar, de um X desconhecido! A aparência é para mim a própria vida e a própria ação que, em sua ironia de si mesma, chegará até a me fazer sentir que há nela aparência, fogo-fátuo, dança dos elfos e nada mais – que no meio desses sonhadores também eu, que "procuro o conhecimento", danço o mesmo passo de todos, que o "conhecedor" é um meio para prolongar a dança terrestre e que, em razão disso, faz parte dos mestres de cerimônia da vida e que a sublime consequência e a ligação de todos os conhecimentos são e serão talvez o meio supremo para assegurar a universalidade do devaneio e do entendimento de todos esses sonhadores entre si e, por isso mesmo, para *fazer o sonho durar*.

## 55 – A derradeira nobreza de sentimentos

O que é, pois, que torna "nobre"? Não é certamente fazer sacrifícios: mesmo o voluptuoso mais descarado faz sacrifícios. Não é certamente obedecer a uma paixão; há paixões desprezíveis. Não é certamente fazer alguma coisa para os outros, sem egoísmo; talvez a coerência do egoísmo é mais forte justamente nos mais nobres. – O que faz a nobreza de um ser é que a paixão que se apodera dele é uma paixão peculiar, sem que ele o saiba; é o emprego de uma medida singular e quase uma loucura; é a sensação de calor nas coisas que outros as acham frias ao tocá-las; é a adivinhação de valores para os quais ainda não foi inventada balança; é o sacrifício em altares dedicados a deuses desconhecidos; é a coragem sem o desejo das honras; é um contentamento de si que transborda e que prodigaliza sua abundância aos homens e às coisas.

Até aqui eram portanto a raridade e a ignorância dessa raridade que conferiam nobreza. Mas deve considerar-se que esse critério obrigou a julgar injustamente e a caluniar em bloco, em proveito da exceção, tudo o que era ordinário, próximo, indispensável, em resumo, tudo aquilo que mais servia para conservar a espécie e que foi até agora regra *geral* entre os homens. Tornar-se o advogado da regra – isso poderia ser a forma e a fineza supremas pelas quais a nobreza de sentimento se manifesta na terra.

## 56 – O desejo de sofrer

Quando penso no desejo de fazer alguma coisa que afague e estimule incessantemente milhares de jovens europeus dos quais nenhum pode suportar nem o aborrecimento nem a si próprio – dou-me conta de que deve haver neles um desejo de sofrer, seja como for, a fim de extrair de seus sofrimentos uma razão provável de agir. O sofrimento lhes é necessário! Daí a gritaria dos políticos, daí as pretensas "crises sociais" de todas as classes imagináveis, tão numerosas como falsas, imaginárias, exageradas, e o cego ardor em acreditar nelas.

Essa geração jovem exige que seja de fora que lhe chegue ou se manifeste – não a felicidade – mas a infelicidade; e sua imaginação se ocupa de antemão em fazer dela um monstro, a fim de ter a seguir um monstro a combater. Se esses seres ávidos de sofrimento sentissem em si a força de fazer o bem em si mesmos, para eles mesmos, saberiam também criar para si próprios uma miséria própria e pessoal. Suas sensações poderiam então ser mais sutis e suas satisfações poderiam ressoar como uma música de qualidade; ao passo que agora enchem o mundo com seus gritos de agonia e, por conseguinte, muitas vezes, em primeiro lugar, de seu *sentimento de angústia*! Não sabem fazer nada de si próprios – é por isso que rabiscam nos muros a infelicidade dos outros: sempre têm necessidade dos outros! – Peço perdão, meus amigos, tive a ousadia de rabiscar no muro minha felicidade.

# Livro 2

## 57 - Aos realistas

Ó homens racionais, que se sentem encouraçados contra a paixão e a imaginação e que gostariam de fazer de sua doutrina um objeto de orgulho e um ornamento, vocês se chamam realistas e dão a entender que o mundo é verdadeiramente feito como lhes aparece; que são os únicos a ver a verdade sem véu e que vocês seriam talvez a melhor parte dessa verdade – ó amadas estátuas de Saís[12]! Mas vocês também, quando aparecem sem véu, não seriam seres muito apaixonados e obscuros, comparados aos peixes, seres que se assemelham ainda em demasia a artistas apaixonados? – E que é a "realidade" para um artista apaixonado? Ainda trazem em vocês as formas de apreciar que têm sua origem nas paixões e nas intrigas dos séculos passados! Sua sobriedade ainda está repleta de uma secreta e indestrutível embriaguez! Seu amor pela "realidade", por exemplo – é um velho, realmente um velho "amor"!

Em cada sentimento, em cada sensação há alguma coisa desse velho amor; e de igual modo algum jogo da imaginação (um preconceito, uma desrazão, uma ignorância, um temor ou qualquer outra coisa que seja) trabalhou nisso e teceu a malha. Tomem essa montanha! Tomem essa nuvem! Que têm de "real"? Tentem, portanto, tirar delas as fantasias e tudo o que os homens lhes *acrescentaram*, homens timoratos! Sim, se pudessem fazer *isso*! Se pudessem esquecer sua origem, seu passado, sua educação fundamental – tudo o que vocês têm de humano e de animal!

[12] Saís era um centro religioso do Egito antigo (NT).

Não há para nós nenhuma "realidade" – e não há nem mesmo para vocês, homens sóbrios – somos muito menos estranhos uns para os outros como vocês pensam: talvez nossa vontade de ir além da embriaguez importa tanto como sua convicção de ser totalmente *incapazes* de chegar a isso.

## 58 – Somente como criadores

Se há uma coisa que me custou muito a compreender e que sempre me deixa perplexo é que *o nome das coisas* importa infinitamente mais do que saber o que elas são. A reputação, o nome, o aspecto, a importância, a medida tradicional e o peso de uma coisa – na origem, na maioria das vezes, um erro, uma qualificação arbitrária, colocadas em coisas como um traje e profundamente estranhas a seu espírito, até mesmo a sua superfície – pela crença que se tinha em tudo isso, por seu desenvolvimento de geração em geração, aos poucos isso se apegou à coisa, se identificou com ela, para se tornar seu próprio corpo; a aparência primitiva acaba quase sempre por se tornar a essência e faz o efeito de ser a essência! Seria necessário ser louco para imaginar que basta indicar essa origem e esse envoltório nebuloso da ilusão para destruir esse mundo que passa por essencial, a famosa "realidade"! Só podemos destruir criando! – Mas não esqueçamos também isto: basta criar nomes novos, apreciações e probabilidades novas para criar com o tempo "coisas" novas.

## 59 – Nós, os artistas

Quando amamos uma mulher acontece-nos às vezes odiar a natureza, pensando em todas as desagradáveis funções naturais a que toda mulher está submetida; preferiríamos pensar em outra coisa, mas se, por acaso, nosso espírito aflora esse assunto, é tomado de um movimento de impaciência e lança um olhar de desprezo sobre a natureza: – logo ficamos ofendidos porque a natureza parece invadir nossos direitos de propriedade da maneira mais profana. Tapamos os ouvidos para não ouvir a voz da fisiologia e decretamos, excluindo-nos, que queremos ignorar que o homem é também outra coisa além de *alma e forma*. Para todos aqueles que amam, *o homem sob a pele* é uma abominação, uma monstruosidade, um blasfemo contra Deus e contra o amor. – Pois bem! O que o amante sente pela natureza e pelas funções naturais, os adoradores de Deus e de sua "onipotência" o sentiam outrora: em tudo o que os astrônomos, os geólogos, os fisiologistas e médicos diziam da natureza, esses adoradores viam uma violação daquilo que possuíam de mais sagrado, portanto, um ataque – e, além disso, a prova da imprudência daquele que atacava! As "leis da natureza" já lhes pareciam como uma calúnia de Deus; no fundo, não teriam pedido mais do que ver reduzir a totalidade da mecânica a atos de vontade e de arbítrio morais: – mas como ninguém lhes prestava esse serviço, preferiam *esconder* a si próprios a natureza e a mecânica quanto possível, a fim de viver no sonho.

Ah! esses homens do passado sabiam sonhar, sem ter necessidade de adormecer! – e nós, homens de hoje, ainda o sabemos fazer muito bem, apesar de nossa boa vontade em nos mantermos acordados e viver à luz do dia! Basta-nos amar, odiar, desejar, basta até mesmo simplesmente sentir para que *imediatamente* o espírito e a força do sonho desçam em nós! E, de olhos abertos, insensíveis a qualquer perigo, subimos o caminho mais perigoso que leva ao topo e às torres da imaginação; a vertigem não nos atinge a nós que nascemos para galgar – sonâmbulos em pleno dia!

Nós, os artistas! Nós, dissimuladores da natureza, lunáticos e embriagados do divino! Viajantes infatigáveis, silenciosos como a morte, passamos sobre as alturas, sem perceber, pensando estarmos na planície, em plena segurança!

## 60 – As mulheres e seu efeito à distância

Tenho ouvidos ainda? Serei todo ouvidos, apenas ouvidos e nada mais! Aqui estou no meio da fornalha das vagas que se quebram em chamas brancas e sobem para lamber meus pés: – de todos os lados ouço o mar uivar, ameaçar, mugir, sua voz estridente se alça contra mim, enquanto que nas últimas profundezas o antigo abalador da terra canta sua melodia, surda como o mugido de um touro; e bate o compasso com seu ritmo sísmico, que esses monstros de rochas que aqui se esboroam sentem eles próprios o coração de seu velho demônio tremer dentro de si. É então que, repentinamente, como surgindo do nada, aparece à porta desse labirinto infernal, apenas a algumas braças – um grande veleiro que vai deslizando, silencioso como um fantasma. Oh! que aparição! Que beleza!

Que encanto se apodera de mim! O quê? Embarcaram aqui todo o silêncio, todo o repouso do mundo? Minha própria felicidade estará realmente ali, sentado nesse lugar tranquilo meu eu mais venturoso, meu segundo eu eterno? Não estar morto e, no entanto, não estar mais vivo? Como um ser intermediário, um espírito silencioso, contemplativo, deslizando e flutuando? Sim! Passar *por cima* da existência! É isso! Isso era necessário! – Mas o quê! O estrondo das águas não me teria mergulhado no delírio? Qualquer grande rumor nos leva a colocar a felicidade no silêncio e na distância. Quando um homem se encontra no meio de sua agitação, exposto à ressaca em que projetos e contraprojetos se misturam, acontece-lhe às vezes ver deslizar perto dele seres de quem inveja a felicidade e o afastamento – *são as mulheres*. Ele imaginaria que quase lá, perto das mulheres, fica seu melhor eu: que nesses lugares silenciosos o pior estrondo das vagas se transformaria em silêncio de morte e a própria vida um sonho sobre a vida. Entretanto! Entretanto! Nobre sonhador, nos mais belos veleiros há também muito barulho e muita algazarra, ai de mim! Algazarra tão mesquinha! O encanto e o efeito mais poderoso da mulher é, para empregar a linguagem dos filósofos, sua "*actio in distans*"[13]: mas para isso é preciso em primeiro lugar e antes de tudo – *distância*!

## 61 – Em honra da amizade

A antiguidade via no sentimento da amizade o mais nobre dos sentimentos, superior mesmo que a altivez tão elogiada desses homens sóbrios e sábios, um sentimento que seria o único rival dessa altivez, mais sagrado ainda: é o que bem exprime a história desse rei da Macedônia que, tendo dado um talento a um filósofo ateniense que fazia profissão de desprezar o mundo, viu o sábio devolver-lhe a moeda. "*Como!* – exclamou o rei – *ele não tem amigos*?" Com isso queria dizer: "*Honro essa altivez do sábio e do homem independente, mas honraria muito mais sua humanidade, se a amizade tivesse sido nele mais forte que a altivez. O filósofo se diminuiu diante de mim, ao mostrar que não conhecia um dos dois sentimentos – e, dos dois, o mais elevado*!"

[13] Expressão latina que significa "ação à distância" (NT).

## 62 - Amor

O amor perdoa até o desejo do ser amado.

## 63 - A mulher na música

Por que os ventos quentes e chuvosos trazem com eles um estado de espírito que dispõe para a música e para o prazer inventivo da melodia? Não são os mesmos ventos que enchem as igrejas e que sopram pensamentos amorosos às mulheres?

## 64 - Mulheres céticas

Receio que as mulheres, quando velhas, no mais íntimo de seu coração, sejam mais céticas que todos os homens: julgam que o lado superficial da vida é a própria essência da vida e toda virtude, toda profundidade, para elas é apenas o véu que esconde essa "verdade", um véu jogado sobre um "*pudendum*"[14] – portanto, uma questão de conveniência e de pudor, nada mais!

## 65 - Devotamento

Há mulheres de sentimentos nobres com uma certa pobreza de espírito que não sabem exprimir seu profundo devotamento de outra forma que oferecendo sua virtude e seu pudor: é o que elas têm de mais precioso. E muitas vezes se aceita esse presente sem se empenhar tão profundamente como a doadora possa supor – essa é uma história deveras melancólica!

## 66 - A força dos fracos

Todas as mulheres são cheias de fineza quando se trata de exagerar sua fraqueza; são até mesmo cheias de engenhosidade na invenção das fraquezas para dar a impressão de frágeis ornamentos que um grão de pó lhes faria mal. É assim que elas se defendem contra o vigor e o "direito do mais forte".

[14] Termo latino que significa "algo vergonhoso" e, por extensão, a genitália (NT).

## 67 – Simular a própria natureza

Agora ela o ama e doravante olha diante de si com uma confiança tão tranquila que faz pensar naquela das vacas: mas infeliz dela! Seu encanto era precisamente parecer essencialmente mutável, inapreensível!

Porque ele já tinha conquistado igualdade de humor e tempo invariável. Não seria preferível para ela simular seu antigo caráter? Simular indiferença? Não seria o próprio amor que lhe aconselharia a agir assim? *Vivat comoedia!*[15]

## 68 – Vontade e submissão

Levaram um jovem a um sábio a quem disseram: "*Aqui está alguém que está prestes a ser corrompido pelas mulheres.*" O sábio abanou a cabeça, sorriu e exclamou: "*São os homens que corrompem as mulheres! E tudo o que falta às mulheres deve ser expiado pelos homens e corrigido neles – pois a imagem da mulher procede do homem e a mulher se conforma com essa imagem.*" – "*És demasiado benevolente para com as mulheres*", disse um daqueles que ali estava; "*tu não as conheces!*"

O sábio respondeu: "*O caráter do homem é a vontade, o da mulher é a submissão – esta é a lei dos sexos!*

*Uma dura lei para a mulher, na verdade! Todos os seres humanos são inocentes de sua existência, mas a mulher é inocente no segundo grau: quem será portanto capaz de ter para ela bastante óleo, suficiente brandura?*" – "*Que importa o óleo! Que importa a doçura?*" – respondeu alguém na multidão: "*É preciso educar melhor as mulheres!*" – "*É preciso educar melhor os homens*", foi a resposta do sábio e fez sinal ao jovem para que o seguisse. – Entretanto, o jovem não o seguiu.

## 69 – Faculdade de vingança

Não saber se defender e, por conseguinte, não querer se defender isso não é ainda uma vergonha a nossos olhos: mas desprezamos aquele que não tem nem a força nem a vontade de se vingar – seja homem ou mulher. Uma mulher nos atacaria (ou, como se diz, nos "agarraria"),

[15] Expressão latina que significa "viva a comédia!" (NT).

se não a julgássemos capaz de se servir, em caso de necessidade, do punhal (de toda espécie de punhais) contra nós?

Ou contra ela mesma, o que, em circunstâncias determinadas, seria a maneira mais delicada de se vingar (a vingança chinesa).

## 70 - As senhoras dos senhores

Uma profunda e poderosa voz de soprano, como se ouve às vezes no teatro, abre de repente para nós o pano para possibilidades nas quais geralmente não acreditamos: subitamente ficamos convencidos de que pode haver em alguma parte do mundo mulheres de almas sublimes, heroicas e reais, aptas e prontas a respostas grandiosas, a decisões e sacrifícios, capazes de dominar os homens e prestes a fazê-lo, porque o que há de melhor no homem parece ter-se tornado nelas, além da diferença dos sexos, um ideal vivo. É verdade que, conforme as intenções do teatro, essas vozes *não* deveriam dar precisamente a ideia dessa categoria de mulheres: geralmente devem representar o amante masculino ideal, por exemplo, um Romeu: mas, a julgar pelas experiências que fiz, o teatro e o músico que esperam de semelhantes vozes esses efeitos se equivocam regularmente: essas vozes de soprano contêm sempre um matiz algo maternal e doméstico e tanto mais justamente porquanto há amor em seu timbre.

## 71 - Da castidade feminina

Há alguma coisa de espantoso e de monstruoso na educação das mulheres da alta sociedade, sim, talvez não haja mesmo nada mais paradoxal. Todos concordam em educá-las na maior ignorância possível *in eroticis*[16], em lhes inculcar um pudor profundo e em lhes inspirar na alma a impaciência e o temor diante de uma simples alusão sobre esses temas eróticos. É toda a "honra" da mulher que é posta em jogo; em compensação, o que é que se não perdoará a elas em outros aspectos!

Mas nesse devem conservar-se ignorantes até ao fundo da alma; não devem ter nem olhos, nem ouvidos, nem palavras, nem pensamentos para aquilo que elas devem considerar como o "mal"; o único fato de saber já é um mal. Ora, de repente são jogadas

[16] Expressão latina que significa "nas coisas eróticas, nas coisas do amor" (NT).

pelo casamento ao conhecimento da realidade – e mais ainda, seu iniciador é o homem que devem amar e respeitar acima de tudo: flagrante delito de contradição entre o amor e a vergonha, quando num só objeto devem sentir o encanto, o sacrifício, o dever, a piedade e o susto diante da proximidade inesperada de Deus e do animal, e sei lá o que mais ainda!

– Criou-se ali um emaranhado na alma que deveria procurar seu igual! Mesmo a curiosidade cheia de compaixão do mais sábio conhecedor de almas não seria capaz de compreender como é que esta ou aquela mulher consegue chegar a descobrir a solução desse enigma, desse enigma de soluções, nem a adivinhar as suspeitas atrozes e as múltiplas desconfianças que não podem deixar de despertar numa pobre alma que saiu de si e como, finalmente, a última filosofia e derradeiro ceticismo da mulher vão lançar sua âncora nesse ponto! – Depois, é o mesmo profundo silêncio que antes: e muitas vezes, um silêncio diante de si mesma. – As mulheres jovens se esforçam vivamente por parecer superficiais e aturdidas; as mais sutis simulam uma espécie de desenvoltura. – As mulheres veem muitas vezes no marido uma espécie de ponto de interrogação colocado diante da sua honra e nos filhos uma apologia ou uma penitência – elas precisam dos filhos e os desejam num sentido completamente diferente daquele do homem. – Numa palavra, nunca se poderá ser demasiado indulgente para com as mulheres.

## 72 – As mães

Os animais têm outra visão da fêmea, diferente daquela que os homens têm da mulher; para os animais a fêmea é a criatura reprodutora. Ignoram o amor paterno, mas se encontra neles alguma coisa parecida com o afeto que se pode ter pelos filhos de uma amante e com o apego que se tem por eles. Para as fêmeas, os filhotes satisfazem um apetite de domínio, são para ela uma propriedade, uma ocupação, alguma coisa que compreendem inteiramente e com a qual podem se entreter; tudo isso é amor materno – comparável ao amor do artista por sua obra. A gravidez tornou as mulheres mais doces, mais pacientes, mais receosas, mais submissas; de igual modo a gravidez intelectual cria o caráter dos espíritos contemplativos que se aparenta com o caráter feminino;

os contemplativos são as mães masculinas. – Nos animais o sexo masculino é considerado como o belo sexo.

## 73 - Crueldade sagrada

Um homem que trazia nos braços um recém-nascido se aproximou de um santo. "*Que devo fazer desta criança?* – perguntou ele – *É miserável, indesejada e não tem vida bastante para morrer.*" – "*Mata-a* – exclamou o santo com voz terrível – *mata-a e guarda-a durante três dias e três noites em teus braços para te criar uma memória: – assim, nunca mais gerarás um filho enquanto não tiver chegado a hora.*" – Ao ouvir estas palavras o homem foi embora desapontado; e muitos criticaram o santo pela crueldade de seu conselho, pois havia mandado matar a criança. – "*Mas não é mais cruel deixá-la viver?*" – respondeu o santo.

## 74 - Sem sucesso

Nunca têm sucesso essas pobres mulheres que, na presença daquele que amam, se tornam inquietas e incertas e falam demais: porque é uma ternura discreta e fleumática que seduz mais seguramente os homens.

## 75 - O terceiro sexo

"*Um homem pequeno é um paradoxo, mas nem por isso deixa de ser um homem – ao passo que uma mulher pequena me parece pertencer a outro sexo, quando comparada com as mulheres altas.*" – Assim falava um velho professor de dança. Uma mulher pequena nunca é bonita – dizia o velho Aristóteles[17].

## 76 - O maior perigo

Se não tivesse havido em todos os tempos muitos homens que considerassem a disciplina de seu espírito – sua "razão"

[17] Na realidade Aristóteles não disse exatamente isso, pois se referia a todo ser humano, mais particularmente aos homens. De fato, em Ética a Nicômaco (IV, 3), encontra-se esta passagem: "Os homens pequenos podem ser elegantes e bem feitos, mas não são belos." (NT).

– como seu orgulho, seu dever, sua virtude, homens que eram ofendidos e humilhados por tudo o que é fantasia e excesso de imaginação, permanecendo amigos do "bom senso", há muito tempo que a humanidade teria desaparecido. Acima planava e plana continuamente, como seu maior perigo, a loucura prestes a explodir – o que é precisamente a irrupção do bom prazer no sentimento, na vista e no ouvido, o gozo nos excessos do espírito, a alegria que a desrazão proporciona. O oposto do mundo da loucura não é nem a verdade nem a certeza, mas a universalidade e a obrigação para todos de uma mesma crença, numa palavra, a exclusão do bom prazer no julgar.

O maior trabalho da humanidade até agora foi aquele de concordar sobre uma quantidade de coisas e de se impor uma *lei do consenso* – aquela que representa a verdade ou a falsidade das coisas. Essa foi a disciplina do espírito que o homem recebeu; – mas os instintos contrários são ainda tão poderosos que em suma só se pode falar com pouca confiança do futuro da humanidade. A imagem das coisas recua e se desloca ainda sem cessar e talvez doravante será assim com mais frequência ainda e mais rapidamente que nunca; sem cessar os espíritos justamente mais distintos se rebelam contra essa obrigação universal – e em primeiríssimo lugar os exploradores da *verdade*! Vê-se incessantemente essa fé, como crença de todos, provocar nos espíritos sutis um desgosto e uma nova concupiscência: e esse andamento lento que exige para todo processo intelectual, essa imitação da tartaruga que se torna lei aqui, só ela basta para converter em desertores os artistas e os poetas; – é nesses espíritos impacientes que se manifesta uma verdadeira alegria da loucura, pois a loucura tem um andar tão alegre!

Há portanto necessidade de intelectos virtuosos – ai! quero empregar a palavra que menos se presta ao equívoco – há necessidade da *estupidez virtuosa*, dos inabaláveis marcadores do compasso do espírito *lento*, que os crentes da grande crença geral fiquem juntos e continuem a executar sua dança: é uma necessidade de primeira ordem que a dirige e que a exige. *Nós, nós somos a exceção e o perigo* – temos eternamente necessidade de nos defender. – Pois bem! Há verdadeiramente alguma coisa a dizer em favor da exceção, *com a condição de que nunca queira se transformar em regra.*

## 77 - O animal de boa consciência

O que agrada no sul da Europa – que seja a ópera italiana (por exemplo Rossini e Bellini[18]) ou o romance de aventuras espanhol (que nos é sobretudo acessível sob o disfarce francês de Gil Blas[19]) tem um lado vulgar que não me escapa – mas isso não me atinge, bem como pouco me atinge a vulgaridade que se encontra passeando por Pompeia[20] ou mesmo lendo todo livro antigo. Como é possível isso? Será porque aqui o pudor faz falta e tudo o que é vulgar se apresenta com tanta certeza e segurança como se fosse algo de nobre, de agradável, de apaixonante, colocado lado a lado no mesmo gênero de música ou de romance?

"*O animal tem seus direitos precisamente como o homem: pode mover-se livremente e tu, meu caro irmão na humanidade, tu próprio és esse animal, apesar de tudo!*" – Essa me parece ser a moral da questão e a particularidade da humanidade meridional. O mau gosto tem seus direitos do mesmo modo que o bom gosto e tem até mesmo uma precedência sobre o bom gosto quando se trata de grande necessidade, da satisfação certa e, de alguma forma, da linguagem geral, uma atitude e uma máscara imediatamente compreendidas: o bom gosto, o gosto escolhido, pelo contrário, tem sempre alguma coisa de rebuscado, de ousado, algo que não está certo de ser compreendido – não é e nunca foi popular. Só a *máscara* é e continua sendo popular.

Vamos lá então jogar em tudo o que é mascarada nos ritmos e nas cadências, nos saltos e nas alegrias do ritmo dessas óperas! E a vida antiga, que se poderia compreender nela se não se sentir a alegria da máscara, a boa consciência de tudo o que se assemelha à máscara! É o banho de repouso, é o reconforto do espírito antigo: – e talvez esse banho fosse mais necessário ainda aos espíritos raros e superiores do mundo antigo do que aos espíritos vulgares. – Em compensação, fico indizivelmente ofendido por uma feição vulgar nas obras do norte, por exemplo, na música alemã. Nela se mistura *vergonha*, o artista se

[18] Gioacchino Antonio Rossini (1792-1868) e Vincenzo Bellini (1801-1835), compositores italianos (NT).

[19] Gil Blás de Santillana é o título do romance de inspiração espanhola de autoria de Alain René Lesage (1668-1747), escritor francês (NT).

[20] Cidade romana, situada nas proximidades de Nápoles, destruída por violenta erupção do Vesúvio no ano 79 de nossa era, ficando soterrada sob uma camada de oito metros de lava e cinzas até meados do século XVIII quando foi redescoberta e começaram as escavações que perduram até hoje (NT).

humilhou perante si próprio e nem sequer conseguiu evitar de corar; nós temos vergonha com ele e nos sentimos tão ofendidos porque adivinhamos que ele julgava ser obrigado a humilhar-se por nossa causa.

## 78 - Em que devemos ser gratos

Foram os artistas, e sobretudo aqueles ligados ao teatro, que por primeiro deram aos homens olhos e ouvidos para ver e para ouvir com certo prazer aquilo que cada um é ele próprio, aquilo que viveu e que quis; foram eles que por primeiro nos ensinaram a dimensão do herói que se esconde em cada um desses homens comuns, foram eles que ensinaram a arte de nos consideramos como heróis à distância e, por assim dizer, simplificados e transfigurados – a arte de "entrar em cena" diante de si próprio. Só dessa maneira é que conseguimos nos estabelecer acima de alguns pormenores mesquinhos que existem em nós! Sem essa arte viveríamos totalmente em primeiro plano e inteiramente sob o encanto dessa ótica que modifica desmesuradamente o mais próximo e o mais comum, como se fosse a verdade por excelência. – Talvez subsista um mérito da mesma espécie nessa religião que mandava examinar o estado de pecado de cada um com uma lente de aumento e que fazia do pecador um grande criminoso imortal; descrevendo perspectivas eternas em torno dele, ela ensinava ao homem a olhar-se de longe e como alguma coisa passada.

## 79 - O encanto do inacabado

Vejo aqui um poeta que, como muitos homens, exerce por suas imperfeições um atrativo superior do que aquele das coisas que se completam e tomam uma forma perfeita sob sua mão – pode-se mesmo dizer que sua glória e sua superioridade derivam de sua impotência em finalizar que de seu abundante vigor. Sua obra nunca exprime completamente aquilo que gostaria de exprimir a fundo, o que *gostaria de ter visto*: parece ter havido nele o antegosto de uma visão e nunca a própria visão – mas um enorme desejo dessa visão ficou em sua alma e é desse desejo que extrai a eloquência igualmente enorme que a vontade e a fome lhe conferem. É graças a ela que eleva aqueles que o ouvem acima de sua obra e de todas as "obras", que lhes dá asas para subir mais alto que qualquer ouvinte jamais o consegue; e, transformados assim eles próprios em poetas e videntes, prestam ao artífice de sua felicidade a mesma homenagem de admiração que lhe prestariam se ele os tivesse levado à imediata contemplação de seu santuário mais íntimo e mais sagrado, como se tivesse atingido seu objetivo, como se tivesse verdadeiramente visto e mostrado sua visão. Sua glória se aproveitou do fato de não ter exatamente atingido seu objetivo.

## 80 - Arte e natureza

Os gregos (ou pelo menos os atenienses) gostavam de ouvir falar bem: era para eles uma viva predileção que os distingue de qualquer outra nação. E assim exigiam mesmo da paixão no teatro essa bela linguagem e se deliciavam com o artifício dos versos dramáticos: – na paixão, a natureza é tão econômica de palavras! Tão muda e tão embaraçada! Ou, quando encontra palavras, tão confusa e desarrazoada! Tem tanta vergonha de si! Todos nos habituamos, graças aos gregos, a essa desnaturalização em cena, precisamente como suportamos, e suportamos de boa vontade, graças aos italianos, outra desnaturalização, a paixão *que canta*. – Tornou-se para nós uma necessidade que não podemos satisfazer na realidade, ouvir homens falar bem e copiosamente nas situações mais críticas: ficamos encantados agora ao ver o herói trágico encontrar ainda frases, razões, gestos eloquentes e, em suma, ficar lúcido quando a vida passa ao lado dos abismos que fariam, na realidade, perder a cabeça à maioria dos homens e a todos tiraria o gosto de falar bem.

Essa espécie de *desvio da natureza* é talvez o mais agradável alimento para o orgulho do homem; é por causa dela que o homem ama a arte, expressão de uma anomalia e de uma convenção superior, heroica. Acusa-se com razão o dramaturgo que não exprime e não explica tudo, que conserva sempre um resto de *silêncio*: – do mesmo modo que se fica descontente com um músico que, numa ópera, no momento do movimento de paixão mais intensa, não sabe encontrar melodia mas somente um balbucio "natural", um grito de expressão. De fato, nesse momento *é preciso* contradizer a natureza! Nesse momento é preciso que o encanto vulgar da ilusão ceda o lugar a um encanto superior!

Os gregos vão muito longe nesse caminho – vão espantosamente longe! Da mesma forma que constroem o palco, tão estreito quanto possível, e proíbem ao ator qualquer jogo fisionômico, toda a espécie de mímica ligeira para fazer dele um solene espantalho, rígido e mascarado, assim retiram à paixão toda a espécie de profundidade do plano de fundo para lhe impor a lei do belo discurso; ainda melhor! Puseram tudo em ação para contrariar o efeito elementar das imagens que despertam o temor ou a piedade: porque não queriam *o temor e a piedade*! Honra a Aristóteles, a maior honra a ele! Mas certamente ele não tocou o ponto justo, longe disso, quando falou do objetivo supremo da tragédia grega. Examinem os poetas trágicos gregos, para verificar o que mais excitou seu espírito de aplicação, seu espírito inventivo, sua emulação – não foi certamente o desejo de subjugar o espectador por meio das paixões! – O ateniense ia ao teatro *para ouvir belos discursos*! E era de belos discursos que se ocupava Sófocles! – perdoem-me esta heresia! – Ocorre de maneira absolutamente diferente com a *ópera séria*: todos os grandes mestres se empenham em evitar que suas personagens sejam compreendidas.

Uma palavra apanhada ao acaso pode ajudar o espectador desatento: mas é preciso que a situação se explique por si própria no conjunto – os discursos não têm nenhuma importância! – Foi assim que todos eles pensaram e foi assim que se divertiram em produzir suas farsas com as palavras. Talvez só lhes tenha faltado coragem para exprimir inteiramente seu desprezo pelas palavras: um pouco mais de insolência de Rossini e teria feito cantar de ponta a outra trá-lá-lá – e teria tido até razão ao fazer isso! É precisamente porque não se deve acreditar "nas palavras", mas "nos sons" das personagens da ópera.

Essa é a diferença, essa é a bela *desnaturação* pela qual a gente vai à ópera! No fundo, o próprio *recitativo seco* não deve ser ouvido como texto e palavras: essa espécie de meia música é antes feita para dar ao ouvido um pouco de repouso (o repouso da melodia, o prazer mais sublime e, por conseguinte, o mais fatigante dessa arte) – mas bem depressa se transforma em outra coisa: isto é, numa impaciência crescente, numa crescente resistência, num novo desejo de música *completa*, de melodia. – O que há na arte de Richard Wagner[21] a esse respeito? Seria a mesma coisa? Talvez ocorra de forma diferente? Muitas vezes me pareceu que teria sido necessário aprender de cor antes do espetáculo o texto e a música de suas criações, sob pena – era o que me parecia – de não ouvir nem as palavras nem a música.

[21] Richard Wagner (1813-1883), compositor alemão, amigo de Nietzsche e depois adversário (NT).

## 81 - Gosto grego

"*Que há de belo nisso?*" – perguntava aquele topógrafo depois de uma representação da peça *Ifigênia* – "*não se prova nada!*" Será assim tão certo que os gregos tenham estado tão longe de compartilhar essa opinião? Em Sófocles, pelo menos, "tudo se prova".

## 82 - O espírito não é grego

Em todos os seus modos de pensar, os gregos são indizivelmente lógicos e simples; e não se cansaram dessas formas, pelo menos durante seu período mais longo e melhor, como ocorre com frequência com os franceses que gostam demais de dar reviravoltas e não suportam no fundo o espírito de lógica senão quando revela, por uma multidão dessas reviravoltas, sua gentil *sociabilidade* e sua abnegação social. A lógica lhes parece tão necessária como o pão e a água, mas ao mesmo tempo como um alimento de prisioneiros que se deve consumir só e sem preparativos. Na boa sociedade é preciso nunca procurar ter só e completamente razão, como o quer a lógica pura: de onde a pequena dose de desrazão em todo espírito francês. – O senso da sociabilidade era muito mais desenvolvido nos gregos do que é e foi nos franceses: é isso que faz com que haja tão pouco espírito em seus homens mais espirituais, tão poucas boas palavras, mesmo em seus farsantes, tão pouco – ai!... Ninguém vai acreditar mais nessas palavras e muitas outras da mesma espécie que ainda conservo no coração! – "*Est res magna tacere*"[22], diz Marcial com todos os faladores.

## 83 - Traduções

Pode-se avaliar o sentido histórico de uma época pela maneira como essa época traduz e procura assimilar os tempos passados e os livros antigos. Os franceses dos tempos de Corneille[23] e também aqueles da Revolução se apoderaram da antiguidade romana de uma forma que nós não teríamos coragem – graças a nosso sentido histórico superior. E a própria antiguidade latina, com que violência e ao mesmo tempo com que ingenuidade passou a mão em tudo o que havia de grande e de

[22] Expressão latina que significa "calar-se é uma grande coisa"; está na obra Epigrammata (IV, 80) de Marcus Valerius Martialis (40-104), escritor latino (NT).

[23] Pierre Corneille (1606-1684), poeta dramático francês (NT).

belo na antiguidade grega que a havia precedido! Como transpunham para o latim! Como faziam desaparecer, com conhecimento de causa e sem escrúpulos, a poeira das asas da borboleta-momento! Foi assim que Horácio[13] traduzia aqui e acolá Alceu e Arquilóquio[14]; Propércio[24] fazia o mesmo com Calímaco ou Filetas (poetas do mesmo nível que Teócrito[16], se nos *é permitido* julgar); que lhes importava que o verdadeiro criador tivesse vivido esta ou aquela coisa e que lhe tivesse gravado a marca em seus versos! – Como poetas, viam com maus olhos o espírito pesquisador da arqueologia que precede o sentido histórico: como poetas, desprezavam essas coisas totalmente pessoais, os nomes e tudo o que se referia a uma cidade, a um local, a um século, como uma encenação e uma máscara, e se apressavam a substituí-los por aquilo que era atual e romano.

Parece que quiseram nos dizer: "*Não devemos renovar o que é antigo e nos acomodarmos nele de nosso jeito? Não temos o direito de insuflar nossa alma nesse cadáver? Pois, enfim, está morto e tudo o que está morto é tão feio*!" – Não sabiam usufruir do sentido histórico, o passado e o estranho lhes eram penosos e para eles, como romanos, isso era uma incitação para uma conquista romana. De fato, traduzir era então conquistar – não somente negligenciando o histórico, mas ainda acrescentando uma alusão a um acontecimento contemporâneo e, antes de tudo, apagando o nome do poeta para colocar o próprio no lugar – não se tinha, contudo, a intenção de roubar; pelo contrário, agia-se com a melhor consciência do *Imperium Romanum*.

## 84 – Da origem da poesia

Os amantes do fantástico no homem sustentam também a doutrina do caráter instintivo da moral; raciocinam desse modo: "*Se desde sempre se venerou como divindade superior o que é útil, de onde pôde surgir a poesia? – Essa maneira de ritmar o discurso que, longe de favorecer a inteligibilidade da comunicação, antes diminui a clareza e que, apesar disso, como uma derisão a toda perspectiva utilitária, proliferou e ainda prolifera em toda parte na terra! A selvagem e bela desrazão os refuta, ó utilitaristas! É precisamente a vontade de se*

[24] Quintus Horatius Flaccus (65-8 a.C.), poeta latino (NT).

*livrar de uma vez da utilidade que elevou o homem; que lhe inspirou a moralidade e a arte!"* – Pois bem!

Neste caso particular, devo falar em favor dos utilitaristas – têm tão raramente razão que chega a causar dó!

De fato, era realmente a utilidade e uma grande utilidade que se tinha em vista nesses tempos antigos que criaram a poesia – deixando penetrar no discurso o ritmo, essa força que volta a ordenar todos os átomos da frase, que força a escolher as palavras e dá nova cor ao pensamento, tornando-o mais obscuro, mais estranho, mais distante: *utilidade supersticiosa* evidentemente! Queria-se gravar os desejos humanos no espírito dos deuses por meio do ritmo, depois que se havia observado que um homem retém melhor em sua memória um verso que uma frase em prosa; pensava-se igualmente, graças à cadência rítmica, em se fazer entender a maior distância; parecia que a prece ritmada se devia aproximar mais do ouvido dos deuses. Mas sobretudo: queria-se tirar partido dessa subjugação elementar que cativa o homem ao ouvir música; o ritmo é uma coação; gera um irresistível desejo de ceder, de fazer eco; não são apenas os pés que seguem a cadência, mas a alma também – dizia-se, portanto, que devia ocorrer o mesmo com a alma dos deuses! Procurava-se portanto *forçá-los* pelo ritmo e exercer uma coação sobre eles: a poesia foi um laço mágico com que foram capturados.

Existia ainda uma representação mais singular e esta talvez contribuiu mais poderosamente na formação da poesia. Entre os pitagóricos, a poesia nos aparece como ensinamento filosófico e procedimento de educação; mas muito antes de haver filósofos, atribuía-se à música a força de descarregar as paixões, de purificar a alma, de suavizar a *ferocia animi*[25] – e justamente porque há ritmo na música. Quando a justa tensão e a harmonia da alma se perdiam, era necessário começar a dançar – era o que receitava essa terapia. Com ela, Terpandro[26] apaziguou uma sublevação, Empédocles[19] acalmou um louco furioso e Dámon[27] curou um jovem que enlanguescia de amor; com ela punha-se também sob tratamento os deuses selvagens, sedentos de vingança. E para isso elevava-se em primeiro lugar ao máximo a

[25] Alceu (630-580 a.C.) e Arquilóquio (712-648 a.C.), poetas gregos (NT).

[26] Terpandro (séc. VII a.C.), poeta e músico, teria estabelecido as primeiras regras musicais (NT).

[27] Damon (séc. VI-V a.C.), músico grego, amigo de Sócrates (NT).

extravagância de seu delírio e de suas paixões, tornava-se frenético o furioso, o sedento embriagado de vingança – todos os cultos orgíacos se propõem satisfazer de uma só vez o ímpeto de uma divindade e fazer disso uma orgia para que depois ela se sinta mais livre e mais calma e deixe os homens em paz. *Melos*, etimologicamente, significa um meio de apaziguamento, não porque o canto seja suave em si próprio, mas porque seus efeitos ulteriores produzem a suavidade. – E admite-se que, não apenas no canto religioso, mas também no canto profano dos tempos mais distantes, o ritmo exercia um poder mágico, por exemplo, quando se buscava água ou quando se remava: o canto é um encantamento dos demônios que eram considerados ativos quando se fazia uso dele, tornando-os serviçais, escravos e instrumentos do homem. Sempre que se age há razões para cantar – os espíritos vêm em socorro em cada ação: as fórmulas mágicas e os encantamentos parecem ter sido as formas primitivas da poesia. Se oráculos se exprimiam também em verso – os gregos diziam que o hexâmetro tinha sido inventado em Delfos – é porque o ritmo, ainda nesse caso, devia exercer uma coação. Interrogar o oráculo – isso significa primitivamente (segundo a etimologia provável da palavra profecia): tornar certo o aleatório; julga-se poder coagir o futuro conquistando Apolo para sua causa: ele que, segundo a representação antiga, é muito mais que um deus que prevê o futuro.

Logo que a fórmula é pronunciada, com a condição de respeitar exatamente o ritmo e a letra, ela liga o futuro: mas a fórmula é invenção de Apolo que, como deus dos ritmos, pode também obrigar as divindades do destino. – No final das contas, houve alguma vez, para o homem antigo e supersticioso, coisa *mais útil* que o ritmo?

Tudo era possível com ele: ativar o trabalho de modo mágico; obrigar um deus a aparecer, a estar presente, a ouvir; acomodar o futuro segundo a própria vontade; aliviar a alma de qualquer peso excessiva (medo, mania, compaixão, sede de vingança) e não apenas a própria alma, mais ainda a dos piores demônios – sem o verso não se era nada, com ele se se tornava quase um deus. Um sentimento tão profundo não podia ser extirpado inteiramente – e ainda em nossos dias, depois de um trabalho de milhares de anos para combater essa superstição, o mais sábio de nós pode tornar-se no momento um joguete do ritmo, quando mais não *sinta* nisso uma ideia *mais verdadeira*, ao tomar uma forma métrica e se manifestar com os sobressaltos dos deuses.

Não é divertido que os filósofos mais sérios, apesar de toda a severidade que demonstram, por outro lado, ao manejar as certezas, se apoiem sempre em sentenças de poetas para conferir a suas ideias mais força e autenticidade? – e no entanto é mais perigoso para uma ideia ser aprovada pelos poetas do que ser contradita por eles! De fato, como diz Homero: "*Os poetas mentem muito!*"

## 85 - O bem e o belo

Os artistas passam seu tempo a glorificar – nada mais: – e sobretudo todas as condições e todos os objetos que têm a reputação de levar o homem a sentir-se bem, grande, bêbado, sadio e sábio. Essas situações e objetos *escolhidos*, cujo valor, para a *felicidade* humana, é considerado certo e determinado, são o objetivo dos artistas; estes estão sem cessar à espreita para descobrir semelhantes coisas, a fim de fazer delas uma matéria de arte. Quero dizer, sem ser eles próprios os taxadores da felicidade e dos acontecimentos felizes, se põem sempre perto desses taxadores com a maior curiosidade e com o desejo de se apropriar imediatamente de suas avaliações. É por isso que, pois que além de sua impaciência têm também a voz potente dos arautos e pés de corredores, serão sempre os primeiros a glorificar o *novo* valor e *parecerão* muitas vezes ser aqueles que por primeiro definem como bom esse valor e o taxam como tal. Mas, repito, trata-se de um erro: os poetas são apenas mais rápidos e mais barulhentos que os verdadeiros taxadores. – Mas quem são, portanto, estes? – São os ricos e os ociosos.

## 86 - No teatro

Hoje experimentei de novo sentimentos fortes e elevados; e se, para terminar o dia, pudesse ouvir música esta noite, sei muito bem de que música não gostaria, a saber, dessa arte que inebria os ouvintes e procura lhes *proporcionar à força* um minuto de sentimentos fortes e elevados; – homens de alma cotidiana, esses ouvintes que à noite, em vez de se parecerem como vencedores no carro do triunfo, têm o ar de mulas cansadas, demasiado fustigadas pelo chicote da vida. Esses homens conheceriam ao menos os "estados de alma superiores", se não houvesse remédios inebriantes e chicotadas idealistas? – E é assim que possuem seus estímulos de entusiasmo como possuem seus vinhos. Mas que me importam sua bebida e sua embriaguez! Que importa o vinho do entusiasmo? Pelo contrário, é com uma espécie de repugnância que considero o meio e o mediador que devem provocar nesses homens um efeito sem causa suficiente, uma macaquice da grande maré da alma! – Como? São oferecidas asas e pensamentos altivos à toupeira, antes que vá se deitar, antes que entre em sua toca? Por acaso a mandamos ao teatro e lhe pomos grossas lentes em seus olhos cegos e cansados? Homens cuja vida nunca foi "ação" mas simples negócio vão ali sentar-se diante do palco para ver esses seres estranhos, cuja vida é mais que um negócio? "*É exatamente isso, podem dizer, isso é divertido, é isso que a cultura quer*!" – Pois bem! Talvez seja porque tenho falta de cultura que muitas vezes esse espetáculo me aborrece tanto. Aquele que encontra em si próprio suficiente comédia e tragédia deverá preferir ficar longe do teatro; ou então, excepcionalmente, a representação completa – cenário, público, autor incluído – se tornará para ele o verdadeiro espetáculo, um espetáculo tragicômico, que torna insignificante a peça representada.

Um verdadeiro Fausto e um verdadeiro Manfredo pouco se importarão dos Faustos e dos Manfredos de teatro! – em contrapartida, *o fato* de que se ponha em cena semelhantes personagens lhes dará certamente motivo para reflexão. Os pensamentos e as paixões mais fortes diante de pessoas que são incapazes de pensamentos e de paixão, mas que são capazes de *embriaguez*! – tomam-se aquelas como um meio para chegar a esta! O teatro e a música empregados como um haxixe e um bétel dos europeus! Ah! Quem nos contará a história completa dos narcóticos? – É quase a história da "cultura" inteira, a chamada cultura superior!

## 87 – Da vaidade dos artistas

Creio que os artistas ignoram muitas vezes o que melhor sabem fazer porque são muito vaidosos e dirigiram sua vista para alguma coisa de mais altivo, desdenhando essas pequenas plantas que, novas, raras e belas, crescem em seu solo com real perfeição. Julgam superficialmente o que há de verdadeiramente bom em seu próprio jardim, em seu próprio vinhedo e seu amor não é da mesma ordem de sua inteligência. Aí está um músico que, mais que qualquer outro, se tornou mestre na arte de encontrar tonalidades para exprimir os sofrimentos, as opressões e as torturas da alma e também para dar voz ao mutismo desolado do animal. Ninguém o iguala para conferir uma coloração de fim de outono, a felicidade indizivelmente comovedora de um último, absolutamente último e inteiramente efêmero prazer; ele conhece o tom para essas minúcias da alma, secretas e inquietantes, em que causa e efeito parecem se separar, em que a cada instante alguma coisa pode surgir do "nada". Melhor que ninguém tira o que quer do mais profundo da felicidade humana e, de alguma forma, de sua taça já vazia, onde as gotas mais amargas acabam por se confundir com as mais doces.

Ele conhece essas oscilações cansadas da alma que não sabe mais saltar nem voar, nem mesmo caminhar; tem o olhar receoso da dor escondida, da compreensão que não consola, dos adeuses sem confissões; sim, como Orfeu de todas as misérias íntimas, ele ultrapassa qualquer outro e acrescentou com isso a arte das coisas que, até aqui, pareciam inexprimíveis e mesmo indignas da arte – e que, sobretudo com palavras, só podiam ser postas em fuga e não apreendidas – mesmo todos esses elementos infinitamente pequenos de natureza anfíbia – pois na arte do infinitamente pequeno se tornou senhor. Mas não *quer* saber disso! Pelo contrário, seu *caráter* prefere os grandes murais, a audaciosa pintura mural! Não percebe que seu *espírito* tem outro gosto e outro pendor, que preferiria se refugiar tranquilamente nos recantos de casas em ruínas: – é ali que escondido, escondido de si próprio, compõe suas verdadeiras obras-primas, que são sempre muito curtas, um simples compasso muitas vezes – então somente é superior, absolutamente grande, perfeito. – Mas ele não o sabe! É demasiado vaidoso para sabê-lo.

## 88 – Tomar a verdade a sério

Tomar a verdade a sério! De quantas maneiras se pode compreender esta frase! As opiniões, os modos de demonstração e de exame que um pensador considera como um desatino quando ele mesmo os põe em prática – sucumbiu nisso, para sua vergonha, num momento de fraqueza – essas mesmas opiniões podem inspirar um artista, quando cruza e vive com elas durante certo tempo, a consciência de ter sido dominado pela profunda gravidade da verdade, coisa surpreendente, de ter finalmente mostrado, ainda que artista, o mais sério desejo daquilo que é contrário à aparência. Assim é que alguém revela, precisamente com sua feição grave, de que maneira superficial e frugal seu espírito se moveu até o presente no domínio do conhecimento. – E não somos traídos por tudo aquilo que consideramos *importante*? Mostramos desse modo a que damos peso e onde ele nos falta.

## 89 - Agora e outrora

Que importam todas as nossas obras de arte, se a arte superior, que é a arte das festas, começa a desaparecer entre nós! Outrora, todas as obras de arte eram expostas nas grandes vias triunfais da humanidade, como monumentos em comemoração de momentos superiores e felizes. Agora, com as obras de arte se quer afastar da grande estada de sofrimento da humanidade os pobres esgotados e os doentes para lhes proporcionar um breve momento de embriaguez e de loucura.

## 90 - Luzes e sombras

A redação dos livros difere conforme os pensadores: um reuniu num volume toda a claridade que soube furtar ao fulgor de um conhecimento repentino e dominado rapidamente; o outro dá apenas as sombras, as cópias em cinza e preto do que foi edificado, na véspera, em sua alma.

## 91 - Precaução

Alfieri[28] mentiu muito, como se sabe, ao contar a história de sua vida a seus contemporâneos espantados. Foi por despotismo em relação a si próprio que o levou a mentir, esse despotismo que mostrou, por exemplo, na maneira como criou sua própria língua e se fez poeta tiranicamente: – tinha finalmente descoberto uma forma severa de superioridade a que *coagiu* sua vida e sua memória, não sem sofrimento. – Eu não daria tampouco maior crédito a uma autobiografia de Platão; tampouco à de Rousseau[29] ou à de Dante em sua *Vita nuova*[30].

---

[28] Vittorio Alfieri (1749-1803), dramaturgo italiano; suas Memórias foram publicadas postumamente (NT).

[29] Jean Jacques Rousseau (1712-1778), filósofo e romancista francês; de suas obras, O contrato social e A origem da desigualdade entre os homens foram publicadas nesta coleção da Editora Escala; Nietzsche faz alusão aqui ao livro de Rousseau intitulado Confissões (NT).

[30]Dante Alighieri (1265-1321) poeta e escritor italiano, autor de Divina Comédia, De vulgari eloquentia, Vita nova, Monarquia, Banquete (estas duas já publicadas nesta coleção da Editora Escala) e outras obras (NT).

## 92 – Prosa e poesia

Não se deve esquecer que os grandes mestres da prosa foram quase sempre poetas, fosse às claras, fosse em segredo e para seus íntimos; e na verdade não é senão *em função da poesia* que se escreve boa prosa! De fato, esta é uma amável guerra ininterrupta contra a poesia: todo seu encanto consiste em escapar sem cessar da poesia e em contradizê-la; toda abstração quer ser debitada com voz zombeteira, como uma malícia contra a poesia; toda seca, todo frio devem levar a um desespero amável a amável deusa; muitas vezes há reaproximações, reconciliações momentâneas, depois um recuo repentino e um riso solto: muitas vezes a cortina é levantada para deixar entrar uma luz crua, enquanto precisamente a deusa goza de seu crepúsculo e de suas cores sombrias; muitas vezes se devolve a ela as palavras em sua boca para cantá-las numa melodia que a leva a tapar seus delicados ouvidos com suas delicadas mãos – é assim que há mil prazeres da guerra, sem esquecer as derrotas, de que os espíritos desprovidos de poesia, aqueles que são chamados homens prosaicos, não sabem absolutamente nada: – o que faz com que estes só escrevam e falem em péssima prosa! *Se a guerra é a mãe de todas as coisas boas*[31], a guerra é também a mãe de toda boa prosa! – Houve neste século quatro homens extraordinários e verdadeiramente poetas que conseguiram dominar a prosa, domínio para o qual este século não foi de maneira alguma feito – por causa de sua falta de poesia, como já afirmei. Sem contar Goethe[32], que reivindica com justa razão o século que o produziu, vejo apenas Giacomo Leopardi, Prosper Merimée, Ralph Waldo Emerson e Walter Savage[33], autor das *Imaginary Conversations*, como dignos de ser chamados mestres da prosa.

## 93 – Mas tu, por que é que escreves?

**A** – Não sou daqueles que pensam com a caneta à mão e menos ainda daqueles que se entregam a suas paixões diante do tinteiro aberto, sentados em sua cadeira e fitando o papel.

[31] Frase de Heráclito (550-480 a.C.), filósofo grego; de sua obra se conservam somente fragmentos e esta citação se encontra no Fragmento 53 (NT).

[32] Johann Wolfgang von Goethe (1749-1832), escritor alemão (NT).

[33] Giacomo Leopardi (1798-1837), poeta e escritor italiano; Prosper Mérimée (1803-1870), escritor francês; Ralph Waldo Emerson (1803-1882), filósofo e escritor americano; Walter Savage Landor (1775-1864), escritor inglês (NT).

**A** – Eu me aborreço ou tenho vergonha de todo escrito: escrever é para mim como fazer minhas necessidades – sinto repugnância até em falar de forma simbólica.

**B** – Mas então por que escreves?

**A** – Ai de mim! Meu caro, dito entre nós, não descobri ainda até agora outro meio de me desembaraçar de meus pensamentos.

**B** – E por que queres te desembaraçar deles?

**A** – Por que quero? Mas será que quero? Sou forçado a isso.

**B** – Bem! Bem!

## 94 – Crescimento após a morte

Essas pequenas palavras intrépidas sobre as coisas morais que Fontenelle[34] semeou em seus imortais *Diálogos dos Mortos* eram consideradas outrora como paradoxos, jogos de um espírito aventureiro; mesmo os juízes supremos do gosto e do espírito não viam nelas mais que isso – e talvez Fontenelle também. Agora ocorre algo inacreditável: esses pensamentos se tornam verdades! A ciência os demonstra! O jogo se torna sério! Lemos esses diálogos com outra opinião, totalmente diferente daquela de Voltaire[35] e de Helvétius[36] e, involuntariamente, colocamos seu autor numa classe de espírito superior, numa classe muito mais elevada que aquela em que estes o colocaram – com razão? ou sem razão?

## 95 – Chamfort[37]

Que um conhecedor da humanidade e da multidão como Chamfort se tenha colocado precisamente do lado da multidão em vez manter-se afastado e na defensiva, que não tenha perseverado em sua renúncia filosófica, não posso explicar esse fato senão da maneira seguinte: havia nele um instinto mais forte que sua sabedoria, que jamais tinha sido saciado, o ódio contra toda nobreza de sangue; talvez o ódio muito bem explicável que sua mãe tinha pelos nobres e que seu amor por

---

[34] Bernard Le Bovier de Fontenelle (1657-1757), escritor francês (NT).

[35] François Marie Arouet, dito Voltaire (1694-1778), filósofo e escritor francês; várias de suas obras já foram publicadas nesta coleção da Editora Escala (NT).

[36] Claude-Adrien Helvétius (1715-1771), filósofo francês (NT).

[37] Sébastien Roch Nicolas de Chamfort (1742-1794), escritor francês (NT).

ela o tinha tornado sagrado – um instinto de ódio que trazia de sua infância e que esperava a hora de vingar a mãe[38]. E eis que a vida, e seu gênio, e ai! – sobretudo talvez – o sangue paterno que corria em suas veias o haviam levado a arregimentar-se durante longos nessa nobreza e a sentir-se seu igual! Mas acaba por não poder mais suportar seu próprio aspecto, o aspecto do "velho homem" sob o antigo regime: foi dominado por violenta paixão de penitência; *essa* paixão o levou a trajar a veste da massa do povo como uma espécie de cilício *próprio dele*. Sua má consciência acabava de ter falhado em sua vingança. – Se tivesse permanecido então mais filósofo por um só grau, a Revolução teria sido privada de sua faceta menos divertida e de seu aguilhão mais afiado: seria considerada como um acontecimento muito mais estúpido e seduziria menos os espíritos.

Mas o ódio e a vingança de Chamfort educaram uma geração inteira: e os homens mais ilustres saíram dessa escola. Pense-se que Mirabeau[39] olhava para Chambort como para um eu superior e mais idoso, de quem esperava o impulso e do qual tolerava as advertências e as sentenças – Mirabeau que, como homem, é muito superior aos maiores homens de Estado de ontem e de hoje. É singular que, apesar de semelhante amigo e advogado – temos as cartas de Mirabeau a Chamfort – o mais espiritual dos moralistas tenha permanecido alheio aos franceses, tal como Stendhal[40] que, talvez entre todos os franceses *desse* século, possuía os olhos e os ouvidos mais pensantes de seu país. Será que havia em Stendhal alguma coisa de demasiado alemão e de demasiado inglês para ser ainda tolerado pelos parisienses? – enquanto Chamfort, rico em profundezas e em recônditos da alma, sombrio, sofredor, ardente – pensador que julgou o riso um remédio necessário contra a vida e que considerava perdido o dia em que não tivesse rido – parecia mais um italiano que um francês, parente próximo de Dante e de Leopardi!

Conhecem-se as últimas palavras de Chamfort: "*Ah! meu amigo*", disse a Sieyès[41], "*vou embora finalmente deste mundo, onde é*

[38] A mãe de Chamfort era pobre e era dama de companhia numa rica e nobre família; perdeu o emprego, seu único meio de subsistência, ao descobrirem que estava grávida; o nome do pai de Chamfort nunca foi revelado (NT).

[39] Honoré Gabriel Riqueti, conde de Mirabeau (1749-1791), político francês da época da Revolução (NT).

[40] Henri Beyle, dito Stendhal (1783-1842), escritor francês (NT).

[41] (34) Emmanuel Joseph Sieyès (1748-1836), político francês da época da Revolução; estas palavras teriam sido proferidas por Chamfort antes de se suicidar em 1794, durante o regime do Terror da Revolução Francesa (NT).

*necessário que o coração se parta ou se torne de bronze.*" – Certamente essas não são palavras de um francês moribundo.

## 96 - Dois oradores

Desses dois oradores, um consegue libertar toda a razão de sua causa quando se entrega à paixão: só a paixão lhe faz subir sangue e calor suficientes ao cérebro para forçar sua alta inteligência a se revelar. O outro bem que experimenta de tempos em tempos o mesmo método: apresentar sua causa com a ajuda da paixão de uma forma sonora, violenta e cativante – mas geralmente não tem sucesso. Então se torna rapidamente obscuro e confuso, exagera, omite e suscita a desconfiança em relação à razão de sua causa; pior, ele próprio sente essa desconfiança e assim se explicam esses saltos repentinos, essas entonações frias e repulsivas que provocam no auditório dúvidas sobre a sinceridade de sua paixão. Nele a paixão submerge cada vez o espírito: talvez porque é mais forte do que no primeiro. Mas ele atinge a suprema altura de sua força quando resiste à impetuosa tempestade de seu sentimento, desprezando-o de alguma forma: é somente então que seu espírito sai inteiramente de seu esconderijo, espírito lógico, zombeteiro, que brinca consigo e, no entanto, terrível.

## 97 - Da loquacidade dos escritores

Existe uma loquacidade da cólera – como em Lutero[42] e em Schopenhauer[43]. Uma loquacidade que provém de uma grande abundância de conceitos, como em Kant[44]. Uma loquacidade que traduz o prazer de dizer de uma forma sempre nova a mesma coisa: encontra-se em Montaigne[45]. Uma loquacidade de natureza pérfida: aquele que lê os escritos de nossa época se lembrará provavelmente, para esse caso particular, de dois escritores[46]. Uma loquacidade que produz a alegria

[42] (35) Martinho Lutero (1483-1546), filósofo e teólogo alemão, fundador da Reforma protestante (NT).

[43] (36) Arthur Schopenhauer (1788-1860), filósofo alemão (NT).

[44] Immanuel Kant (1724-1804), filósofo alemão; entre suas obras, A religião nos limites da simples razão já foi publicada nesta coleção da Editora Escala (NT).

[45] Michel Eyquem de Montaigne (1533-1592), pensador e escritor francês (NT).

[46] Alusão a Karl Eugen Duhring (1833-1921), filósofo e economista alemão, e a Richard Wagner (1813-1883), compositor alemão que, além de sua produção musical, foi também escritor (NT).

das palavras apropriadas e das belas formas do discurso: frequente na prosa de Goethe. Uma loquacidade por puro prazer do barulho e da confusão dos sentimentos: por exemplo, em Carlyle[47].

## 98 - Para glória de Shakespeare

A mais bela coisa que posso dizer para glória de Shakespeare, *do homem*, é esta: acreditou em Brutus[48] sem um mínimo de desconfiança sobre a espécie de virtude que este último encarna! A ele consagrou sua melhor tragédia – que continua a ser designada com um título inexato – a ele e ao mais terrível resumo alta moralidade. Independência da alma! – É disso que se trata aqui!

Nenhum sacrifício pode ser considerado demasiado grande; é preciso poder sacrificar a essa independência o melhor amigo, seja ele o homem mais magnífico, o ornamento do mundo, o gênio sem igual – quero dizer, no caso de amar a liberdade, como liberdade das grandes almas e que pelo amigo *essa* liberdade é colocada em perigo: – é assim que Shakespeare sentiu! O pedestal em que ele coloca César é a honra mais sutil que podia prestar a Brutus: assim, somente ele eleva até o imenso o problema interior deste e da mesma forma a força da alma que era capaz de cortar *esse nó*! – Foi realmente a liberdade política que despertou no poeta essa simpatia por Brutus – a ponto de tornar-se cúmplice de Brutus?

Ou a liberdade política não era senão o símbolo de qualquer coisa de inexprimível? Encontrar-nos-emos talvez diante de algum acontecimento da alma, próprio do poeta, diante de uma aventura da qual não queria falar senão por sinais? O que é toda a melancolia de Hamlet ao lado da melancolia de Brutus? Talvez Shakespeare conhecesse uma como a outra por experiência! Talvez tivesse, também ele, suas horas sombrias e seu anjo mau como Brutus! Mas sejam quais forem suas semelhanças e suas relações secretas, Shakespeare se inclinou diante do caráter e da virtude de Brutus, do qual se sentia indigno. – Sua tragédia testemunha isso. Brutus, o próprio Brutus, perde a paciência quando o poeta aparece, vaidoso, patético, importuno como são geralmente os poetas, seres que parecem estar inflados de possibilidades,

[47] Thomas Carlyle (1795-1881), historiador escocês (NT).

[48] Marcus Junius Brutus (85-42 a.C.), filho adotivo e assassino de Júlio César (NT).

de grandeza, mesmo de grande moral, e que no entanto, na filosofia da ação e da vida, eles próprios raramente conseguem chegar à simples equidade. "*Se ele conhece sua hora, eu conheço seus caprichos – tirem daqui o fantoche*!" – exclama Brutus. Que se retraduza isso na alma do poeta que o imaginou.

## 99 – Os discípulos de Schopenhauer[49]

O que se observa quando do contato entre povos civilizados e bárbaros é que, regularmente, a civilização inferior começar por adotar os vícios, as fraquezas e os excessos da superior, depois, partindo disso, enquanto aquela experimenta a sedução, acaba por assimilar, por meio das fraquezas e dos vícios adquiridos, alguma coisa da força que a civilização superior encerra – pode-se constatar isso também em sua vizinhança, sem viajar no meio dos povos bárbaros; é verdade que ali é misturado com um pouco mais de sutilidade e de espiritualidade e que não é tão fácil dar-se conta disso. Pode-se observar, pois, o que os discípulos de Schopenhauer na Alemanha começam primeiramente a adotar de seu mestre! – Com respeito à sua cultura superior, devem se encontrar suficientemente bárbaros para ser desde logo fascinados e seduzidos por ele como bárbaros. Será seu cruel sentido das realidades, sua boa vontade para chegar à clareza e à razão que muitas vezes o fazem parecer tão inglês e tão pouco alemão? Será o vigor de sua consciência intelectual que *suportou* durante toda a vida uma contradição entre o ser e o querer e o obrigou, mesmo em seus escritos, a contradizer-se sem cessar e quase em cada ponto?

Será sua honestidade com relação às coisas da Igreja e do Deus cristão? – pois era claro como nenhum filósofo alemão havia agido assim até então, de modo que viveu e morreu "como voltairiano".

Ou ainda serão suas imortais doutrinas da intelectualidade, da intuição, da prioridade da lei da causalidade, da natureza instrumental do intelecto e da não-liberdade do querer? Não, nada disso fascina: o que seduz em Shopenhauer é seu misticismo, seu embaraço nos pontos em que o pensador realista se deixou seduzir e corromper pela vã ambição de querer decifrar o enigma do mundo; é a indemonstrável doutrina da *vontade única* ("*qualquer causa é sempre causa ocasional*

[49] Arthur Schopenhauer (1788-1860), filósofo alemão (NT).

*da aparição da vontade em certo tempo, em certo lugar"; "a vontade de viver está presente, inteira e indivisa, em todos os seres, mesmo no mais insignificante, tão completa como na totalidade daqueles que foram, são e serão"*); é a *negação do indivíduo* (*"todos os leões não são em suma senão um só leão"; "a multiplicidade dos indivíduos é apenas aparência"*, precisamente como a *evolução* é apenas aparência; – Schopenhauer chama o pensamento de Lamarck[50] "*um erro genial e absurdo*"); – é a exaltação do gênio ("*na contemplação estética o indivíduo não é mais indivíduo, mas puro sujeito do conhecimento, sem vontade, sem dor e fora do tempo"; "o sujeito absorvendo-se totalmente no objeto da contemplação, transforma-se nesse mesmo objeto*"); ou ainda o absurdo da *piedade* e da ruptura do *princípio de individuação* como fonte de toda moralidade, sem esquecer finalmente afirmações deste gênero: "*a morte, no fundo, é a finalidade da existência"; "não se pode negar absolutamente a priori a possibilidade que uma influência mágica possa emanar de um defunto*". Estes *excessos* e estes vícios do filósofo e outros semelhantes são sempre adotados em primeiro lugar para fazer deles artigos de fé: – pois os vícios e os excessos são sempre mais fáceis de imitar e não exigem um longo exercício prévio.

Mas falemos do mais célebre dos schopenhauerianos ainda vivo, Richard Wagner[51]. – Aconteceu-lhe o que já aconteceu a muitos artistas: enganou-se na interpretação das personagens que criou e desconheceu a filosofia implícita de sua própria arte. Richard Wagner, até metade de sua vida, deixou-se extraviar por Hegel[52]; depois se deixou extraviar por Schopenhauer, quando julgou ver em suas próprias personagens o reflexo das doutrinas do filósofo e que passou ele próprio a explicitar com termos como "vontade", "gênio" e "piedade". Entretanto, é certo que nada é mais contrário ao espírito de Schopenhauer que aquilo que há de propriamente wagneriano nos heróis de Wagner: quero dizer a inocência do supremo amor si, a fé que têm na grande paixão como o bem por excelência, em resumo, o que há de siegfriediano em seus heróis. "*Tudo isso se parece mais com Spinoza*[53] *do que comigo*" – diria talvez Schopenhauer. Quantas boas razões teria portanto tido Wagner para

---

[50] Jean-Baptiste de Monet, cavaleiro de Lamarck (1744-1829), naturalista francês, precedeu Darwin ao enunciar uma teoria da evolução das espécies (NT).

[51] Richard Wagner (1813-1883), compositor alemão, amigo de Nietzsche e depois adversário (NT).

[52] Georg Wilhelm Friedrich Hegel (1770-1831), filósofo alemão (NT).

[53] Baruch Spinoza (1632-1677), filósofo holandês (NT).

procurar outros filósofos que não Schopenhauer; o encanto a que este o fez sucumbir tornou-o cego em relação não somente a todos os outros filósofos, mas ainda à própria ciência; toda a sua arte quer se afirmar sempre mais como caminhando ao lado da filosofia schopenhaueriana que ele completa e renuncia sempre mais expressamente à honra suprema de completar o conhecimento humano e a ciência. Wagner não é levado a isso apenas empurrado pelo misterioso esplendor dessa filosofia que teria tentado um Cagliostro[54]: não, os gestos particulares e as paixões dos filósofos foram sempre seu elemento mais sedutor! Schopenhaueriano é, por exemplo, o protesto de Wagner contra a corrupção da língua alemã; e se, neste caso particular, a imitação pode ser aprovada, é preciso não esquecer que o estilo de Wagner nem por isso deixa de apresentar todas as ênfases, todos os tumores que provocavam o furor de Schopenhauer e que, para os wagnerianos que escrevem em alemão, a wagnermania começa a mostrar-se mais perigosa do que foi desde sempre a hegelmania.

Schopernhaueriano é também o ódio de Wagner contra os judeus, porque não sabe apreciar seu valor e considerar seu ato mais famoso: pois foram os judeus os inventores do cristianismo! Schopenhaueriana é, em Wagner, a tentativa de considerar o cristianismo como um grão extraviado do budismo e de preparar uma época budista para a Europa, preconizando uma aproximação momentânea com fórmulas e sentimentos cristão-católicos. Schopenhaueriana é a pregação de Wagner em favor da piedade para com os animais; sabe-se que nessa matéria o precursor de Schopenhauer foi Voltaire que, como seus sucessores, já soube talvez disfarçar em compaixão pelos animais o ódio que sentia contra certas coisas e certas pessoas. Em todo o caso, o ódio de Wagner contra a ciência, que se exprime em sua pregação, não é certamente inspirado pelo espírito de caridade e de bondade – e ainda menos pelo próprio *espírito*. – No final das contas, a filosofia de um artista importa pouco se só for acrescentada depois de realizada a obra e não prejudique sua própria arte.

Nunca será demais evitar de querer mal a um artista por causa de uma pretensão ocasional, muitas vezes infeliz e cheia de ilusões: não esqueçamos que esses caros artistas, sem exceção, desempenham

[54] Giuseppe Balsamo Cagliostro (1743-1795), ocultista italiano, alquimista e curandeiro, charlatão segundo uns, mestre segundo outros (NT).

sempre uma comédia qualquer, que não podem deixar de fazê-lo e que sem isso, com o andar do tempo, nunca mais se conseguiriam libertar.

Continuemos fiéis a Wagner naquilo que ele tem de verdadeiro e de original – e isso, ficando fiéis, nós que somos seus discípulos, ao que em nós é verdadeiro e original. Deixemos a ele suas mudanças de humor, suas cãibras intelectuais, consideremos antes, com equidade, quais são seus alimentos e suas necessidades singulares que sua arte *tem o direito* de ter para viver e para crescer. Pouco importa que, como pensador, esteja tão frequentemente errado; a justiça e a paciência não são elemento seu. Basta que sua vida tenha razão diante de si mesma e que fique com a razão: – essa vida que se dirige a cada um de nós para exclamar: "*Sê um homem e não me sigas; é a ti mesmo que deves seguir. A ti mesmo*!"

E nós também devemos ter uma vida que tenha uma razão perante si própria! Nós também devemos crescer e nos expandir livremente e sem temor, num inocente amor de nós mesmos, de nossa própria personalidade. E assim, ao contemplar semelhante homem, hoje como outrora estas palavras ressoam a meu ouvido: "*A paixão é melhor que o estoicismo e a hipocrisia; ser sincero, mesmo no mal, vale mais que perder-se a si próprio na moralidade da tradição, o homem livre pode escolher ser bom ou mau, mas o homem subjugado é uma vergonha da natureza e não tem direito a nenhuma consolação, nem divina nem terrestre; enfim, que qualquer um que queira se tornar livre só pode sê-lo por si próprios; a liberdade não cai nos braços de ninguém como um presente milagroso*" (Ricardo Wagner em Bayreuth).

## 100 – Aprender a homenagear

Homenagear se aprende da mesma forma que desprezar. Aquele que abre caminhos novos e que conduza por eles muitos homens descobre com surpresa como são inábeis e pobres todos esses homens na expressão de seu reconhecimento e mesmo como é raro que esse reconhecimento *chegue* a se manifestar. É como se, cada vez que ele quer falar, alguma coisa se entrava na garganta, de modo que não faz outra coisa senão tossir e engasgar-se na tosse. É quase cômico ver de que maneira um pensador apreende o efeito de suas ideias, de seu poder de transformação e o abalo que produzem; parece às vezes que aqueles que experimentaram esse efeito se encontram, no fundo, ofendidos e não sabem exprimir senão por meio de mil grosserias sua independência que julgam ameaçada. São necessárias gerações inteiras para inventar uma convenção cortês do reconhecimento; e só muito tarde é que chega o momento em que uma espécie de espírito e de genialidade penetra o reconhecimento. Então alguém recebe em abundância os agradecimentos, não somente pelo bem que ele próprio fez, mas pelo tesouro de coisas sublimes e excelentes que seus predecessores acumularam.

## 101 - Voltaire

Onde quer que houvesse uma corte, foi ela que ditou a regra da bela linguagem e, por isso mesmo, também regras de estilo para todos aqueles que escreviam. Mas a linguagem das cortes é aquela do cortesão, que *não tem profissão* e que, mesmo falando de temas científicos, se proíbe toda expressão técnica porque cheira a profissional; é por isso que a expressão técnica e tudo aquilo que revela o especialista, passa por uma *tara do estilo* em todos os países onde reinava uma cultura de corte. Agora que todas as cortes não são mais que caricaturas do passado, fica-se surpreso ao ver o próprio Voltaire tão incrivelmente seco e duro (por exemplo, em seu juízo sobre estilistas como Fontenelle e Montesquieu); – é que estamos totalmente emancipados do gosto das cortes, ao passo que Voltaire o havia levado à *perfeição*!

## 102 - Uma palavra para os filósofos

Há livros tão preciosos e tão reais que gerações de sábios se revelam úteis se conseguem com seu esforço salvar o texto e o sentido – e a filologia existe para reforçar incessantemente essa crença. Essa ciência pressupõe que existem também homens raros (embora não sejam vistos imediatamente) que sabem servir-se de livros tão preciosos: – são sem dúvida aqueles que escrevem ou são capazes de escrever semelhantes livros. Gostaria de dizer que a existência dos filólogos implica uma nobre crença – a crença que, em benefício de alguns homens raros que sempre "vão surgir" e que nunca estão presentes, uma grande parte de trabalho penoso e muitas vezes bastante sujo deve ser feito de antemão: trata-se de uma tarefa "*in usum delphinorum*"[55].

[55] Expressão latina que significa "para uso dos delfins, em proveito dos delfins" (NT).

## 103 - Da música alemã

Se a música alemã de hoje é, mais que qualquer outra, a música da Europa, é porque é a única que exprime as mudanças que a Revolução produziu na Europa: só a música alemã sabe exprimir os movimentos das massas populares, essa imensa confusão artificial que nem sequer tem necessidade de ser muito barulhenta para produzir seu efeito – enquanto que a ópera italiana, por exemplo, conhece apenas os coros de criados ou de soldados, mas não tem "povo".

Deve-se acrescentar que, em toda música alemã, se percebe um profundo ciúme burguês de tudo o que é nobreza, sobretudo do *espírito* e da *elegância*, enquanto expressões de uma sociedade de corte e cavalheiresca, antiga e segura de si própria. Não é a música desse "*Sänger*" de Goethe, dessa música cantada diante da porta e que agrada também "na sala", sobretudo ao rei; não se trata mais de "*cavaleiros que olham as coisas de frente*", nem de "*belas damas que abaixam os olhos*".

A própria graça não entra na música alemã sem veleidades de remorsos; só a partir da beleza, irmã rústica da graça, é que o alemão começa a sentir-se bem – e, a partir de então, a elevar-se cada vez mais até essa "sublimidade" entusiasta, sábia, muitas vezes com patas de urso, a sublimidade de um Beethoven. Se alguém quiser imaginar o homem *dessa* música, pois bem, que imagine precisamente Beethoven, tal como apareceu ao lado de Goethe, por exemplo, quando do encontro de Teplitz[56]: como a semibarbárie ao lado da civilização, como o povo ao lado da nobreza, como o bonachão ao lodo do homem bom, e mais do que "bom", como o fantasista ao lado do artista, como o homem que tem necessidade de consolação ao lado de quem é consolado, como o exagerador e o desconfiado ao lado do justo, como o queixoso e o carrasco de si próprio, como o estático insensato, o infeliz beato, o cândido e desmedido, como o homem pretensioso e pesado – e em tudo e por tudo, como o homem "que não se domina": foi assim que o próprio Goethe o viu e o designou, o alemão de exceção para quem ainda não se encontrou música! – Que se considere, para terminar, se não se deve entender esse desprezo sempre crescente pela melodia e esse enfraquecimento do sentido melódico entre os alemães como uma indelicadeza democrática e um efeito posterior da Revolução. De fato, a melodia manifesta um

[56] Localidade de curas termais da Boêmia, onde Beethoven e Goethe se encontraram em 1812 (NT).

prazer tão franco e uma tamanha hostilidade por tudo o que é inacabado, informe e arbitrário, que relembra a *antiga* ordem das coisas europeias com uma força de sedução própria para nos reconduzir a ela.

## 104 – Do timbre da língua alemã

Sabe-se de onde vem o alemão que se escreve há alguns séculos. Os alemães, com seu respeito por tudo o que vinha da corte, tomaram propositadamente as chancelarias como modelos para tudo o que tinham de escrever e sobretudo na correspondência, nos atos oficiais, testamentos, etc. Escrever em estilo de chancelaria era escrever conforme o estilo de corte e do governo – era algo de nobre que se distinguia do alemão da cidade onde se vivia. Pouco a pouco, para ser consequente, acabou-se por falar como se escrevia – assim o cidadão se tornava mais nobre ainda na formação dos vocábulos, na escolha das expressões e na construção das frases e, finalmente também no timbre da voz: imitava-se a entoação da corte quando se falava e essa afetação acabou por se tornar uma segunda natureza. Talvez nunca se tenha passado nada parecido em qualquer outra parte: o predomínio do estilo literário sobre a língua falada: as maneiras rebuscadas e a afetação distinguida de todo um povo, como base de uma língua, comum a um povo e que não era mais um dialeto.

Acredito que a entoação da língua alemã, durante e sobretudo na Idade Média, foi fundamentalmente camponesa e popular; ela se enobreceu um pouco no decurso dos últimos séculos, sobretudo porque todos se julgavam obrigados a imitar tantas entoações francesas, italianas e espanholas, e isso especialmente nos ambientes da nobreza alemã (e austríaca) que não podia em absoluto ficar satisfeita com a língua materna. Mas para Montaigne, e particularmente para Racine[57], o alemão deve ter tido um timbre de uma vulgaridade insuportável: mesmo em nossos dias, no meio da massa do povo italiano, na boca dos viajantes, a língua alemã guarda sempre sons duros e roucos que parecem saídos da floresta ou de moradas enfumaçadas em regiões desprovidas de boa educação.

– Pois bem! Observo agora de novo que, entre os antigos admiradores das chancelarias, se propaga uma necessidade análoga

[57] Jean-Baptiste Racine (1639-1699), poeta trágico francês (NT).

de nobreza na entonação e que os alemães começam a se submeter ao "encanto" de um timbre todo particular que poderia se tornar, a longo prazo, um verdadeiro perigo para a língua alemã – porque em vão se procurariam outras entonações tão horrorosas na Europa. Ter qualquer coisa de irônico, de frio, de indiferente, de descuidado na voz: é o que os alemães consideram agora "distinto" – e percebo o zelo por essa distinção na linguagem dos jovens funcionários, professores, mulheres e comerciantes; e as próprias meninas já imitam esse alemão de oficial.

Porque foi o oficial, o oficial prussiano, que inventou essa maneira de falar. Esse oficial possui, como militar e profissional, o admirável tato, a modéstia, que todos os alemães (incluídos o professor e o músico) poderiam tomar como exemplo; mas logo que começa a falar ou a se mover, se torna a figura mais imodesta, a de mais mau gosto na velha Europa – e isso certamente sem que se importe! E também sem que esses bons alemães tenham consciência disso, esses bons alemães que admiram nele o homem da melhor sociedade, da classe mais distinta e que gostam que ele lhes "dê o tom". E é o que ele faz! – E são logo os suboficiais, os sargentos e os cabos que imitam esse tom e o tornam ainda mais grosseiro. Que se ouça os comandos, cujos gritos cercam as cidades alemãs, agora que se fazem exercícios diante de todas as portas: que arrogância, que autoridade furiosa, que frieza zombeteira nesses gritos!

Os alemães seriam verdadeiramente um povo musical? – O que há de certo é que eles se militarizam agora na entonação de sua língua: é provável que treinados como são a falar militarmente acabarão também a escrever militarmente. De fato, o hábito de certas entonações se enraíza profundamente no caráter: não tarda muito que se adotam palavras e construções de frases idiomáticas e, finamente, também as ideias que concordam com essas entonações! Sem dúvida já se escreve agora como os militares; não leio talvez o suficiente o que se escreve atualmente na Alemanha para sabê-lo. Mas há uma coisa que sei com toda a certeza: as manifestações públicas alemãs que chegam até o estrangeiro não se inspiram na música alemã, mas nessa nova forma de uma arrogância de mau gosto. Em quase todos os discursos do primeiro homem de Estado alemão, mesmo quando se faz ouvir por meio do porta-voz imperial, há um sotaque que o ouvido de um estrangeiro repudia com repugnância; mas os alemães o suportam – eles se suportam a si próprios.

## 105 – Os alemães como artistas

Se por acaso acontece ao alemão de se apaixonar verdadeiramente (e não, como é geralmente o caso, ter apenas a boa vontade da paixão), ele se comporta em sua paixão como deve e não irá mais longe. Na verdade, será então todo desajeitado e esquisito, como se estivesse sem ritmo e sem melodia e os espectadores ficarão impressionados ou enternecidos, nada mais: – *a menos que* ele não se eleve ao sublime e ao encanto de que são capazes certas paixões; nesse caso, o alemão se torna realmente *belo*!

O pressentimento da *altura* a partir da qual a beleza começa a espalhar seus encantos, mesmo sobre os alemães, impele os artistas germânicos a elevar-se até os delírios da paixão: é, portanto, um desejo profundo e real de sobrepujar, ao menos com o olhar, as feiuras e os modos desajeitados – para alcançar um mundo melhor, mais leve, mais meridional, mais ensolarado. E é assim que suas cãibras não são muitas vezes senão indícios de suas aspirações à *dança*: pobres ursos cuja alma é perseguida por ninfas e silvanos escondidos – e às vezes também por divindades superiores também!

## 106 – A música que intercede

"*Estou ansioso por encontrar um mestre na arte dos sons*", diz um inovador a seu discípulo, "*um mestre que fosse capaz de apreender minhas ideias e traduzi-las em seguida em sua linguagem: desse modo eu atingiria melhor os ouvidos e o coração dos homens. Com os sons se pode chegar a seduzir os homens e levá-los a aceitar todos os erros e todas as verdades: quem, portanto, iria refutar um som?*" – "*Gostarias então de ser considerado como irrefutável?*", perguntou-lhe o discípulo. O inovador respondeu: "*Gostaria que o germe se tornasse árvore. Para que uma doutrina se torne árvore, é necessário que se acredite nela durante um certo tempo: para que se acredite nela, é necessário que seja considerada como irrefutável. A árvore tem necessidade de tempestades, de dúvidas, de vermes roedores, de hostilidades, a fim de poder manifestar a natureza e a força de seu germe; que se quebre se não for suficientemente forte. Mas um germe é sempre destruído – e jamais refutado!*" – Depois de ter assim falado, seu discípulo exclamou impetuosamente: “*Mas eu creio em tua causa e a considero bastante forte para que eu possa dizer contra ela tudo o que tenho no coração.*” – O inovador se pôs a rir e o ameaçou com o dedo, acrescentando: “*Essa espécie de adesão é a melhor, mas é perigosa, pois nem toda doutrina a suporta.*”

## 107 - Nossa última gratidão para com a arte

Se não tivéssemos aprovado as artes e não tivéssemos inventado essa espécie de culto do não-verdadeiro, compreensão da universalidade do não-verdadeiro e da mentira que ora nos proporciona a ciência – essa compreensão da ilusão e do erro como condições do mundo intelectual – não seria em absoluto suportável. A *probidade* teria por consequência o desgosto e o suicídio. Ora, à nossa probidade se opõe um poder contrário que nos ajuda a escapar de semelhantes consequências: a arte, como *consentimento* à ilusão. Nem sempre impedimos nossos olhos a arredondar e inventar uma finalidade: então não é mais a eterna imperfeição que levamos pelo rio do devir – então imaginamos levar uma *deusa* e esse serviço nos torna orgulhosos e infantis.

Enquanto fenômeno estético, a existência nos parece sempre *suportável* e, por meio da arte, nos demos os olhos e as mãos, sobretudo a boa consciência, para *poder* crer, por nós mesmos, em semelhante fenômeno. É preciso de vez em quando descansarmos de nós próprios, olhando-nos do alto, com uma distância artística, para rir, para chorar *sobre* nós: é preciso descobrirmos o *herói* e também o *louco* que se escondem em nossa paixão pelo conhecimento; é preciso aqui e acolá sermos felizes com nossa loucura, para podermos continuar felizes com nossa sabedoria. E é precisamente porque somos no fundo homens pesados e sérios, e mais ainda pesos que homens, que nada nos faz mais bem que o capuz dos loucos: temos necessidade dele diante de nós mesmos – temos necessidade de toda arte petulante, flutuante, dançante, zombeteira, infantil e bem-aventurada para não perder essa *liberdade* que nos coloca *acima* das coisas e que nosso ideal exige de nós. Seria para nós um *recuo* cair inteiramente na moral, precisamente com nossa probidade irritável e, por causa das exigências muito severas que nisso temos por nós mesmos, acabar por nos tornarmos nós mesmos monstros e espantalhos de virtude.

É preciso também que *possamos* nos colocar *acima* da moral: e não somente com a inquieta rigidez daquele que receia a todo o instante resvalar e cair, mas também poder planar e brincar por cima dela! Como poderíamos para isso dispensar a arte e o louco? – E enquanto ainda tiverem vergonha de vocês mesmos, em que quer que seja, não poderão ser dos nossos!

# Livro III

## 108 - Lutas novas

Depois de Buda ter morrido, foi mostrada ainda durante séculos sua sombra numa caverna – uma sombra enorme e aterradora. Deus morreu: mas assim são feitos os homens que haverá talvez ainda durante milhares de anos cavernas nas quais se mostrará sua sombra – e nós devemos ainda vencer sua sombra.

## 109 - Evitemos

Evitemos de pensar que o mundo é um ser vivo. Como poderia se desenvolver? De que deveria se alimentar? Como faria para crescer e multiplicar-se? Além disso, mal sabemos o que é a matéria orgânica: e o que percebemos de indizivelmente derivado, tardio, raro, ocasional sobre a crosta da terra, chegaríamos a fazer disso algo de essencial, geral e eterno, como fazem aqueles que chamam o universo um organismo? É isso que me causa desgosto. Evitemos até de pensar que o universo é uma máquina; não foi certamente construído em vista de uma finalidade e, ao empregar a palavra "máquina", lhe prestamos uma honra demasiado grande. Evitemos de ver em toda parte algo de tão definido como o movimento cíclico dos planetas vizinhos: um olhar para a Via Láctea já provoca dúvidas, leva a crer que nela há talvez movimentos muito mais grosseiros e mais contraditórios e também estrelas cadentes como numa queda em linha reta, etc. A ordem astral em que vivemos é uma exceção; essa ordem, da mesma forma que a duração medíocre que é sua condição, tornou possível, por sua vez, a exceção das exceções: a formação daquilo que é orgânico.

A condição geral do mundo é, pelo contrário, desde toda a necessidade, o caos, não pela ausência de uma necessidade, mas no sentido de uma falta de ordem, de estrutura, de forma, de beleza, de sabedoria e de outras categorias estéticas humanas. Ao juízo de nossa razão, os lances de dados infelizes são a regra geral; as exceções não formam o objetivo secreto e todo o mecanismo repete eternamente seu estribilho sem nunca produzir melodia – e, finalmente, a expressão "lances de dados infelizes" comporta em si própria uma humanização que contém uma censura. Mas como podemos nos permitir censurar ou elogiar o universo? Evitemos de recriminar sua dureza e a falta de razão ou o contrário. Não é perfeito, nem belo, nem nobre e não quer transformar-se em nada disso, não tende em absoluto a imitar o homem! Não é tocado por nenhum de nossos juízos estéticos e morais! Não possui tampouco instinto de conservação e, de uma maneira geral, não possui qualquer instinto; ignora também todas as leis. Evitemos de dizer que há leis na natureza. Nela só há necessidades: ninguém manda, ninguém obedece, ninguém desobedece. Quando souberem que não há fins, saberão igualmente que não há acaso: pois é unicamente sob o prisma de um mundo de fins que a palavra "acaso" tem um sentido. Evitemos de dizer que a morte é o oposto da vida. A vida não passa de uma variedade da morte e uma variedade muito rara. – Evitemos de pensar que o mundo cria eternamente o novo. Não há substâncias eternamente duráveis; a matéria é um erro semelhante ao deus dos eleatas[58]. Mas quando acabaremos de nos preocupar? Quando todas essas sombras de Deus não nos perturbarão mais? Quando teremos despojado completamente a natureza de seus atributos divinos? Quando haveremos de reencontrar a natureza pura, inocente? Quando poderemos nós, homens, *tornar a ser natureza*?

## 110 – Origem do conhecimento

Durante muito tempo, muito tempo mesmo, o intelecto não produziu senão erros; alguns deles se mostraram úteis para a

[58] Eleia era uma colônia da Magna Grécia, situada no sul da Itália, onde floresceu uma célebre escola filosófica; entre seus filósofos mais proeminentes estão Xenófanes, Zenon e Parmênides; este, em seu poema "Sobre a natureza", descreve o mundo como um bloco único, sem movimento e sem finalidade, além de invocar um deus que rege tudo e que tem as chaves de tudo (NT).

conservação da espécie; aquele que caiu neles ou que os recebeu como herança lutou por si e por seus descendentes com mais felicidade. Muitos desses artigos de fé errados, transmitidos por herança, acabaram por se tornar um tipo de fundo comum da espécie humana, por exemplo: que há coisas duráveis e idênticas, que existem objetos, matérias, corpos, que uma coisa é o que parece ser, que nossa vontade é livre, que aquilo que é bom para alguns é bom em si. Só muito tardiamente é que apareceram aqueles que negaram ou puseram em dúvida esse gênero de proposições – só muito tardiamente surgiu a verdade, essa forma menos eficaz do conhecimento.

Mas não se podia viver com essa verdade, uma vez que nosso organismo estava constituído para contradizê-la; todas as suas funções superiores, todas as percepções dos sentidos e todas as espécies de sensações trabalhavam baseadas nos antigos erros fundamentais que haviam assimilado. Mais ainda: essas proposições se tornaram mesmo, nos limites do conhecimento, normas segundo as quais se avaliava o "verdadeiro" e o "não-verdadeiro – mesmo nos domínios mais distantes da lógica pura. Portanto: a *força* do conhecimento não reside em seu grau de verdade, mas em sua antiguidade, em seu grau de assimilação, em seu caráter de condição vital.

Onde essas duas coisas, viver e conhecer, pareciam entrar em contradição, nunca houve luta séria; a negação e a dúvida passavam então por loucura. Esses pensadores de exceção, como os eleatas, estabeleceram e mantiveram, apesar disso, as antinomias dos erros naturais, imaginaram que era possível *viver* também essas antinomias: inventaram o sábio, o homem da imutabilidade, da impessoalidade, da visão universal, ao mesmo tempo uno e total, e eles próprios estavam aptos ao conhecimento inverso: acreditavam que seu conhecimento era ao mesmo tempo o princípio da *vida*.

Entretanto, para poder afirmar tudo isso, era necessário que se *enganassem* quanto a seu estado: tiveram de se atribuir impessoalidade e duração sem mudança, desconhecer a essência do conhecimento, negar a força dos instintos no conhecimento e considerar em geral a razão como uma atividade perfeitamente livre e autônoma; recusaram-se a ver que tinham chegado a seus princípios seja contradizendo as coisas existentes, seja por necessidade de repouso ou de posse ou de domínio. O desenvolvimento mais sutil da probidade e do ceticismo acabou por tornar esses homens igualmente impossíveis.

Sua vida e seu juízo apareceram também como dependentes dos antigos instintos e dos erros fundamentais de toda a vida sensitiva. – Esse ceticismo e essa probidade mais sutil se formaram por toda a parte onde dois princípios opostos pareciam *aplicáveis* à vida porque ambos concordavam com os erros fundamentais, em toda parte onde era possível discutir sobre o grau mais ou menos considerável de *utilidade* para a vida; em toda parte ainda onde novos princípios, sem se mostrarem úteis à vida, também não eram prejudiciais a ela, sendo antes manifestações de um instinto de jogo intelectual, inocente e alegre como tudo o que é jogo. Pouco a pouco o cérebro humano se encheu com semelhantes juízos e convicções e, nessa aglomeração, se produziu uma fermentação, uma luta e um desejo de dominar.

Não somente a utilidade e o prazer, mas também toda espécie de instinto, tomaram parte na luta pela "verdade"; o embate intelectual se tornou uma ocupação, um fascínio, uma vocação, uma dignidade: – o conhecimento e a aspiração ao verdadeiro tomaram lugar finalmente como uma necessidade no meio das outras necessidades. A partir de então não somente a fé e a convicção, mas também o exame, a negação, a desconfiança, a contradição se tornaram uma força; todos os "maus" instintos foram subordinados ao conhecimento e postos a seu serviço, foi dado a eles o brilho do permitido, do venerado, do útil e, finalmente, o aspecto e a inocência do *bem*.

O conhecimento se tornou, desde então, uma parte da própria vida e, como vida, uma força que foi crescendo sem parar: até que enfim o conhecimento e esses antigos erros fundamentais se chocaram reciprocamente, uns e outros como vida, como força dentro do mesmo indivíduo.

O pensador: aí estão agora o ser ou o instinto de verdade e esses erros que conservam a vida entregando-se ao primeiro combate, depois que o instinto de verdade, também ele, se *afirmou* como uma força que conserva a vida. Em vista da importância dessa luta, todo o resto é indiferente: ela enuncia a última pergunta sobre a condição da vida e faz a primeira tentativa para lhe responder com a experiência.

Até que ponto a verdade suporta a assimilação? – esta é a pergunta, esta é a experiência a ser feita.

## 111 – Origem da lógica

Como se formou a lógica na cabeça do homem? Certamente do ilogismo, cujo domínio primitivamente deve ter sido imenso. Mas uma multidão de seres que raciocinava de maneira completamente diversa da nossa deve ter desaparecido; isso poderia ser ainda mais verdadeiro do que se pensa! Aquele que, por exemplo, não chegava a descobrir com bastante rapidez as "similitudes" quanto à alimentação ou ainda quanto aos animais que eram seus inimigos, aquele que classificava com demasiada lentidão ou que era muito circunspecto em sua classificação diminuía suas possibilidades de sobrevivência mais do que aquele que concluía imediatamente pela identidade com relação a essas coisas. Era essa inclinação predominante que levava a tratar, desde o início, as coisas semelhantes como se fossem idênticas – uma inclinação ilógica, contudo, porque em si não há nada de idêntico – que por primeiro criou o fundamento da lógica.

Do mesmo modo, para que se formasse o conceito de substância, indispensável para a lógica – ainda que estritamente falando nada de real lhe correspondesse – foi necessário que não se visse nem se sentisse durante muito tempo o que há de mutável nas coisas; os seres que não viam com exatidão tinham uma vantagem sobre aqueles que percebiam as "flutuações" de todas as coisas. Em si, toda a prudência em tirar conclusões, toda tendência cética já constituem um grave perigo para a vida. Nenhum ser vivo se teria conservado, se a inclinação oposta, a inclinação de afirmar antes que suspender o juízo, de se enganar e fantasiar antes que esperar, de aprovar antes que negar, de julgar antes que ser justo, não se tivesse desenvolvido de uma forma extremamente intensa. – A sequência dos pensamentos e das deduções lógicas, em nosso cérebro atual, responde a um processo, a uma luta de instintos, em si deveras ilógicos e injustos; só percebemos geralmente o resultado da luta: de tal modo esse antigo mecanismo funciona agora em nós rapidamente e escondido.

## 112 – Causa e efeito

Chamamos "explicação" o que nos distingue dos graus de conhecimento e de ciência mais antigos, mas isso não passa de "descrição". Sabemos descrever melhor – explicamos igualmente pouco como nossos predecessores. Descobrimos sucessões múltiplas nos pontos em que o homem ingênuo e o sábio de civilizações mais antigas só viam duas coisas: como se diz geralmente, a "causa" e o "efeito"; aperfeiçoamos a imagem do devir, mas não fomos além dessa imagem.

A sequência das "causas" se apresenta em todos os casos mais completa diante de nós; deduzimos: é preciso que esta ou aquela coisa tenha sido precedida para que outra se siga – mas não *compreendemos* nada.

A qualidade, por exemplo, em cada fenômeno químico, aparece antes como depois qual um "milagre", do mesmo modo que todo movimento; ninguém "explicou" ainda o choque. De resto, como poderíamos explicá-lo! Só operamos com coisas que não existem, com linhas, superfícies, corpos, átomos, tempos divisíveis, espaços divisíveis – como poderia uma interpretação ser possível se, de cada coisa, fazemos primeiramente uma *imagem* à nossa imagem? Basta considerar a ciência como uma humanização das coisas tão fiel quanto possível; aprendemos a nos descrever a nós mesmos cada vez mais exatamente, descrevendo as coisas e sua sucessão. Causa e efeito: trata-se de uma dualidade que decerto nunca provavelmente existirá – na realidade, temos diante de nós uma continuidade de que isolamos algumas partes; do mesmo modo que nunca percebemos um movimento senão como uma série de pontos, isolado; na realidade, não o vemos, portanto, nós o deduzimos.

A rapidez com que se fazem notar certos efeitos nos induz em erro; mas essa rapidez só existe para nós. Num segundo, há uma infinidade de fenômenos que nos escapam. Uma inteligência que visse causa e efeito como uma continuidade e não, à nossa maneira, como um retalhamento arbitrário, a inteligência que visse a onda dos acontecimentos – negaria a ideia de causa e de efeito e de toda determinação.

## 113 – Para a ciência dos venenos

Há tantas coisas a reunir para que possa se formar um pensamento filosófico: e todas as forças que para isso são necessárias tiveram de ser inventadas, exercidas e sustentadas separadamente! Isoladas, elas produziram muitas vezes um efeito totalmente diferente daquele que produzem agora, quando se restringem nos limites do pensamento científico e se disciplinam reciprocamente: agiram como venenos. Veja-se, por exemplo, o instinto da dúvida, o instinto da negação, o instinto de temporização, o instinto colecionador e o instinto de dissolução. Tiveram de ser sacrificadas hecatombes de homens antes que esses instintos aprendessem a compreender sua justaposição e se sentissem reunidos como funções de uma mesma força organizante num só homem! E quão longe estamos ainda de ver juntar-se ao pensamento científico as faculdades artísticas e a sabedoria prática da vida, de ver formar-se um sistema orgânico superior em relação ao qual o sábio, o médico, o artista e o legislador, como os conhecemos agora, apareçam como insuficientes antiguidades!

## 114 - Limites do domínio moral

Construímos imediatamente a nova imagem que vemos com a ajuda de nossas velhas experiências *conforme o grau* de nossa probidade e de nossa equidade. Mesmo no domínio da percepção dos sentidos, não há outras experiências vividas senão morais.

## 115 - Os quatro erros

O homem foi educado por seus erros: em primeiro lugar, ele nunca se viu senão incompletamente; em segundo lugar, atribuiu-se qualidades imaginárias; em terceiro, sentiu-se numa relação hierárquica falsa diante dos animais e da natureza; em quarto lugar, nunca deixou de inventar tábuas do bem sempre novas, considerando-as durante certo tempo como eternas e absolutas, de tal maneira que ora tal instinto humano ora tal outro ocupava o primeiro lugar, enobrecido em consequência dessa apreciação. Terminar com esses quatro erros seria acabar com as noções de humanidade e de "dignidade do homem".

## 116 - Instinto de rebanho

Em toda parte onde encontramos uma moral, encontramos uma avaliação e uma hierarquia das ações e dos instintos humanos. Essas avaliações e essas classificações são sempre a expressão das necessidades de uma comunidade ou de um rebanho. O que, em primeiro lugar, *lhes* convém – e também em segundo e em terceiro lugares – é também a medida superior para o valor de todos os indivíduos. Pela moral o indivíduo é instruído a ser função do rebanho e a não se atribuir valor senão como função. As condições para a manutenção de uma comunidade, sendo muito diferentes de uma comunidade para outra, daí resultam morais muito diferentes; e, com relação às transformações essenciais dos rebanhos e das comunidades, Estados e sociedades que podem surgir, pode-se profetizar, terão ainda morais muito divergentes. A moralidade é o instinto do rebanho no indivíduo.

## 117 - Remorso de rebanho

Nas épocas mais remotas da humanidade e durante o período mais longo, houve um remorso bem diferente daquele de hoje. Nos dias de hoje o homem só se sente responsável daquilo que quer e do que faz, e o orgulho só deriva daquilo que tem em si: todos os nossos juristas partem desse sentimento de dignidade e de prazer próprio do indivíduo, como se a fonte do direito tivesse jorrado disso desde sempre.

Ora, durante o período mais longo da humanidade, não houve nada mais terrível do que sentir-se isolado. Ser só, sentir como um isolado, não obedecer, não dominar, ser um indivíduo – não era então um prazer, mas uma punição: estava-se condenado a ser "indivíduo".

A liberdade de pensar era considerada como o desprazer por excelência. Enquanto nós sentimos a lei e a ordem como uma coação e um prejuízo, outrora se considerava o egoísmo como uma coisa penosa, como um verdadeiro mal.

Ser si mesmo, avaliar-se a si mesmo de acordo com suas próprias medidas e seus próprios pesos – era coisa que passava por inconveniente. Uma inclinação demonstrada nesse sentido teria passado por loucura: pois toda miséria e todo temor estavam ligados à solidão.

O "livre-arbítrio" era muito próximo da má consciência: quanto mais se agia de forma dependente, mais o instinto de rebanho, e não o sentido pessoal, se manifestava na ação, mais o indivíduo se considerava moral. Tudo o que prejudicava o rebanho, quer o indivíduo o tivesse querido ou não, lhe causava então remorsos – e não somente a ele, mas também a seu vizinho ou mesmo a todo o rebanho! – Aí está o que mais desaprendemos.

## 118 - Benevolência

É justo que uma célula se transforme para se tornar função de uma célula mais forte? Se não puder fazer de outra maneira? É justo que uma célula mais forte assimile a mais fraca? Se ela também não puder fazer de outra maneira? Isso é necessário que o faça, porque aspira a uma compensação abundante e quer se regenerar. É preciso mesmo distinguir em matéria de benevolência: o instinto de apropriação e o instinto de submissão conforme são o mais forte ou o mais fraco que demonstram benevolência. O prazer e a ambição se reúnem no mais forte que quer transformar qualquer coisa em uma de suas funções; o prazer e o desejo de ser ambicionado, no mais fraco, que gostaria de se tornar função. – A piedade é essencialmente a primeira coisa, uma emoção agradável do instinto de assimilação que desperta o aspecto do mais fraco: de resto, "forte" e "fraco" são conceitos relativos.

## 119 - Nada de altruísmo

Observo em muitos seres uma extrema propensão a querer ser função; têm o faro mais sutil para as posições em que são precisamente *eles* que podem ser função e se empenham em ocupá-las. Certas mulheres fazem parte desses seres quando se identificam com a função de um homem, uma função mal desenvolvida, tornando-se assim sua política, sua bolsa ou sua sociabilidade. Esses seres se conservam melhor quando se implantam num organismo estranho; se o não conseguem, se irritam, se azedam e acabam por se devorar a si próprios.

## 120 - Saúde da alma

A célebre forma de medicina moral (da qual Ariston de Quios[59] é o autor), "*A virtude é a saúde da alma*", deveria, para que possa ser utilizada, ser pelo menos transformada assim: "*Tua virtude é a saúde de tua alma.*" Porque em si não existe saúde e todas as tentativas para dar esse nome a qualquer coisa malograram miseravelmente. Importa conhecer tua finalidade, teu horizonte, tuas forças, teus impulsos, teus erros e sobretudo o ideal e os fantasmas de tua alma para determinar o que significa a saúde, mesmo para teu corpo.

Existem, portanto, inúmeras saúdes do corpo; e quanto mais se permitir ao indivíduo particular e incomparável de levantar a cabeça, mais se desaprenderá o dogma da "igualdade dos homens", mais necessário será que nossos médicos percam a noção de uma saúde normal, de uma dieta normal, do curso normal da doença.

E então somente se poderá talvez refletir na saúde e na doença da *alma* e colocar a virtude particular de cada um em sua saúde: a saúde da alma poderia parecer num o contrário da saúde do outro. Finalmente, permanece aberta a grande questão de saber se podemos *dispensar* a doença, mesmo

[59] Ariston de Quios (séc. III a.C.), discípulo do estoico Zenon (NT).

para desenvolver nossa virtude e se nossa sede de conhecimento, de conhecimento de si em particular, não tem tanta necessidade de nossa alma doente como de nossa alma saudável: em resumo, se somente a vontade de saúde não é um preconceito, uma covardia e talvez um resto da barbárie mais sutil, do espírito retrógrado mais refinado.

## 121 – A vida não é um argumento

Arranjamos para nosso uso um mundo em que possamos viver – admitindo a existência de corpos, de linhas, de superfícies, de causas e de efeitos, do movimento e do repouso, da forma e de seu conteúdo: sem esses artigos de fé, ninguém suportaria viver!

Mas isso não prova nada em favor desses artigos.

A vida não é um argumento; entre as condições da vida se poderia encontrar o erro.

## 122 – O ceticismo moral no cristianismo

O próprio cristianismo contribuiu amplamente para o racionalismo: ensinou o ceticismo moral com muita energia e eficácia, acusando e espalhando a amargura, mas com uma paciência e uma sutileza infatigáveis; aniquilou em cada indivíduo a fé em sua "virtude"; fez desaparecer para sempre da terra esses grandes "virtuosos" que abundavam na antiguidade, esses homens populares que desfilavam sua fé em sua perfeição com uma dignidade de toureadores. Se lermos agora, educados como somos nessa escola cristã do ceticismo, os livros de moral dos antigos, por exemplo Sêneca[60] e Epicteto[61], experimentamos uma agradável superioridade com uma multidão de pensamentos e de segundas intenções e julgamos ouvir falar uma criança diante de um velho ou uma jovem bela e entusiasta diante de La Rochefoucauld[62]: conhecemos melhor o que é a virtude! Mas, no final das contas, aplicamos também esse ceticismo aos estados de

[60] Lucius Annaeus Seneca (4 a.C.-65 d. C.), filósofo latino, foi professor de Nero. Entre suas muitas obras, De vita beata (A vida feliz) já foi publicada em coleção da Editora Escala (NT).

[61] Epicteto (50-130), natural da Frígia (hoje parte da Turquia), foi levado a Roma como escravo; de suas obras, restam-nos Diálogos e um Manual de aforismas e pensamentos (NT).

[62] François de La Rochefoucauld (1613-1680), escritor francês; sua obra de maior sucesso foi Réflexions ou sentences et maximes morales (NT).

alma e aos fenômenos religiosos, como o pecado, o arrependimento, a graça, a santificação, e deixamos o verme roer tão profundamente que agora, na leitura dos livros cristãos, experimentamos o mesmo sentimento de sutil superioridade e de clarividência: – conhecemos também melhor os sentimentos religiosos! E é tempo de conhecê-los bem e de descrevê-los bem, porque os fiéis da antiga fé tendem também a desaparecer: – salvemos pelo menos sua imagem e seu tipo em proveito do conhecimento.

## 123 – O CONHECIMENTO É MAIS QUE UM MEIO

Mesmo sem essa nova paixão – entendo a paixão do conhecimento – a ciência faria progressos: até o presente a ciência não teve necessidade dela para isso. O crédito de que a ciência se beneficia, o preconceito favorável que já reina em nossos Estados (antigamente reinava na Igreja) repousa, no fundo, no fato de que essa paixão irresistível não se revelou nela senão raramente e que a ciência não é considerada precisamente uma paixão, mas muito mais uma condição e um "*ethos*"[63]. Sim, às vezes basta somente o *amor-prazer* do conhecimento (curiosidade), basta o *amor-vaidade*, o hábito da ciência com a segunda intenção de honras e de segurança material, basta mesmo para muitos não saber o que fazer do tempo que perdem e que empregam em ler, colecionar, classificar, observar, relatar; sua "inclinação científica" não é outra coisa senão aborrecimento. O papa Leão X (no *Breve* a Beroaldo)[64] cantou os louvores da ciência: ele a designava como o mais belo ornamento e a mais bela razão de orgulho de nossa vida, como uma nobre ocupação na felicidade e na desgraça. Escrevia, para terminar: "Sem ela, toda empresa humana estaria sem ponto de apoio – pois mesmo com ela tudo é bastante mutável e incerto!" Mas esse papa, passavelmente cético, cala, como todos os panegiristas eclesiásticos, seu juízo definitivo sobre a ciência. Talvez se possa observar nestas palavras que coloca a ciência acima da arte, o que é bastante singular para um amigo das

[63] Termo grego que significa "moral" (NT).

[64] Leão X (1475-1521) foi papa de 1513 a 1521; foi o último dos papas que incentivou aberta e quase primordialmente as artes, cercando-se dos maiores nomes europeus das letras e das belas artes. Encarregou seu secretário particular a publicar obras da latinidade clássica, sobretudo as de Tácito; criticado por favorecer a ciência e as artes em detrimento do Evangelho, respondeu com o Breve a Beroaldo; de qualquer modo, este foi mais um dos muitos motivos dados a Lutero para deflagrar a Reforma protestante (NT).

artes, mas se trata somente de uma amabilidade se não fala daquilo que coloca, também ele, acima da ciência: a "verdade revelada", a "eterna salvação da alma" – que lhe são, ao lado disso, o ornamento, o orgulho, o divertimento, a segurança da vida!

"*A ciência é coisa de segunda categoria, não é nada de supremo, de absoluto, não é um objeto digno da paixão*" – este o juízo que ficou no fundo da alma do papa Leão; é o verdadeiro juízo cristão sobre a ciência! Na antiguidade, a dignidade e a legitimidade da ciência eram diminuídas pelo fato de que, mesmo entre os seus mais fervorosos discípulos, a aspiração à *virtude* aparecia em primeiro lugar e porque se acreditava que se deferia ao conhecimento o mais alto elogio ao glorificá-lo como o meio caminho para chegar à virtude. É coisa nova na história que o conhecimento queira ser mais que um meio.

## 124 - No horizonte do infinito

Deixamos a terra e subimos a bordo! Destruímos a ponte atrás de nós – melhor ainda, destruímos a terra que ficou atrás de nós! E agora, pequeno navio, toma cuidado! De teus lados está o oceano; é verdade que nem sempre brame e às vezes sua toalha se estende como seda e ouro, um sonho de bondade. Mas, virão horas em que reconhecerás que ele é infinito e que não existe nada mais terrível que o infinito. Ah! pobre pássaro, tu que te sentiste livre, agora te feres contra as grades dessa gaiola! Desgraçado de ti se fores dominado pela nostalgia da terra e se lamentares a *liberdade* que tinhas lá embaixo – pois agora não há mais "terra"!

## 125 - O insensato

Nunca ouviram falar desse louco que acendia uma lanterna em pleno dia e desatava a correr pela praça pública gritando sem cessar: "*Procuro Deus! Procuro Deus*!" – Como havia ali muitos daqueles que não acreditam em Deus, seu grito provocou grande riso. "Estava perdido?" – dizia um. "Será que se extraviou como uma criança?" – perguntava o outro. "Será que se escondeu?" "Tem medo de nós?" "Embarcou? Emigrou?" – Assim gritavam e riam todos ao mesmo tempo. O louco saltou no meio deles e trespassou-os com o olhar.

"*Para onde foi Deus*?"– exclamou – "*É o que vou dizer. Nós o matamos – vocês e eu! Nós todos, nós somos seus assassinos! Mas como fizemos isso? Como conseguimos esvaziar o mar? Quem nos deu uma esponja para apagar o horizonte? Que fizemos quando desprendemos esta terra da corrente que a ligava ao sol? Para onde vai agora? Para onde vamos nós? Longe de todos os sóis? Não estamos incessantemente caindo? Para diante, para trás, para o lado, para todos os lados? Haverá ainda um acima e um abaixo? Na estaremos errando como num nada infinito? O vazio não nos persegue com seu hálito? Não faz mais frio? Não veem chegar a noite, sempre mais noite? Não será preciso acender os lampiões antes do meio-dia? Não ouvimos nada ainda do barulho que fazem os coveiros que enterram Deus? Não sentimos nada ainda da decomposição divina? – Os deuses também se decompõem! Deus morreu! Deus continua morto! E fomos nós que o matamos! Como havemos de nos consolar, nós, assassinos entre os assassinos! O que o mundo possuiu de mais sagrado e de mais poderoso até hoje sangrou sob nosso punhal – quem nos lavará desse sangue? Que água nos poderá purificar? Que expiações, que jogos sagrados seremos forçados a inventar? A grandeza desse ato não é demasiado grande para nós? Não seremos forçados a nos tornarmos nós próprios deuses – mesmo que fosse simplesmente para parecermos dignos deles? Nunca houve ação mais grandiosa e aqueles que nascerem depois de nós pertencerão, por causa dela, a uma história mais elevada do que o foi alguma vez toda essa história."* O insensato se calou depois de pronunciar estas palavras e voltou a olhar para seus ouvintes: também eles se calaram e o fitaram com espanto.

Finalmente jogou a lanterna ao chão, de tal modo que se partiu e se apagou. E então disse: "*Chego cedo demais, meu tempo ainda não chegou. Esse acontecimento enorme ainda está a caminho, caminha – e ainda não chegou aos ouvidos dos homens. O relâmpago e o trovão precisam de tempo, a luz dos astros precisa de tempo, as ações precisam de tempo, mesmo quando foram executadas, para serem vistas e entendidas. Esse ato está ainda mais distante do que o astro mais distante* – e, no entanto, foram eles que o fizeram!" – Conta-se ainda que esse louco entrou nesse mesmo dia em diversas igrejas e entoou seu *Requiem aeternam Deo*[65]. Expulso e interrogado, teria respondido inalteravelmente a mesma coisa: "*Para que servem essas igrejas, se não são os túmulos de Deus?*"

[65] Expressão latina que significa "descanso eterno para Deus", corruptela da oração litúrgica da Igreja católica, utilizada na encomendação e no enterro dos mortos: Requiem aeternam dona eo, Domine – descanso eterno dá-lhe, Senhor (NT).

## 126 – Explicações místicas

As explicações místicas são consideradas profundas; na realidade, é preciso ainda muito para que cheguem a ser superficiais.

## 127 – Efeito da mais antiga religiosidade

O homem irrefletido imagina que só a vontade é atuante; querer seria, segundo ele, uma coisa simples, prevista, indeduzível, compreensível em si. Está convencido, quando faz alguma coisa, por exemplo quando desfere um soco, que é ele que bate e que bateu porque *queria* bater. Não vê nisso nenhum problema, pois a sensação da *vontade* lhe basta, não somente para admitir a causa e o efeito, mas também para acreditar que compreende sua relação. Não sabe nada do mecanismo da ação, do centuplicado trabalho sutil que tem de ser efetuado para que chegue a bater, do mesmo modo que não sabe nada da incapacidade fundamental da vontade para executar a menor parte desse trabalho. A vontade é para ele uma força que age de maneira mágica: uma fé na vontade como causa de efeitos é uma fé em forças que agem por magia. Ora, primitivamente, por toda parte onde o homem via uma ação, imaginava uma vontade como causa, imaginava um ser dotado de um querer pessoal que agia nos bastidores – a ideia de mecânica estava muito longe dele.

Mas como durante largo tempo o homem nunca acreditou senão em pessoas (e não em substâncias, forças, objetos, etc.), a fé nas causas e nos efeitos tornou-se para ele uma crença fundamental de que se serve sempre que acontece alguma coisa – e isso hoje ainda, instintivamente, como uma espécie de atavismo de origem antiga. Os princípios "*não há efeito sem causa*", "*todo efeito é uma nova causa*" aparecem como generalizações de princípios no sentido mais restrito, como estes: "*onde se agiu, se quis*", "*só se pode agir sobre seres dotados de vontade*", "*não se sofre pura e simplesmente uma causa: aguentar é ter a vontade excitada*" (para a ação, para a defesa, a vingança e as represálias); mas nos tempos primitivos da humanidade esses princípios eram idênticos, os primeiros não eram a generalização dos segundos, mas os segundos eram interpretações dos primeiros. – Schopenhauer[66], ao admitir que tudo aquilo que existe quer, colocou no trono uma antiga mitologia;

[66] Arthur Schopenhauer (1788-1860), filósofo alemão (NT).

parece nunca ter tentado analisar a vontade porque *acreditava*, como todos, na simplicidade e na imediatez do querer: – ora, querer é um mecanismo tão exercitado que quase escapa ao olho do observador.

Contra Schopenhauer, ponho os princípios seguintes: em primeiro lugar, para que haja vontade, é necessária uma representação de prazer e de desprazer; em segundo lugar, que uma violenta irritação produza uma sensação de prazer ou de desprazer, isso é uma *interpretação* do intelecto que, aliás, na maioria das vezes opera sem que o saibamos – uma mesma irritação *pode* receber uma interpretação de prazer ou de desprazer; em terceiro lugar, só há prazer, desprazer e vontade nos seres intelectuais; a enorme maioria dos organismos os ignora.

## 128 - O valor da oração

A oração foi inventada pelos homens que nunca tiveram pensamentos próprios e que não conhecem ou deixam escapar sem perceber a elevação da alma: que fariam nos lugares santos e em todas as situações importantes da vida que exigem tranquilidade e uma espécie de dignidade? Para impedir pelo menos que incomodem, a sabedoria de todos os fundadores de religiões, grandes ou pequenos, recomendou a fórmula da oração, longo trabalho mecânico dos lábios, aliado a um esforço de memória e a uma posição uniformemente determinada das mãos, dos pés e dos olhos! Ruminem, portanto, como os habitantes do Tibete, sua inumerável "*om mane padme hum*"[67], ou contem nos dedos, como em Benares[68], o nome do deus Ram-Ram-Ram (e assim por diante, com ou sem graça), ou venerem Vishnu[69] com seus mil nomes, ou mesmo Alá com seus noventa e nove, ou que utilizem moinhos de orações ou rosários – o essencial é que com esse trabalho sejam imobilizados durante certo tempo e lhes confira um aspecto suportável: sua maneira de orar foi inventada em benefício dos piedosos que conhecem os pensamentos e as exaltações por experiência pessoal. E mesmo estes têm suas horas de fadiga em que uma série de palavras e de sons veneráveis e uma piedosa mecânica lhes fazem bem.

Mas, enquanto esses homens raros – em todas as religiões, o homem religioso é uma exceção – sabem livrar-se de embaraços sozinhos, os

[67] "Salve, preciosa flor de lótus!"

[68] (11) Cidade da Índia, grande centro religioso (NT).

[69] Uma das maiores divindades do hinduísmo; compõe, juntamente com Brahma e Shiva, a trindade divina hindu (NT).

pobres de espírito não chegam a tanto e proibir-lhes de ronronar orações seria roubar sua religião, como o protestantismo consegue fazê-lo sempre mais. A religião não exige deles nada mais que *manter-se tranquilos*, inclusive com os olhos, as mãos, as pernas e outros órgãos: assim ficam momentaneamente embelezados e – mais semelhantes a homens.

## 129 - As condições de Deus

"*O próprio Deus não poderia subsistir sem os homens sábios*" – disse Lutero e com muita razão; mas "*Deus pode ainda menos subsistir sem os insensatos*"- isso, o bom Lutero, não o disse.

## 130 - Uma decisão perigosa

A decisão cristã de achar o mundo feio e mau tornou o mundo feio e mau.

## 131 - Cristianismo e suicídio

Na época de seu surgimento, o cristianismo se serviu do enorme desejo de suicídio para fazer dele a alavanca de seu poder: só conservou duas formas de suicídio, revestindo-as da mais alta dignidade e das mais elevadas esperanças e proibindo todas as outras com ameaças terríveis. Mas o martírio e o lento aniquilamento do asceta eram permitidos.

## 132 - Contra o cristianismo

Agora não são mais os argumentos, é nosso gosto que decide contra o cristianismo.

## 133 - Princípio

Uma hipótese inevitável a que a humanidade é sempre forçada a regressar, acaba por ser, a longo prazo, mais *poderosa* que a fé mais viva em alguma coisa de falso (por exemplo, a fé cristã). A longo prazo significa em cem mil anos.

## 134 - Os pessimistas como vítimas

Quando um profundo desgosto pela vida toma conta, se manifestam os efeitos do grande erro dietético de que um povo se tornou por muito tempo culpado. Assim, o desenvolvimento do budismo (*não* sua origem) é em grande parte devido ao abuso de uma alimentação exclusivamente composta de arroz e ao amolecimento geral que disso resulta. Talvez o descontentamento da Europa dos tempos modernos derive do fato de nossos antepassados, através de toda a Idade Média, se terem entregues à bebida sob a influência das preferências germânicas: Idade Média, isso quer dizer intoxicação da Europa pelo álcool. – O pessimismo alemão é essencialmente uma languidez hibernal, sem esquecer o ar viciado e o veneno espalhado pelos fogões nas casas germânicas.

## 135 - Origem do pecado

O pecado, como é considerado hoje, em toda parte onde reina o cristianismo ou alguma vez reinou, o pecado é um sentimento judeu e uma invenção judia; é o pano de fundo de toda a moralidade cristã, e desse ponto de vista o cristianismo procurou "judaizar" o mundo inteiro. Até que ponto o conseguiu na Europa, é o que se sente sobretudo pelo grau de estranheza que a antiguidade grega – mundo isento do sentimento do pecado – conserva sempre para nossa sensibilidade, apesar de toda a boa vontade que um grande número de gerações e de indivíduos notáveis empregaram para se aproximar dele e o assimilar. "*Deus só perdoa se realmente tu te arrependeres*" – semelhantes palavras provocariam no grego o riso e a cólera; ele exclamaria: "*Esses são sentimentos de escravo*!" O cristianismo pressupõe um Deus poderoso, de um poder supremo e, no entanto, um Deus vingador. Seu poder é tão grande que geralmente não se pode causar-lhe prejuízo, salvo no tocante à honra. Todo pecado é uma falta de respeito, crime de lesa-majestade divina – e nada mais! Contrição, desonra, humilhação – essas são as primeiras e últimas condições a que se prende sua graça: ele quer ser restabelecido em sua honra divina!

Se, por outro lado, o pecado causa um prejuízo, se implanta com ele um mal profundo e crescente que afeta e sufoca um homem após outro, como uma doença – isso preocupa pouco esse oriental ciumento de sua honra, lá no alto do céu; o pecado é uma falta contra ele e não contra a humanidade! – Aquele a quem é concedida sua graça recebe também essa despreocupação pelas consequências naturais do pecado.

Deus e a humanidade são imaginadas aqui tão separados, de tal modo em oposição um com a outra que, no fundo, é praticamente impossível pecar contra esta última – toda ação deve ser sempre considerada *do ponto de vista de suas consequências sobrenaturais*, sem se preocupar com as consequências naturais: assim o quer o sentimento judeu para o qual tudo o que é natural é indigno em si.

Os *gregos*, ao contrário, admitiam de bom grado a ideia que o sacrilégio também podia ter dignidade – mesmo o roubo de Prometeu[70], mesmo o massacre do gado como manifestação de um ciúme insensato, caso de Ájax[71]: foi diante da necessidade de imaginar a incorporação dessa dignidade no sacrilégio que inventaram a *tragédia* – uma arte e um prazer que, apesar dos dons poéticos e de uma inclinação para o sublime, se mantiveram essencialmente alheios ao judeu.

## 136 – O povo eleito

Os judeus, que têm o sentimento de ser o povo eleito entre os povos e isso porque são o gênio moral entre os povos (graças à sua faculdade de *desprezar mais profundamente* o homem em si, faculdade desenvolvida neles mais que em qualquer outro povo), os judeus sentem em seu santo e divino monarca um prazer análogo àquele que a nobreza francesa sentia diante de Luís XIV. Essa nobreza, deixando-se privar de todo o seu poder e de sua soberania, se havia tornado desprezível: para não sentir isso, para poder esquecê-lo, tinha necessidade de um esplendor real, de uma autoridade real, de um poder absoluto e *sem igual*, ao qual somente a nobreza tinha acesso. Elevando-se, conforme esse privilégio, até a altura da corte, vendo daí tudo abaixo dela com desprezo, acabava finalmente por esquecer a irritação de sua consciência. Era assim que se edificava a torre do poder real sempre mais em direção ao céu, empregando nela as últimas pedras de seu próprio poder.

---

[70] Na mitologia grega, Prometeu era um semideus que roubou o fogo dos deuses e o deu aos homens; foi punido por isso por Zeus que o acorrentou a uma rocha, exposto aos ataques de uma águia que devorava continuamente seu fígado (NT).

[71] Herói grego que desafiou os deuses e investiu contra rebanhos de bois e cabras (NT).

## 137 - Para falar por imagens

Um Jesus Cristo só era possível numa paisagem judaica – quero dizer numa paisagem sobre a qual estava sempre suspensa a sombria e sublima nuvem de tempestade de um Jeová em cólera. Só ali era possível considerar a passagem rara e repentina de um único raio de sol como um milagre do amor, como um raio da "graça" mais imediata nesse país. Só lá Cristo podia sonhar seu arco-íris e sua escada celestial pela qual Deus descia para os homens; em qualquer outra parte o bom tempo e o sol eram a regra cotidiana.

## 138 - O erro de Cristo

O fundador do cristianismo pensava que nada fazia sofrer mais os homens que seus pecados: – era um erro, o erro daquele que se sente sem pecados, que não tem experiência disso! Assim sua alma se encheu com essa maravilhosa piedade por um mal de que seu próprio povo, o inventor do pecado, sofria raramente como de um grande mal! – Mas os cristãos souberam, uma vez a coisa feita, dar razão a seu mestre: santificaram seu erro para fazer dele uma "verdade".

## 139 - Cor das paixões

Naturezas como a do apóstolo Paulo têm um mau olhar para as paixões; só veem delas o lado sujo, o que desfigura e destrói os corações – sua aspiração ideal seria, portanto, a destruição das paixões: para eles, o que é divino está completamente desprovido delas. Ao contrário de Paulo e dos judeus, os gregos levaram sua aspiração ideal precisamente sobre as paixões; eles as amaram, as elevaram, as douraram e as divinizaram; é evidente que na paixão se sentiam não só mais felizes, mas ainda mais puros, mais divinos que de costume. – E os cristãos? Queriam nisso tornar-se judeus? Não o teriam conseguido?

## 140 - Demasiado judeu

Se Deus tivesse querido tornar-se um objeto de amor, deveria ter começado por renunciar a fazer justiça: – um juiz, mesmo clemente, não é objeto de amor. Para compreender isso, o fundador do cristianismo não tinha o senso bastante sutil – era judeu.

## 141 - Demasiado oriental

Como? Um Deus que só ama os homens com a condição de que creiam nele e que lança olhares terríveis e ameaças contra quem não tem fé nesse amor! Como? Um amor com cláusulas, tal seria o sentimento de um Deus todo-poderoso? Um amor que nem conseguiu tornar-se senhor do ponto de honra e da vingança irritada? Como tudo isto é oriental! "*Se te amo, que tens a ver com isso*?" – essa já é uma crítica suficiente de todo o cristianismo.

## 142 - Incenso

Buda disse: "*Não lisonjeies teu benfeitor*." Repitam-se estas palavras numa igreja cristã: – imediatamente limpam o ar de tudo o que é cristão.

## 143 - A extrema utilidade do politeísmo

Que cada indivíduo possa criar seu *próprio* ideal para dele inferir sua lei, seus prazeres e seus direitos, é o que foi considerado, acredito, até agora como a mais monstruosa de todas as aberrações humanas, como a idolatria por excelência; com efeito, o reduzido número daqueles que tentaram isso sempre teve necessidade de uma apologia diante de si mesmo e era geralmente esta: "*Não fui eu! Não fui eu! Mas um deus que agiu por mim*!" Foi numa arte maravilhosa, na força de criar deuses – o politeísmo – que esse instinto pôde se descarregar, se purificar, se aperfeiçoar, se enobrecer, pois primitivamente esse era um instinto vulgar, medíocre, parente da teimosia, da desobediência e da inveja. *Combater* esse instinto de um ideal pessoal foi antigamente o mandamento de toda moralidade. Só havia então um modelo: "o homem" – e todos os povos julgavam *possuir* esse único e derradeiro modelo.

Mas acima de si e fora de si, num distante mundo superior, podia ser visto um *grande número de modelos*: um deus não era a negação nem o blasfemador de outro! E foi aí que se permitiu pela primeira vez os indivíduos, foi aí que foi honrado pela primeira vez o direito dos indivíduos. Foram inventados deuses, heróis, super-homens de todas as espécies, assim como quase homens e sub-homens, anões, fadas, centauros, sátiros, demônios e diabos para justificar o egoísmo e glorificar o indivíduo: a liberdade que se concedia a um deus com relação a outros deuses acabou por ser conferida a si próprio com relação às leis, aos costumes e aos vizinhos. O monoteísmo, pelo contrário, essa rígida consequência da doutrina de um homem normal – portanto, a fé num deus normal junto do qual não há senão deuses falsos – foi talvez até agora o maior perigo da humanidade; foi então que a humanidade foi ameaçada com a parada prematura que a maior parte das outras espécies animais, por quanto podemos julgar, tinha atingido depois de muito tempo; essas espécies animais que acreditam, todas elas, num animal normal, num ideal de sua espécie e que se identificaram definitivamente com a moralidade dos costumes. No politeísmo se encontrava uma primeira imagem do livre pensamento e do pensamento múltiplo do homem: a força de se criar olhos novos e pessoais, olhos sempre mais novos e sempre mais pessoais, de modo que, só para o homem, entre todos os animais, não há horizontes e perspectivas eternas.

## 144 - Guerras de religião

O maior progresso das massas foi até agora a guerra de religião, pois é a prova que a massa começou a tratar as ideias com respeito. As guerras de religião só começam quando, pelas sutis disputas das seitas, a razão geral está afinada a ponto que o próprio povo se torna sutil, leva pequenas coisas a sério e chega mesmo a admitir que a "salvação eterna da alma" depende de pequenas diferenças de ideias.

## 145 - Perigo dos vegetarianos

A enorme predominância do arroz como alimento leva ao uso do ópio e dos narcóticos, do mesmo modo que a enorme predominância das batatas como alimento leva ao uso do álcool: – mas graças a uma contrapartida mais sutil, esse alimento leva também a maneiras de pensar e de sentir que têm um efeito narcótico. Na mesma ordem das ideias, os promotores das formas narcóticas de pensar e de sentir, como esses filósofos hindus, se gabam de um regime que gostariam de fazer dele uma lei para as massas, um regime que é puramente vegetariano: procuram assim despertar e aumentar a necessidade que eles são, só eles, capazes de satisfazer.

## 146 – Esperanças alemãs

Não esqueçamos que os nomes dos povos são geralmente injuriosos. Os tártaros, por exemplo, de acordo com seu nome, são chamados "os cães"; foi assim que foram batizados pelos chineses.

Os alemães – *die Deutschen* – significava originariamente os "pagãos": foi assim que os godos, depois de sua conversão, designaram a grande massa de seus irmãos de mesma raça ainda não batizados, segundo as instruções de sua tradução dos Setenta[72], em que os pagãos eram designados pela palavra grega que significa "os povos": consulte-se Úlfilas[73]. – Seria ainda possível que os alemães se sentissem honrados, apesar de tudo, com um nome que era uma antiga injúria, tornando-se o primeiro povo *não-cristão* da Europa: a quem Schopenhauer imputava a honra de ser dotado no mais elevado grau.

Assim se ultimaria a obra de *Lutero* que lhes havia ensinado a ser antirromanos e a dizer: "*Sou assim! Não posso fazer de outro modo*!"

## 147 – Pergunta e resposta

Adivinhem o que os povos selvagens passam agora em primeiro lugar aos europeus? O álcool e o cristianismo, os narcóticos da Europa. – E adivinhem o que os mata mais depressa? Os narcóticos da Europa.

## 148 – Onde nascem as reformas

Na época da grande corrupção da Igreja, era na Alemanha que ela estava menos corrompida: foi por isso que a Reforma nasceu nesse país, como sinal de uma repugnância pelo menor grau de corrupção. De fato, feitas as contas, nenhum povo foi mais cristão do que os alemães do tempo de Lutero: sua cultura cristã estava prestes a se expandir em cem flores esplêndidas – faltava apenas mais uma noite; mas essa noite trouxe a tempestade e pôs tudo a perder.

---

[72] (15) Tradução da Bíblia, da língua hebraica para o grego, feita por setenta rabinos judeus residentes no Egito; o trabalho foi realizado nos séculos III e II antes de Cristo (NT).

[73] Úlfilas ou Vúlfila (311-383), apóstolo e bispo dos godos; traduziu o Novo Testamento para o gótico (NT).

## 149 - Malogro das reformas

Se, mesmo em tempos bastante remotos, as tentativas de fundar novas religiões na Grécia malograram diversas vezes, isso deve ser creditado como honra à cultura superior dos gregos; isso significa que houve na Grécia, desde muito cedo, uma multidão de indivíduos diferentes, cujas múltiplas misérias não podiam ser curadas por uma única receita de fé e de esperança. Pitágoras e Platão, talvez também Empédocles e, muito antes, os entusiastas órficos, procuraram fundar novas religiões; os dois primeiros possuíam até realmente a alma e o talento dos fundadores de religiões, que nunca nos espantaremos bastante com seu malogro; ora, não conseguiram mais do que reunir seitas.

Toda vez que a reforma de todo um povo não tem êxito e que somente as seitas se sustentam, pode-se concluir que o povo já tem tendências múltiplas e começa a se desprender dos grosseiros instintos de rebanho e da moralidade dos costumes: estado transitório significativo que se tem o costume de insultar em nome da decadência dos costumes e da corrupção quando, pelo contrário, anuncia que o ovo vai eclodir e que a casca vai se romper. Se a reforma de Lutero teve êxito nos países nórdicos, trata-se de um indício de que o norte da Europa tinha ficado atrasado em relação ao sul e que ainda tinha necessidades bastante uniformes e unicoloridas; e não teria havido de modo algum cristianização da Europa se a civilização do velho mundo meridional não tivesse sido barbarizada aos poucos por uma excessiva adição de sangue germânico bárbaro, e privada assim de sua preponderância. Quanto mais se vê um indivíduo ou o pensamento de um indivíduo agir de maneira geral e absoluta, mais é necessário que a massa sobre a qual ele agiu seja composta de elementos idênticos e inferiores; os movimentos de oposição revelam sempre, pelo contrário, necessidades opostas que exigem também ser satisfeitas e se fazer valer. Por outro lado, pode-se sempre concluir por uma verdadeira superioridade de cultura quando naturezas poderosas e dominadoras chegam apenas a exercer uma influência restrita, limitada a seitas: o que é igualmente válido para as diferentes artes e os domínios do conhecimento. Onde se domina, existem massas: onde há massas, há uma necessidade de escravidão. Onde há necessidade de escravidão, há apenas poucos indivíduos e estes têm contra eles os instintos de rebanho e a consciência.

## 150 – Para a crítica dos santos

Será, pois, necessário, para ter uma virtude, querer possuí-la sob sua forma mais brutal? – como a desejavam os santos cristãos, como tinham necessidade dela. Esses santos não suportavam a vida a não ser graças à ideia de que o aspecto de sua virtude os levaria ao desprezo de si próprios. Uma virtude com semelhantes efeitos a chamo de virtude brutal.

## 151 – Da origem das religiões

A necessidade metafísica não é a fonte das religiões, como o pretende Schopenhauer; é apenas seu *rebento*. Sob o império das ideias religiosas ganhou-se o hábito de conceber um "outro mundo" (de um pré-mundo, supermundo ou submundo) e a destruição das ilusões religiosas deixa a impressão de um vazio angustiante e de uma privação. – Então renasce desse sentimento um "outro mundo", mas longe de ser um mundo religioso, nada mais é que um mundo metafísico. Ora, o que nos tempos primitivos levou a admitir a realidade de um "outro mundo" não foi um instinto e uma necessidade, mas um *erro* de interpretação de certos fenômenos da natureza, uma perturbação da inteligência.

## 152 – A maior mudança

A luz e as cores de todas as coisas se transformaram! Não compreendemos mais muito bem como os antigos sentiam as coisas mais próximas e mais banais – por exemplo, o dia e o fato de acordar: como acreditavam nos sonhos, a vida no estado de vigília tinha para eles uma luz diferente. E igualmente toda a vida com a refração da morte e de seu significado: nossa "morte" é uma morte completamente diferente. Todos os acontecimentos brilhavam com outra cor, pois um deus os irradiava; de igual modo todas as decisões e todas as previsões de um distante futuro: porque acreditavam nos oráculos, nas premonições e nas predições.

A "verdade" era concebida de forma diferente, porque o louco podia passar outrora por seu porta-voz – o que *nos* faz estremecer ou rir. Toda injustiça produzia outra impressão sobre o sentimento, porque se receava a vingança divina e não somente a desonra e a punição civil.

O que era a alegria no tempo em que se acreditava no diabo e no tentador? O que era a paixão quando se via bem de perto os demônios à espreita? O que era a filosofia quando a dúvida era considerada como um dos pecados mais perigosos e, além disso, como uma blasfêmia contra o amor eterno, como uma desconfiança de tudo o que era bom, elevado, puro e misericordioso? – Nós demos às coisas uma cor nova e continuamos sem cessar a pintá-las de outra forma – mas que podemos até agora contra o *esplendor do colorido* dessa antiga amante! – quero dizer a antiga humanidade.

## 153 – "Homo poeta"[74]

"Eu mesmo, que fiz com minhas próprias mãos esta tragédia das tragédias, na medida em que ela está feita, eu que fui o primeiro a dar na existência o nó da moral e que o apertei com tanta força que só um deus o poderia desatar – pois assim o queria Horácio![75] – eu mesmo matei agora todos os deuses no quarto ato – por moralidade!

Que deve acontecer agora no quinto ato! – Devo começar a pensar num desenlace cômico?"

## 154 – A vida mais ou menos perigosa

Vocês ignoram completamente o que lhes acontece, correm como bêbados pela vida e rolam de vez em quando por uma escada abaixo. Agradeçam à embriaguez por não quebrarem os membros: seus músculos estão fatigados e sua cabeça está demasiado atordoada para encontrar as pedras desses degraus tão duras como nós!

Para nós, viver é mais perigoso: somos de vidro – infelizes de nós se *batemos*! E se *caímos*, tudo está perdido!

## 155 – O que nos falta

Gostamos da *grande* natureza e a descobrimos: isso deriva do fato de os grandes homens faltarem em nossa cabeça. Era o contrário entre os gregos: seu sentimento da natureza era diferente do nosso.

[74] Expressão latina que significa "o homem poeta" (NT).

[75] Ars Poetica, 191-192, de Quintus Horatius Flaccus (65-8 a.C.), poeta latino (NT).

## 156 - O mais influente

Que um homem resista a toda a sua época, que detenha essa época à porta da cidade para lhe pedir contas, terá *forçosamente* influência! Que ele o queira, é indiferente; que ele o *possa*, é o principal.

## 157 - Mentiri[76]

Toma cuidado! – Ele reflete: num instante sua mentira estará pronta. Esse é um grau de cultura alcançado por povos inteiros. Que se pense então naquilo que os romanos exprimiam por *mentir*!

## 158 - Qualidade incômoda

Achar toda coisa profunda – aí está uma qualidade incômoda: faz com que se force constantemente a vista e que se acabe sempre por encontrar mais do que se havia desejado.

## 159 - Cada virtude tem sua época

A quem hoje é inflexível, sua honestidade lhe causa muitas vezes remorsos: porque a inflexibilidade é uma virtude de outra época que aquela da honestidade.

## 160 - Nas relações com as virtudes

Até nas relações com uma virtude se pode ser lisonjeiro e sem dignidade.

## 161 - Aos apaixonados da época

O padre suspenso de suas funções e o condenado a trabalhos forçados libertado se compõem incessantemente um novo semblante: o que eles precisam é de um semblante sem passado. – Mas já viram homens que, sabendo que o futuro se reflete em seu semblante e que são bastante corteses para com vocês que são os apaixonados do "tempo presente", se compor um semblante sem futuro?

---

[76] (19) Verbo latino que tanto significa "mentir" como "imitar" (NT).

## 162 - Egoísmo

O egoísmo é a lei da *perspectiva* no domínio do sentimento. De acordo com essa lei, as coisas mais próximas parecem grandes e pesadas, ao passo que afastando-se delas, tudo decresce em dimensão e em peso.

## 163 - Depois de uma grande vitória

O que há de melhor numa grande vitória é que libera o vencedor do temor da derrota. "*Por que é que não serei uma vez também vencido?*" – diz consigo – "*Sou agora bastante rico para isso.*"

## 164 - Aqueles que procuram o repouso

Reconheço os espíritos que procuram o repouso pelo grande número de objetos *sombrios* com que se rodeiam: aquele que quer dormir escurece seu quarto ou se encolhe numa caverna. – Indicação para aqueles que não sabem exatamente o que procuram acima de tudo e que bem gostariam de sabê-lo!

## 165 - Felicidade da renúncia

Aquele que renuncia inteiramente a uma coisa e por muito tempo, se porventura voltar a encontrá-la, acreditará tê-la descoberto – e qual não é a felicidade do homem que descobre!

Sejamos mais astutos que as serpentes que ficam tempo demais deitadas sob o mesmo sol.

## 166 - Sempre em nossa companhia

Tudo aquilo que é de minha espécie, na natureza e na sociedade, me fala, me elogia, me encoraja, me consola: – o resto não o entendo ou me apresso em esquecê-lo. Nunca estamos senão em nossa própria companhia.

## 167 - Misantropia e amor

Nunca se diz que já se está farto dos homens a não ser quando já não se pode mais digeri-los e quando, portanto, se tem o estômago ainda cheio. A misantropia é a consequência de um amor demasiado ávido da humanidade, de uma espécie de "antropofagia" – mas quem foi, pois, que te levou a engolir os homens como ostras, meu príncipe Hamlet?

## 168 – A propósito de um doente

"*Está mal! – Mas o que é que lhe falta? – Tem fome de elogios e não encontra nada para mastigar. – É inacreditável, todos o festejam, o animam e seu nome está em todas as bocas! – É que ele tem ouvidos duros para os elogios. Se um amigo o elogia, pensa ouvir que se elogia a si mesmo; se um inimigo o elogia, acredita que esse inimigo procura ele próprio ser elogiado; finalmente, se é algum dos outros – não são numerosos, tanto ele é célebre! – fica ofendido porque não o querem ter como amigo nem como inimigo; tem o costume de dizer*: Que me importa aquele que pretende ser justo com relação a mim!"

## 169 – Inimigos declarados

A coragem diante do inimigo é uma coisa à parte: com essa bravura se pode ser um covarde ou um espírito trapalhão e indeciso.

Era a opinião de Napoleão sobre o "homem mais corajoso" que conheceu, Murat[77]: – disso se deve concluir que inimigos declarados são indispensáveis a certos homens se quiserem se elevar até sua virtude, sua virilidade, sua serenidade.

## 170 – Com a multidão

Até agora caminha com a multidão, de quem é o panegirista, mas um dia será seu adversário! De fato, ele a segue imaginando que sua preguiça poderá encontrar ali sua solução: ainda não aprendeu que a multidão não é bastante preguiçosa para ele! Que ela vai sempre em frente! Que não permite a ninguém ficar parado! – E ele gosta tanto de ficar parado!

[77] (Joachim Murat (1767-1815), general dos exércitos napoleônicos, cunhado de Napoleão, foi rei de Nápoles; mas com a queda do cunhado, foi fuzilado (NT).

## 171 - Glória

Quando o reconhecimento de um grande número por um único repele qualquer espécie de pudor, a glória começa a nascer.

## 172 - O estraga-prazeres

**A** - *Tu és um estraga-prazeres – é o que se diz em toda parte.*

**B** – *Certamente! Estrago a cada um o prazer que tem por seu próprio partido: é o que nenhum partido me perdoa.*

## 173 - Ser profundo e parecer profundo

Aquele que se sente profundo se esforça por ser claro; aquele que gostaria de parecer profundo à multidão se esforça por ser obscuro. De fato, a multidão tem por profundo tudo aquilo de que não pode ver o fundo: ela tem tanto receio, tem tanto medo de se afogar!

## 174 - À parte

O parlamentarismo, isto é, a permissão pública de escolher entre cinco opiniões públicas fundamentais, se insinua no espírito desses numerosos seres que gostariam muito de *parecer* independentes e individuais e lutar por sua opinião. Mas, em definitivo, é indiferente saber que se impõe ao rebanho uma única opinião ou que se lhe permitem cinco. – Aquele que diverge das cinco opiniões públicas e fica à parte tem sempre o todo rebanho contra ele.

## 175 - Da eloquência

Quem possui até o presente a eloquência mais convincente? – O rufar dos tambores: tanto que os reis os têm em seu poder, permanecem os melhores oradores e os melhores agitadores populares.

## 176 - Compaixão

Pobres príncipes reinantes! Todos os seus direitos se tornam agora, de uma forma inesperada, pretensões e todas essas pretensões logo terão o aspecto de usurpações! Basta para eles dizer "nós" ou "meu povo", para que essa maldosa Europa velha se ponha a rir. Verdadeiramente, um mestre de cerimônias faria com eles pouca cerimônia e o vejo realmente declarar: "*Les souverains rangent aux parvenus.*"[78]

## 177 – Para o "sistema de educação"

Na Alemanha, o homem superior sente falta de um grande meio de educação: o riso dos homens superiores; estes não riem na Alemanha.

## 178 – Para o Iluminismo moral

É necessário desaconselhar aos Alemães seu Mefistofeles e também seu Fausto. Trata-se de dois preconceitos morais contra o valor do conhecimento.

## 179 – Nossos pensamentos

Nossos pensamentos são as sombras de nossos sentimentos – sempre mais obscuros, mais vazios, mais simples que estes.

## 180 – Os belos tempos dos espíritos livres

Os espíritos livres tomam liberdades mesmo com a ciência – e provisoriamente essas liberdades lhes são concedidas – enquanto a Igreja ainda subsistir! – Nisso eles têm agora seus bons tempos.

## 181 – Seguir e preceder

A – "*Um dos dois seguirá sempre, o outro há de preceder, qualquer que seja o caminho do destino. E, no entanto, o primeiro está acima do segundo por seu espírito e por sua virtude!*"

B – "*E no entanto? E no entanto? Isso é falar pelos outros e não por mim, e não por nós! – Fit secundum regulam.*"[79]

---

[78] Frase francesa que significa "os soberanos prestam honras aos recém-chegados". (NT).

[79] Expressão latina que significa "que se faça segundo a regra, que se concorde com a regra" (NT).

## 182 - Na solidão

Quando se vive só, não se fala muito alto, não se escreve também muito alto: pois se receia o vazio do eco, a crítica da ninfa Eco[80]. – Todas as vozes têm outro timbre na solidão.

## 183 - A música do melhor futuro

O primeiro músico seria para mim aquele que só conhecesse a tristeza da mais profunda felicidade e que ignorasse qualquer outra tristeza.

Não houve até agora semelhante músico.

## 184 - Justiça

É preferível deixar-se roubar do que ter em torno de si espantalhos – pelo menos é conforme a meu gosto.

E nada deixa de ser uma questão de gosto – e não outra coisa.

## 185 - Pobre

Hoje ele é pobre: não é porque lhe tenham tirado tudo, mas porque jogou fora tudo – que lhe importa?

Está habituado a encontrar. – São os pobres que compreendem mal sua pobreza voluntária.

## 186 - Má consciência

Tudo o que ele faz agora é sábio e conveniente – e, no entanto, sua consciência não está tranquila. É que sua tarefa é excepcional.

## 187 - O que há de ofensivo no discurso

Esse artista me ofende pela maneira como apresenta suas sacadas, suas excelentes sacadas: ele as repete com tamanha chatice e insistência,

[80] Segundo a mitologia grega, a ninfa Eco, enganada por Narciso, se esconde na montanha, mas sua voz é ouvida por todos (NT).

com artifícios de persuasão tão grosseiros que parece que está falando ao povão. Depois de consagrar um certo tempo à sua arte, nós nos sentimos sempre "em má companhia".

## 188 – Trabalho

Como hoje, mesmo o mais ocioso de nós, está perto do trabalho e do operário! A cortesia real que se encontra nestas palavras "*Nós todos somos operários*!" teria ainda passado por cinismo e indecência na época de Luís XIV.

## 189 – O pensador

É um pensador: isso significa que sabe toma as coisas de uma forma mais simples do que são.

## 190 – Contratos elogiadores

A – "*Só se é elogiado por seus semelhantes*!"
B – "*Sim! E aquele que te elogia te diz: tu és meu semelhante.*"

## 191 – Contra certos defensores

A mais pérfida maneira de prejudicar uma causa é defendê-la intencionalmente com más razões.

## 192 – Os benevolentes

Quem distingue dos outros homens esses seres benevolentes cuja benevolência ilumina seu rosto? Eles se sentem à vontade na presença de uma pessoa nova e se entendem rapidamente; é por isso que lhe querem bem. O primeiro juízo que fazem é: "*Ela me agrada.*" Neles se sucedem rapidamente: o desejo de assimilação (não se preocupam muito com o valor do outro), a assimilação rápida, a alegria da posse e as ações em favor do objeto possuído.

## 193 - Malícia de Kant

Kant[81] queria demonstrar, de uma forma que consternaria "todo mundo", que "todo mundo" tinha razão: – essa foi a secreta malícia dessa alma. Escreveu contra os sábios em favor do preconceito popular, mas escreveu para os sábios e não para o povo.

## 194 - "De coração aberto"

Esse homem obedece provavelmente sempre a razões inconfessáveis: pois está sempre com razões confessáveis na boca e só falta abrir as mãos para no-las mostrar.

## 195 - Risível

Vejam, vejam! Foge dos homens: – mas os homens o seguem porque corre na frente deles – de tal modo são rebanho!

## 196 - Os limites de nosso ouvido

Nunca se ouvem senão as perguntas para as quais se é capaz de encontrar uma resposta.

## 197 - Atenção!

Não há nada de que tanto gostemos de mostrar aos outros como o selo do segredo – sem esquecer o que há debaixo.

## 198 - Despeito do orgulhoso

O orgulhoso sente despeito mesmo quando contra aqueles que o fazem avançar: olha maldosamente para os cavalos de sua carruagem.

## 199 - Liberalidade

Nos ricos a liberalidade não é muitas vezes senão uma espécie de timidez.

[81] Immanuel Kant (1724-1804), filósofo alemão (NT).

## 200 - Rir

Rir é se regozijar com um dano causado a outro, mas com boa consciência.

## 201 - Aplauso

Aplaudir é sempre fazer barulho: mesmo quando nos aplaudimos a nós mesmos.

## 202 - Um dissipador

Não tem ainda essa pobreza do rico que já fez as contas de todo o seu tesouro – ele prodigaliza seu espírito com a falta de razão da natureza dissipadora.

## 203 - "Hic niger est"[82]

Habitualmente é desprovido de pensamentos – mas eventualmente os tem maus.

## 204 - Os mendigos e a cortesia

"Não se é descortês ao bater com uma pedra numa porta que não tem campainha" – assim pensam os mendigos e os necessitados de toda espécie, mas ninguém lhes dá razão.

## 205 - Necessidade

A necessidade passa por causa; na realidade, na maioria das vezes não passa de efeito.

[82] Expressão latina que significa "aqui é que está o negro" (NT).

## 206 – Sob a chuva

Chove e penso nos pobres que agora se apertam uns contra os outros com todas as suas numerosas preocupações, sem ter o hábito de escondê-las; cada um deles está pronto, portanto, a causar dano ao outro e a se criar, mesmo durante o mau tempo, uma miserável forma de bem-estar. – Essa é a pobreza dos pobres, e a única!

## 207 – O invejoso

Aquele é um invejoso, não se deve desejar-lhe filhos; teria ciúmes deles porque não pode mais ser criança.

## 208 – Grande homem

Pelo fato de alguém ser "um grande homem", não se deve concluir que é um homem; talvez não seja mais que uma criança ou um camaleão de todas as idades da vida ou ainda uma velhinha enfeitiçada.

## 209 – Uma forma de indagar

Existe uma maneira de nos indagarmos que nos leva não somente a esquecer nossas melhores razões, mas que desperta ainda em nós uma oposição e uma repugnância contra toda espécie de razões: – trata-se de uma maneira de questionar bem estúpida, uma verdadeira mania dos tiranos.

## 210 – Medida no empenho

É preciso não querer fazer mais que o próprio pai – ficaríamos doentes.

## 211 – Inimigos secretos

Poder sustentar um inimigo secreto é um luxo que a moralidade dos próprios espíritos mais nobres não é suficientemente rica para se permitir.

## 212 – Não se deixar enganar

Seu espírito tem más maneiras, se precipita e gagueja sempre de impaciência: é por isso que mal se duvida do tipo de alma que é a sua, uma alma de grande fôlego e de peito largo.

## 213 – O caminho da felicidade

Um sábio perguntava a um louco qual era o caminho da felicidade. Este respondeu imediatamente, como alguém a quem se pergunta o caminho da cidade vizinha: "*Admira-te a ti mesmo e vive na rua!*" – "*Alto lá*", exclamou o sábio, "*pedes demais, já basta que nos admiremos!*" O louco retrucou: "*Mas como admirar sempre, sem sempre desprezar?*"

## 214 – A fé que salva

A virtude não dá a felicidade e uma espécie de beatitude senão àqueles que têm fé em sua virtude – e não a essas almas sutis, cuja virtude consiste numa profunda desconfiança diante de si próprias e de qualquer virtude. Em última instância, nesse caso também é "a fé que salva" – e *não*, note-se bem, a virtude.

## 215 – Ideal e matéria

Tu tens um ideal nobre em vista; mas és feito de uma pedra suficientemente nobre para tirar de ti semelhante imagem divina?

Caso contrário – todo o teu trabalho não é escultura bárbara? Uma injúria de teu ideal?

## 216 – Perigo na voz

Com uma voz forte a gente é quase incapaz de pensar coisas sutis.

## 217 – Causa e efeito

Antes do efeito acredita-se em causas diferentes daquelas que aparecem depois.

## 218 – Meus antípodas

Não gosto dos homens que, para obter um efeito, são obrigados a explodir como bombas, dos homens na proximidade dos quais se está sempre em perigo de perder o ouvido – ou pior ainda.

## 219 - Finalidade do castigo

O castigo tem por finalidade tornar melhor *aquele que castiga* – aí está o último recurso para os defensores do castigo.

## 220 - Sacrifício

Do sacrifício e do espírito do sacrifício, as vítimas pensam bem diferente que os espectadores; mas nunca lhes foi dada a palavra.

## 221 - Poupar-se

Pais e filhos se poupam mais entre eles do que mães e filhas entre elas.

## 222 - Poeta e mentiroso

O poeta vê no mentiroso seu irmão de leite, mas bebeu o leite desse irmão; este ficou miserável sem, no entanto, chegar a ter uma boa consciência.

## 223 - Vicariato dos sentidos

"*Temos também olhos para ouvir*", dizia um velho confessor que se havia tornado surdo – "*no reino dos cegos é rei aquele que tem as orelhas mais compridas.*"

## 224 - Crítica dos animais

Receio que os animais tomem o homem por um ser como eles, mas que, por infelicidade, perdeu seu bom senso de animal – receio que eles o considerem como o animal absurdo, como o animal que ri e chora, como o animal nefasto.

## 225 - O natural

"*O mal teve sempre por si o grande efeito! E a natureza é má.*

*Sejamos portanto naturais!*" – assim concluem secretamente os grandes pesquisadores de efeito da humanidade que, por demasiadas vezes, foram contados entre os grandes homens.

## 226 – Os desconfiados e o estilo

Dizemos com simplicidade as coisas mais fortes, contanto que haja em torno de nós homens que têm fé em nossa força: – semelhante círculo habitua à "simplicidade do estilo". Os desconfiados falam enfaticamente; os desconfiados tornam enfático.

## 227 – Conclusão falsa, golpe falho

Ele não sabe se dominar e essa mulher conclui que será fácil dominá-lo, ela lança sobre ele suas redes; – pobre mulher, em pouco tempo se tornará escrava dele.

## 228 – Contra os mediadores

Querer servir de mediador entre dois pensadores decididos demonstra mediocridade; é que não se possui vista suficientemente boa para distinguir o que é único; aproximações e nivelamento são próprios de olhos fracos.

## 229 – Teimosia e fidelidade

Ele defende por teimosia uma coisa da qual viu o lado fraco – mas chama a isso de "fidelidade".

## 230 – Falta de discrição

Seu ser inteiro não convence – isso decorre do fato que nunca soube calar uma boa ação que havia feito.

## 231 – Os seres "profundos"

Os lerdos do conhecimento imaginam que ele exige lentidão.

## 232 - Sonhar

Ou não se sonha em absoluto ou se sonha de uma forma interessante. É necessário aprender a estar acordado da mesma maneira: ou de modo algum ou de uma forma interessante.

## 233 - O ponto de vista mais perigoso

O que faço ou o que não faço agora é tão importante *para tudo o que há de vir* como os maiores acontecimentos do passado; sob essa formidável perspectiva do efeito, todos os atos são igualmente grandes e pequenos.

## 234 - Consolações de um músico

*"Os homens não têm ouvido para tua vida: ela lhes parece muda e todas as finezas da melodia, toda sutil revelação do passado e do futuro lhes escapam. É verdade que não te apresentas numa grande via com música militar – mas não é uma razão para que esses homens bons possam dizer que tua é falha de música. Quem tiver ouvidos que ouça."*

## 235 - Espírito e caráter

Há aqueles que alcançam o topo de seu caráter quando seu espírito não está à altura desse topo – e há outros com quem ocorre o contrário.

## 236 - Para agitar a multidão

Para agitar a multidão não se deve ser o comediante de si mesmo? Não se é forçado a se tornar a si próprio grotesco para *defender* sua causa sob uma forma aumentada e simplificada?

## 237 - O homem cortês

*"Ele é tão cortês!"– Sim, ele tem sempre em seu bolso um doce para o cérbero*[83] *e é tão temeroso que pensa que todo mundo é um cérbero, mesmo tu tanto quanto eu – essa é sua "cortesia".*

[83] Na mitologia grega, era um cão monstruoso de três cabeças, guardião dos infernos (NT).

## 238 – Sem inveja

Ele é destituído de qualquer inveja, mas não tem nenhum mérito, pois quer conquistar um país que ninguém possuiu, talvez mal tenha sido entrevisto por alguém.

## 239 – Sem alegria

Um único ser sem alegria basta para envenenar a atmosfera de uma casa inteira e para escurecer tudo; ora, é um milagre quando esse ser não existe! A felicidade está longe de ser uma doença tão contagiosa – de onde vem isso?

## 240 – À beira do mar

Não tenho vontade de construir uma casa para mim (não ser proprietário contribui até mesmo para minha felicidade!). Mas se fosse forçado a isso, gostaria, como certos romanos, de construí-la até no mar – gostaria de ter com esse belo monstro alguns segredos em comum.

## 241 – A obra e o artista

Esse artista é ambicioso e nada mais; no final das contas, sua obra não é mais que um vidro de aumento que ele oferece a quem quer que o olhe.

## 242 – "Suum cuique"[84]

Por maior que seja a avidez de meu conhecimento, não posso retirar coisas daquilo que já me pertence – enquanto o bem dos outros permanecer nelas. Como é possível que um homem seja ladrão ou salteador!

## 243 – Origem do bom e do mau

Só inventa uma melhoria aquele que sabe se dizer: "*Isso não é bom.*"

[84] Expressão latina que significa "a cada um o seu, a cada um o que lhe pertence" (NT).

## 244 - Pensamentos e palavras

Mesmo os pensamentos podem ser traduzidos inteiramente por meio das palavras.

## 245 - Elogios na escolha

O artista escolhe seus temas: essa é sua maneira de elogiar.

## 246 - Matemática

Queremos, até onde for possível, introduzir em todas as ciências a sutileza e o rigor da matemática, sem acreditar que com isso chegaremos a conhecer as coisas, mas somente para *determinar* nossas relações com elas. A matemática não é mais do que o meio supremo de conhecer os homens.

## 247 - Hábito

Todo hábito torna nossa mão mais maliciosa e nossa malícia menos habilidosa.

## 248 - Livros

Que importa um livro que nem mesmo sabe nos transportar para além de todos os livros?

## 249 - O suspiro daquele que procura o conhecimento

– "*Ó maldita avidez! Nessa alma não há desinteresse – pelo contrário, um eu que deseja tudo e que, através de mil indivíduos, quereria ver como com seus olhos, agarrar com suas próprias mãos, um eu que recolhe ainda todo o passado, que não quer perder nada daquilo que poderia lhe pertencer! Maldita seja essa chama de minha avidez! Ah! Pudesse eu reencarnar-me em mil seres!*" – Aquele que não conhece por experiência este suspiro, não conhece tampouco a paixão daquele que procura o conhecimento.

## 250 - Culpa

Embora os juízes mais sagazes e mesmo as próprias feiticeiras estivessem persuadidos que a feitiçaria era um crime, não havia crime. Assim acontece com toda falta.

## 251 - Sofrimento desconhecido

As naturezas grandiosas sofrem de maneira muito diferente daquela que seus admiradores imaginam: aquilo que mais as tortura são as vulgares e mesquinhas emoções de certos maus momentos, as dúvidas que elas podem conceber a respeito de sua própria grandeza – e não os sacrifícios e os martírios que sua tarefa exige delas. Enquanto Prometeu lamenta os homens e se sacrifica por eles, ele se mantém feliz e grande; mas quando se torna ciumento de Zeus e das homenagens que os homens prestam a este – é então que começa a sofrer.

## 252 - Melhor ficar devendo

"*Antes continuar tendo dívidas do que pagá-las com uma moeda que não traz nossa efígie*!" – Assim o quer nossa soberania.

## 253 - Sempre em nossa casa

Um dia alcançamos nosso objetivo – a partir de então indicamos com orgulho o longo caminho que percorremos para chegar a isso. Na realidade, não tínhamos percebido que estávamos percorrendo esse caminho.

Ocorria que em cada local tínhamos a ilusão de estar em *nossa casa*.

## 254 - Contra o embaraço

Aquele que está sempre profundamente ocupado está acima de qualquer embaraço.

## 255 - Imitadores

**A** – "*Como? Não queres ter imitadores?*"

**B** – *"Não quero que me imitem, quero que cada um se determine por si; é o que faço."*

**A** – *"Mas então?"*

## 256 – À flor da pele

Todos os homens das profundezas põem sua felicidade a se assemelhar uma vez com os peixes voadores e a brincar nas cristas extremas das ondas; consideram que aquilo que as coisas têm de melhor é sua superfície: o que está à flor da pele – *sit venia verbo*.[85]

## 257 – Por experiência

Alguns não sabem como são ricos, até que aprendem que seu contato torna ladrões mesmo os homens ricos.

## 258 – Os navegadores do acaso

Nenhum vencedor acredita no acaso.

## 259 – Ouvido no paraíso

"*Bem e mal são os preconceitos de Deus*" – disse a serpente.

## 260 – Um vezes um

Um só nunca tem razão; mas no dois começa a verdade. – Um só não se pode provar, mas quando são dois, já não se pode mais refutar.

## 261 – Originalidade

O que é a originalidade? *Ver* alguma coisa que ainda não tem nome, que ainda não pode ser nomeada, embora isso esteja diante dos olhos de todos. Tais são habitualmente os homens que necessitam de uma palavra para ver a coisa. – Os homens originais são geralmente aqueles que dão nomes às coisas.

---

[85] Expressão latina que significa "com perdão da palavra" (NT).

## 262 – "Sub specie aeterni"[29]

**A** – "*Tu te afastas sempre mais dos vivos: logo vão te marcar com suas listras!*"

**B** – "*É o único meio de participar do privilégio dos mortos.*"

**A** – "*Que privilégio?*"

**B** – "*Nunca mais morrer.*"

## 263 – Sem vaidade

Quando amamos queremos que nossos defeitos permaneçam escondidos – não por vaidade, mas para que o amado não sofra. Sim, aquele que ama gostaria de aparecer como um deus – e isso tampouco é por vaidade.

## 264 – O que fazemos

O que fazemos nunca é compreendido, mas sempre e somente louvado ou criticado.

## 265 – Supremo ceticismo

Quais são, em última análise, as verdades do homem? – São seus erros *irrefutáveis*.

## 266 – Onde a crueldade é necessária

Aquele que possui a grandeza é cruel para com suas virtudes e suas considerações de segunda ordem.

## 267 – Um grande objetivo

Um grande objetivo torna superior à própria justiça e não somente a suas ações e a seus juízos.

## 268 – O que é que torna heroico?

Ir ao mesmo tempo na frente de suas maiores dores e de suas maiores esperanças.

## 269 - Em que tens fé?

Nisto: que é necessário determinar de novo o peso de todas as coisas.

## 270 - Que diz tua consciência?

*"Torna-te o que és."*

## 271 - Onde estão os maiores perigos?

Na piedade.

## 272 - O que amas nos outros?

Minhas esperanças.

## 273 - A quem chamas mau?

Aquele que sempre quer nossa vergonha.

## 274 - O que consideras como aquilo que há de mais humano?

Poupar a vergonha a alguém.

## 275 - Qual é a marca da liberdade realizada?

Não ter mais vergonha de si mesmo.

# LIVRO IV

# Sanctus Januarius[86]

*"Tu, que com uma lança de chamas*
*De minha alma quebraste o gelo,*
*E que a expulsas agora para o mar espumante*
*De suas mais elevadas esperanças:*
*Sempre mais claro e mais sadio,*
*Livre numa amante coação:*
*Assim ela celebra teus milagres,*
*Tu, o mais belo mês de janeiro!"*

*Gênova, janeiro de 1892.*

[86] Latim: São Janeiro – segundo o poema, parece referência ao mês de janeiro e não, a São Januário, dito em latim igualmente Sanctus Januarius (NT).

## 276 - Para o novo ano

Vivo ainda, ainda penso: é necessário ainda que eu viva, porque é necessário ainda que eu pense. *Sum ergo cogito: cogito, ergo sum*[87]. É o dia em que cada um se permite exprimir seu desejo e seu pensamento mais caro: e eu também vou dizer o que hoje desejo de mim mesmo e qual é o pensamento que, este ano, tomei a peito por primeiro – qual é o pensamento que deverá ser doravante para mim a razão, a garantia e a doçura de viver! Quero aprender cada vez mais a considerar como belo o que há de necessário nas coisas: – assim serei daqueles que tornam belas as coisas. *Amor fati*[88]: que esse seja doravante meu amor. Não quero mover guerra à feiura. Não quero acusar, não quero acusar nem mesmo os acusadores. *Desviar meu olhar*, que seja essa minha única negação! E, numa palavra, para ver grande: só quero ser um dia afirmador!

## 277 - Providência pessoal

Há um ponto culminante na vida: ao alcançá-lo, apesar de nossa liberdade e embora neguemos ao belo caos da existência toda razão providencial e toda bondade, estamos então em grande perigo de servidão intelectual e as provas mais difíceis nos esperam. De fato, é somente então que a ideia de uma providência pessoal se apodera de nosso espírito com força, uma ideia que tem para ela o melhor advogado, a aparência evidente, agora que podemos constatar que todas as coisas que se relacionam a nós sempre vêm em *nossa vantagem*.

A vida de todos os dias e de todas as horas parece querer demonstrá-lo sem cessar; seja como for, o bom como o mau tempo, a perda de um amigo, uma doença, uma calúnia, uma carta que não chega, um pé machucado, um simples olhar para uma loja, um argumento contrário que alguém põe, um livro que se abre, um sonho, uma fraude: tudo isso se revela imediatamente ou pouco tempo depois como uma coisa que "não podia não se produzir", alguma coisa que está repleta de sentido e de uma profunda utilidade, precisamente para nós!

---

[87] Expressão latina que significa "existo, logo penso; penso, logo existo"; desenvolvimento da fórmula de René Descartes (1596-1650), filósofo e matemático francês que, em seu livro Discurso do Método (já publicado nesta coleção da Editora Escala), escreve: "Penso, logo existo" (NT).

[88] Expressão latina que significa "amor do destino" (NT).

Há sedução mais perigosa do que retirar sua fé nos deuses de Epicuro, esses despreocupados desconhecidos, para crer numa divindade qualquer, desconfiada e mesquinha, que conhecesse pessoalmente cada um dos cabelos de nossa cabeça e que não tivesse repugnância em nos prestar os mais detestáveis serviços? Pois bem! – quero dizer, apesar de tudo isso – deixemos os deuses em paz e também os gênios servis para nos contentarmos em admitir que agora nossa habilidade, prática e teórica, em interpretar e arranjar os acontecimentos acaba de atingir seu apogeu. Não pensemos também demasiado bem dessa destreza de nossa sabedoria quando somos surpreendidos pela maravilhosa harmonia que produz o toque de nosso instrumento: uma harmonia demasiado bela para que ousemos atribuir-nos seu mérito. Com efeito, se alguém toca conosco, é o acaso: esse caro acaso nos guia a mão e a mais sábia providência não poderia imaginar mais bela música que aquela que surge então sob nossa louca mão.

## 278 – O PENSAMENTO DA MORTE

Sinto uma felicidade melancólica em viver no meio dessa confusão de ruelas, de necessidades e de vozes: quantos prazeres, impaciências, desejos, quanta sede de vida e que embriaguez vêm à luz aqui a cada instante! E logo, contudo, o silêncio cairá sobre todos esses homens barulhentos, vivos e felizes por viver! Atrás de cada se desenha sua sombra, obscuro companheiro de caminhada! Ocorre sempre como no último momento antes da partida de um navio de emigrantes: tem-se mais coisas dizer que nunca, o oceano e seu morno silêncio esperam impacientemente atrás de todo esse barulho – tão ávidos, tão seguros de sua presa! E todos, todos imaginam que o passado não é nada, ou tão pouca coisa e que o futuro próximo é tudo: disso decorrem essa pressa, esses gritos, essa necessidade de se ensurdecer e de extravasar! Cada um deles quer ser o primeiro nesse futuro – e, contudo, a morte, o silêncio da morte são as únicas certezas que todos têm nesse futuro! Como é estranho que essa única certeza, essa única comunhão seja quase impotente em agir sobre os homens e que eles estejam *tão longe* de sentir essa fraternidade da morte! Sinto-me feliz em constatar que os homens se recusam absolutamente a pensar na ideia da morte e gostaria muito de contribuir para lhes tornar a ideia da vida ainda cem vezes *mais digna de ser pensada.*

## 279 – Amizade estelar

Éramos amigos e nos tornamos estranhos um ao outro. Mas isso é realmente assim e não queremos calá-lo nem escondê-lo como se devêssemos ter vergonha. Exatamente como dois navios, cada um com seu objetivo e sua rota traçada: podemos nos cruzar ainda, talvez, e celebrar festas juntos, como já o fizemos – e, no entanto, esses bravos navios estavam tão tranquilos no mesmo porto, debaixo do mesmo sol, que se teria acreditado que tinham alcançado o objetivo, que tinham tido um único objetivo comum. Mas então a força todo-poderosa de nossa tarefa nos separou, empurrados para mares diferentes, sob outros sóis e talvez nunca mais nos voltemos a ver – talvez nos voltemos também a ver sem nos reconhecermos: tantos mares e sóis nos mudaram!

Era preciso que nos tornássemos estranhos um ao outro, assim o queria a lei que nos transcende e é por isso que nos devemos respeito, para que a lembrança de nossa antiga amizade se torne mais sagrada que outrora! Existe provavelmente uma formidável curva invisível, uma rota estelar, onde nossos caminhos e nossos objetivos diferentes estejam *incluídos* como pequenas etapas; elevemo-nos a esse pensamento! Mas nossa vida é demasiado curta e nossa vista demasiado fraca para que possamos ser mais que amigos no sentido dessa sublime possibilidade! – E assim queremos *acreditar* em nossa amizade nas estrelas, mesmo que tivéssemos de ser inimigos na terra.

## 280 – Arquitetura para aqueles que procuram o conhecimento

Será necessário reconhecer um dia, e talvez logo, o que falta a nossas grandes cidades: locais silenciosos, espaçosos, amplos para a meditação, providos de altas e longas galerias para o mau tempo e o tempo muito ensolarado, onde o rumor das viaturas e os gritos dos comerciantes não penetrem, onde uma sutil conveniência proíba, mesmo ao padre, a oração em voz alta: edifícios e passeios que exprimiam por seu conjunto tudo o que a meditação e o afastamento do mundo têm de sublime.

Passou o tempo em que a Igreja possuía o monopólio da reflexão, em que a *vida contemplativa* era antes de tudo *vida religiosa*: tudo o que a Igreja construiu exprime essa ideia. Não vejo como poderíamos nos contentar com seus edifícios, mesmo se perdessem sua finalidade eclesiástica: os edifícios da Igreja falam uma linguagem excessivamente patética e muito restrita, são demasiadamente casas de Deus e lugares de aparato das relações supraterrestres para que nós, ímpios, possamos nelas meditar *nossos pensamentos*.

Seria necessário que nós mesmos fôssemos traduzidos em pedras e em plantas para passear *em nós mesmos*, quando passássemos nessas galerias e nesses jardins.

## 281 – Saber encontrar o fim

Os mestres de primeira linha são reconhecidos porque sabem, tanto no grande como no pequeno, encontrar sempre o fim de uma forma perfeita, quer seja o fim de uma melodia ou de um pensamento, quer seja o quinto ato de uma tragédia ou de um ato de governo.

Os músicos de segunda categoria se enervam sempre no final e não se inclinam para o mar com um ritmo simples e tranquilo, como o faz, por exemplo, a montanha perto de Portofino – no lugar onde a baía de Gênova termina de cantar sua melodia.

## 282 – A marcha

Há maneiras do espírito pelas quais, mesmo grandes espíritos, deixam adivinhar se provêm da plebe ou da semiplebe: – são sobretudo o andar e a marcha de seus pensamentos que os traem; eles não sabem *marchar*. Assim, o próprio Napoleão nunca pôde, a despeito de tudo, marchar com um passo principesco e "legítimo" nas ocasiões que o exigiam, como por exemplo nos grandes desfiles da coroação e nas cerimônias análogas: mesmo nessas ocasiões ele só caminhava como chefe de coluna – altivo e brusco ao mesmo tempo e bem consciente da coisa. – Nada mais divertido do que ver esses escritores que deixam farfalhar em torno deles as amplas vestes da moda: querem esconder seus *pés*.

## 283 – Os homens que preparam

Saúdo todos os indícios da vinda de uma época mais viril e mais guerreira que recolocará em honra a bravura! Porque essa época deve abrir caminho para outra mais elevada ainda e recolher a força de que esta terá necessidade um dia – quando introduzir o heroísmo no conhecimento e *fizer a guerra* pelo pensamento e por suas consequências. Aí está porque são necessários desde agora homens valentes que preparem o terreno; esses homens não podem surgir do nada – e tampouco da areia e da escuma da civilização de hoje e da educação das grandes cidades; são necessários homens silenciosos, solitários e decididos, que saibam contentar-se com a atividade invisível que perseguem: homens que, com uma propensão à vida interior, procurem em todas as coisas o que há de *superar* nelas: homens que possuem neles a serenidade, a paciência, a simplicidade e o desprezo das grandes vaidades, bem como a generosidade na vitória e a indulgência com relação às pequenas vaidades de todos os vencidos; homens que tenham um juízo preciso e livre em todas as vitórias e na parte de acaso que há em toda vitória e em toda glória; homens que tenham suas próprias festas, seus próprios dias de trabalho e de luto, habituados a comandar com segurança, igualmente prontos a obedecer quando for necessário, igualmente altivos como se seguissem sua própria causa tanto num como no outro caso; homens mais expostos, mais fecundos, mais felizes!

Porque, acreditem em mim! – o segredo para colher a existência mais fecunda e o maior prazer da vida é viver *perigosamente*! Construam suas cidades nas encostas do Vesúvio! Enviem seus navios para os mares inexplorados! Vivam em guerra com seus semelhantes e com vocês mesmos! Sejam salteadores e conquistadores, uma vez que não podem dominar e possuir, vocês que procuram o conhecimento!

Logo o tempo vai passar quando poderão viver escondidos na floresta como cervos assustados! O conhecimento acabará, enfim, por estender a mão para aquele que lhe pertence de direito: – vai querer *dominar* e *possuir*, e vocês vão querê-lo com ele!

## 284 – A fé em si mesmo

Há em geral poucos homens que têm fé em si mesmos – e entre esse pequeno número, uns trazem essa fé de nascença, como uma cegueira útil ou como um obscurecimento parcial do espírito (que espetáculo perceberiam se pudessem olhar *para o fundo* de si próprios!); os outros são obrigados a adquiri-la: tudo o que fazem de bem, de sólido, de grande começa por ser um argumento contra o cético que mora neles; é este que querem convencer e persuadir e, para chegar a isso, necessitam quase do gênio. São os grandes descontentes consigo mesmos.

## 285 - Excelsior![89]

"Nunca mais orarás, nunca mais adorarás, nunca mais te repousarás numa confiança ilimitada – recusarás te deter diante de uma suprema sabedoria, de uma suprema bondade e de um supremo poder e de despir teus pensamentos – não terás guarda nem amigo a toda hora para tuas sete solidões – viverás sem ter saída nessa montanha nevada em seu topo e em chamas seu coração – não haverá mais para ti recompensador, corretor de última mão – não haverá mais razão naquilo que se passa, não haverá mais amor naquilo que te acontece – teu coração não terá mais asilo onde só se encontra repouso, sem ter de procurar nada.

Tu te defenderás contra uma paz definitiva, quererás o eterno retorno da guerra e da paz: – homem da renúncia, quererás renunciar a tudo isso? Quem te dará a força?

Ninguém a teve ainda!" – Existe um lago que um dia se recusou de se escoar e que levantou um dique no ponto por onde vazava até então: desde esse dia o nível do lago se eleva sempre mais.

Talvez essa renúncia nos dará justamente a força que nos permitirá suportar a própria renúncia; talvez o homem se elevará sempre mais a partir do momento em que não *escoar* num Deus.

## 286 - Digressão

Aqui estão esperanças; mas em que as poderão ver e sentir se, em sua alma, vocês não viveram o esplendor das chamas e da aurora?

Só posso evocar – nada mais! Remover pedra, mudar os animais em homens – é isso que vocês querem de mim? Ai de mim! Se ainda são pedras e animais, procurem primeiro seu Orfeu[90].

## 287 - Feliz por ser cego

"*Meus pensamentos*", diz o viajante à sua sombra, "*devem me indicar onde estou: mas não devem me revelar para onde vou.*

*Gosto do desconhecimento do futuro e não quero morrer de impaciência nem provar por antecipação as coisas prometidas.*"

[89] (3) Expressão latina que significa "amor do destino" (NT).

[90] (5) Na mitologia grega, poeta e músico, considerado o inventor da lira e dos rituais mágicos (NT).

## 288 - Estado de alma elevado

Parece-me que, de uma maneira geral, os homens não acreditam em estados de alma elevados, a não ser por instantes, no máximo por quartos de hora – exceção feita de alguns raros indivíduos que, por experiência, conhecem a duração dos nos sentimentos elevados. Mas ser o homem de um único sentimento elevado, a encarnação de um único grande estado de alma – isso não foi até agora senão um sonho e uma exaltante possibilidade: a história não fornece dele ainda exemplo irrefutável.

Apesar disso, talvez um dia ponha no mundo semelhantes homens – isso vai acontecer quando for criada e fixada uma série de condições, que o acaso mais feliz não poderia agora reunir. Talvez nessas almas do futuro, esse estado excepcional que toma conta de nós, aqui e acolá, num arrepio, seria precisamente o estado habitual: um contínuo vaivém entre alto e baixo, um sentimento de alto e baixo, de subir sem cessar degraus e ao mesmo tempo flutuar sobre nuvens.

## 289 - Embarque

Quando se considera que efeito produz em qualquer indivíduo uma justificação filosófica geral de sua maneira de viver e de pensar – isto é, como um sol que brilha precisamente para esse indivíduo, um sol que aquece, abençoa e fecunda, quando se reconhece como essa justificação torna independente dos elogios e das críticas, como transforma continuamente o mal em bem, como faz florescer e amadurecer todas as forças e impede de crescer a pequena e a grande erva daninha da aflição e do descontentamento: – acabar-se-á por exclamar em tom de oração: Ah! Oxalá sejam criados ainda muitos desses novos sóis!

Os próprios maus, os infelizes, os homens de exceção, devem ter sua filosofia, sua razão, seu raio de sol! Não é a piedade por eles que é necessária! – É preciso que desaprendamos essa inspiração do orgulho a despeito de tudo o que a humanidade aprendeu dela para se exercitar nisso há tanto tempo – não temos de instituir para eles confessores, exorcistas e absolvidores. É uma nova *justiça* que importa! E uma nova sanção! São necessários novos filósofos! A terra moral, ela também é redonda! A terra moral, ela também tem seus antípodas!

Os antípodas, eles também têm direito à vida! Há ainda outro mundo a descobrir – e mais de um! Vamos, filósofos, para os navios!

## 290 - Uma única coisa é que conta

"Dar estilo" a seu caráter – essa é uma arte considerável que raramente se encontra! Aquele que percebe em seu conjunto tudo o que sua natureza oferece em forças e fraquezas para adaptá-la em seguida a um plano artístico a exerce até que cada coisa apareça em sua arte e em sua razão e que as próprias fraquezas encantem os olhos. Aqui terá acrescentado uma grande parte de segunda natureza, onde tiver tirado um pedaço da primeira natureza: – nos dois casos foi necessária uma lenta preparação e um trabalho cotidiano. Aqui escondeu o que era feio e que não podia ser eliminado o tornou sublime. As coisas vagas que se recusavam a tomar forma as reservou para a perspectiva de conjunto: – devem produzir efeito à distância, evocar o incomensurável.

É preciso esperar o fim da obra para ver reinar em toda parte o mesmo gosto, em grande e em miniatura: a qualidade do gosto, bom ou mau, importa muito menos do que se possa crer – o essencial é que o gosto seja único. As naturezas fortes e dominadoras encontrarão sua alegria mais sutil numa semelhante coação, numa semelhante sujeição e num semelhante cumprimento sob lei própria; a paixão de sua forte vontade se alivia ao aspecto de toda natureza estilizada, de toda natureza vencida e submetida; mesmo quando têm palácios a construir e jardins a plantar, repugna-lhes também deixar a natureza livre. – Pelo contrário, os caracteres fracos, aqueles que não se dominam, *odeiam* a servidão do estilo: sentem que se tornariam inevitavelmente vulgares se essa amarga opressão lhes fosse imposta; não saberiam servir sem se tornar necessariamente *vulgares*, escravos. Semelhantes espíritos – e podem ser de primeira ordem – se empenham sempre em se dar a si próprios e em dar a seu meio a forma de naturezas livres – selvagens, arbitrárias, fantasiosas, desordenadas, surpreendentes – e a se interpretar como tais: e têm razão, pois é só assim que fazem o bem a si próprios! De fato, uma única importa: que o homem *atinja* o contentamento de si mesmo – qualquer que seja sua arte: pois somente então o aspecto do homem será suportável!

Aquele que está descontente consigo mesmo está sempre pronto a se vingar: como nós que seremos suas vítimas, quanto mais não seja tendo de suportar seu aspecto repugnante! Porque o que é feio à vista torna mau e sombrio.

## 291 – Gênova

Contemplei durante um bom tempo essa cidade, suas mansões e seus jardins de lazer e o amplo círculo de suas colinas e de suas encostas habitadas; finalmente, não deixei de dizer para mim mesmo: vejo *rostos* vindos de gerações passadas – essa região está coberta de retratos de homens intrépidos e soberanos.

*Viveram* e quiseram prolongar sua vida – é o que me dizem com suas casas construídas e decoradas para séculos e não para o instante passageiro: gostaram da vida, por mais cruel que ela pudesse ter sido muitas vezes para eles. Tenho sempre diante dos olhos aquele que construiu, vejo como seu olhar pousa sobre tudo o que o cerca de perto ou de longe, sobre as construções, sobre a cidade, sobre o mar e a linha da montanha e vejo seu olhar exercer sua força como conquistador.

Quer submeter tudo isso a *seu* plano e acabar por tornar isso sua *propriedade*. Um soberbo egoísmo, uma insaciável vontade de posse e de espólio reinam em toda a região; e precisamente como esses homens não reconheciam fronteiras em suas expedições distantes, colocando em sua sede de novidade um mundo novo ao lado de um mundo antigo, assim também em sua pequena pátria todos se revoltavam contra todos, todos inventavam uma forma de exprimir sua superioridade e de colocar seu infinito pessoal entre ele e seu vizinho.

Cada um reconquistava sua pátria por sua conta impondo-lhe sua ideia arquitetônica, recriando-a de uma certa maneira para o prazer de seus olhos. O que impressiona no norte, quando se observa a ordenação das cidades, é a lei e o prazer da imposição: adivinha-se essa propensão à igualdade e à submissão que deve ter reinado na alma de todos os construtores.

Mas aqui, em cada esquina, é um novo homem que se encontra, um homem que conhece o mar, a aventura, o oriente, um homem a quem impacientam, como uma espécie de aborrecimento, a lei, o vizinho, e que mede com olhar de inveja tudo o que é velho, tudo que já está construído: quereria, pelo menos em pensamento, maravilhoso suplício da imaginação, reconstruir de novo tudo aquilo, deixar ali a marca de sua mão, de seu espírito, ainda que fosse apenas durante o instante de uma tarde de sol em que sua alma insaciável e melancólica experimenta finalmente o peso da saciedade e em que seu olhar deve ver apenas coisas que lhe pertencem e não mais coisas estrangeiras.

## 292 - Aos pregadores da moral

Não quero fazer moral, mas dou o conselho seguinte àqueles que a fazem: se quiserem de toda forma tirar às melhores coisas e às melhores condições toda a sua honra e todo o seu valor, continuem a falar delas como o fazem.

Coloquem-nas no centro de sua moral, repitam de manhã à noite a felicidade da virtude, a tranquilidade da alma, a equidade e a justiça imanente; se agirem desse modo, tudo isso acabará por ter de per si a popularidade e o rumor das ruas; a voz do povo estará de seu lado; mas, passando de mão em mão, perderão toda a sua aparência dourada; pior: seu ouro se transformará em chumbo.

Na verdade, vocês sabem muito bem aplicar a arte contrária àquela dos alquimistas para desmonetizar o que há de mais precioso!

Tentem, portanto, a título de experiência, uma receita diferente, se não quiserem, como até agora, conseguir o contrário daquilo que procuram: neguem essas excelentes coisas, retirem-lhes o aplauso da multidão, entravem sua circulação, voltem a fazê-las outra vez o objeto de secreto pudor da alma solitária, digam que a moral é um fruto proibido!

Talvez ganhem então para sua causa a única espécie de homens que interessa, quero dizer, a estirpe do heróis.

Mas seria necessário que essa causa inspirasse o receio, e não o desprezo, como fez até aqui!

Não teríamos vontade de dizer hoje, com relação à moral, como Mestre Eckhart[91]: "*Peço a Deus que me liberte de Deus*?"

## 293 - Nossa atmosfera

Nós o sabemos muito bem: para aquele que se contenta em lançar um olhar na ciência, somente de passagem, à maneira das mulheres e infelizmente também de muitos artistas, o rigor que é preciso colocar a serviço da ciência, esse rigor nas pequenas como nas grandes coisas, essa rapidez na pesquisa, o julgamento e a condenação tem alguma coisa que inspira o temor e a vertigem.

[91] Johannes Eckhart, dito Mestre Eckhart (1260-1327), filósofo e teólogo alemão (NT).

Ficará sobretudo espantado pela forma com que se exige o que há de melhor, sem a recompensa do elogio ou da distinção, muito pelo contrário, só deve esperar, como no exército, ouvir formular censuras ou severas reprimendas – porque fazer bem é a regra, errar deve ser apenas a exceção; e aqui, como em toda parte, a regra é silenciosa. Ocorre com esse "rigor da ciência" como ocorre com as formas de cortesia na melhor sociedade: – assusta o profano.

Mas aquele que está habituado a elas não gostaria de viver em outro lugar senão nessa atmosfera clara, transparente, vigorosa e fortemente elétrica, nessa atmosfera viril.

Em qualquer outra parte não encontra bastante ar nem limpeza; além disso, teme que sua melhor arte não seja útil a ninguém e lhe não dê a ele próprio nenhuma alegria, que metade de sua vida se escoe entre os dedos no meio de mal-entendidos, que em toda parte fosse necessárias muitas precauções, segredos, considerações pessoais – e tudo isso seria uma grande perda de forças!

Mas nesse elemento severo e claro possui sua força por inteiro: aqui pode até voar! Por que iria voltar a descer para essas águas agitadas onde será condenado a nadar, a se atrapalhar e a manchar suas asas! – Não! É muito difícil viver por lá: será por nossa culpa que nascemos para o ar puro, nós, rivais dos raios de luz, que preferiríamos, à maneira desses raios de luz, cavalgar parcelas de éter, não para fugir do sol, mas *para ir para ele*! Não podemos: – façamos a única coisa que nossas forças nos permitem: levemos a luz à terra, sejamos "a luz da terra! É por isso que temos nossas asas, nossa velocidade, nosso rigor, para isso é que somos viris e mesmo terríveis como o fogo. Que aqueles que não sabem se aquecer e iluminar junto de nós, que fiquem com receio!

## 294 – Contra os caluniadores da natureza

Que desagradáveis são aqueles em quem toda tendência natural se torna imediatamente doença, algo que altera ou mesmo algo de ignominioso – estes nos induziram a pensar que as inclinações e os instintos do homem são maus; eles são a causa de nossa grande injustiça para com nossa natureza, para com toda a natureza! Não faltam homens que poderiam se entregar a suas inclinações com graça e inconsciência; mas não o fazem, com receio desse "mau espírito" imaginário da natureza!

É por isso que se encontra tão pouca nobreza entre os homens: porque a nobreza se reconhecerá sempre no fato de ela não ter medo de si própria, não esperar dela nada de vergonhoso e voar sem hesitação por toda parte, voar para onde somos impelidos – nós, pássaros livres! Para onde quer que formos, tudo se torna livre e ensolarado em torno de nós.

## 295 - Hábitos breves

Gosto dos hábitos que não duram e os considero como meios inapreciáveis para aprender a conhecer *muitas* coisas e circunstâncias variadas, até o fundo de sua doçura e de sua amargura; minha uma natureza é feita inteiramente para os hábitos que não duram, mesmo psiquicamente: *tão longe* quanto possa ver, do mais alto ao mais baixo de minha saúde.

É sempre nessa brevidade que vou encontrar minha conta – o hábito breve tem essa fé da paixão, essa fé na eternidade – creio ser invejável por tê-lo descoberto e reconhecido: – e agora me alimento dele; de manhã à noite, um suave contentamento me cerca e me invade, de modo que não tenho vontade de outra coisa, sem ter necessidade de comparar, desprezar ou odiar. E um belo dia, aí está: o breve hábito teve seu tempo: a boa causa se despede de mim, não como alguma coisa que ora me inspira desgosto – mas pacificamente, saciado de mim, como eu dele, e como se devêssemos ser gratos um ao outro, apertando a mão em despedida.

E já algo de novo espera à porta, como também minha fé – a indestrutível louca, a indestrutível sábia! – minha fé nessa coisa nova que agora seria a verdadeira, a última verdadeira. Assim acontece comigo com os alimentos, ideias, homens, cidades, poemas, músicas, doutrinas, ordens do dia, maneiras de viver. – Em compensação, odeio os hábitos longos e creio que um tirano se aproximou de mim, que minha atmosfera vital se tornou *mais espessa*, logo que os acontecimentos se orientam de maneira que hábitos duradouros parecem necessariamente surgir: por exemplo, por uma função social, pelo convívio constante com os mesmos homens, por uma residência fixa, por uma espécie definida de saúde.

No fundo de minha alma, sou até grato a minhas misérias físicas, a minha doença e a tudo o que posso ter de imperfeito – porque tudo isso me deixa mil escapatórias por onde posso me furtar aos hábitos duradouros. – Apesar disso, seria para mim totalmente insuportável, verdadeiramente terrível levar uma vida inteiramente desprovida de hábitos, uma vida que exigisse sem cessar uma improvisação: isso seria para mim meu exílio, minha Sibéria.

## 296 – Sólida reputação

Ter uma reputação feita era antigamente uma coisa de extrema necessidade; e, por toda parte onde a sociedade é dominada pelo instinto de rebanho, o mais oportuno continua ainda apresentar o próprio caráter assim como as próprias ocupações, como dados definitivos, mesmo quando não o são. "*Pode-se confiar nele, permanece igual a si mesmo*"; – esse é o elogio mais útil em todas as situações perigosas da sociedade. A sociedade é, com efeito, feliz por sentir que possui um *instrumento* seguro e pronto a todo momento na virtude de um, na ambição de outro, na reflexão e no ardor de um terceiro – ela honra de modo digno *essas naturezas de instrumentos*, essa fidelidade a si mesmo, essa inalterabilidade nas opiniões, nas aspirações e mesmo nos vícios. Semelhante apreciação que floresce e sempre floriu por toda parte ao mesmo tempo que a moralidade dos costumes produz "caracteres" e põe no *descrédito* toda mudança, todo proveito de uma experiência, toda transformação. Por maiores que possam ser de resto as vantagens dessa maneira de pensar para *o conhecimento*, é a espécie de opinião pública mais prejudicial: porque aquilo que condena e denuncia é justamente a boa vontade daquele que procura o conhecimento, sem se desencorajar por ser incessantemente forçado a se declarar contra a opinião que professava até então e a desconfiar em geral de tudo o que ameaça se fixar – que é aqui condenado e desacreditado.

A opinião do investigador passa sempre por desleal enquanto inimiga da "sólida reputação", ao passo que a petrificação das ideias monopoliza as distinções honoríficas: é sob o império dessas regras que temos de existir hoje em dia! Como é difícil viver quando sentimos contra nós, quando respiramos em nosso ar, o juízo de vários milênios! É provável que durante milhares de anos o conhecimento tenha tido a consciência pesada e que tenha havido muito desprezo de si e misérias secretas na história dos maiores espíritos.

## 297 – Saber contradizer

Saber suportar a contradição é um sinal de elevada cultura e ninguém hoje o ignora. Alguns sabem até que o homem superior deseja e provoca essa contradição para que se indique onde se encontra sua injustiça que sem isso ignorariam. Mas *saber* contradizer, *conservar* a boa consciência quando se opõe ao que é habitual, tradicional e sagrado é, mais que tudo, o que nossa cultura possui de verdadeiramente grande, novo e surpreendente, é o progresso por excelência de todos os espíritos emancipados: quem é que sabe isso?

## 298 – Suspiro

Apanhei essa ideia no ar e logo tomei as primeiras palavras que me vieram para a fixar, com receio que me fuja.

E agora que ela está morta por causa dessas palavras estéreis, flutua sob esse trapo verbal – e, ao olhá-la, lembro com dificuldade ainda como pude ter essa felicidade ao esse pássaro.

## 299 – O que é necessário aprender dos artistas

Que meios temos de tornar as coisas para nós belas, atraentes e desejáveis quando não o são? – e creio que em si não o são nunca. Aqui os médicos podem nos ensinar alguma coisa quando, por exemplo, atenua a amargura ou acrescenta açúcar e vinho a suas misturas; mais ainda os artistas que se aplicam em suma continuamente a fazer semelhantes invenções. Afastar-se dos objetos até fazer desaparecer um bom número de seus pormenores e obrigar o olhar a acrescentar-lhe outros para que se possa ainda vê-los; contemplá-los de um ângulo de maneira a descobrir apenas uma parte; olhá-los através de vidros coloridos ou à luz do poente; dar-lhes uma superfície, uma pele, que não seja completamente transparente; tudo isso nos é necessário aprender dos artistas e, quanto ao resto, ser mais sábios do que eles. Porque sua força sutil se detém geralmente no ponto onde acaba a arte e começa a vida; mas nós queremos ser os poetas de nossa vida e em primeiro lugar nas menores coisas, nas mínimas banalidades do cotidiano!

## 300 – Prelúdio da ciência

Creem que as ciências teriam nascido, creem que teriam se desenvolvido, se os mágicos, os alquimistas, os astrólogos e os feiticeiros não as tivessem precedido, eles que tiveram de criar tudo antes, por meio de suas promessas e de suas ligações enganosas, a sede, a fome e o gosto pelas forças *escondidas e proibidas*?

Creem que não foi necessário *prometer* muito mais do que aquilo que alguma vez se poderá cumprir para poder fazer a mais insignificante coisa no domínio do conhecimento? – Talvez, do mesmo modo como nos aparecem aqui os prelúdios e os primeiros exercícios da ciência (que *nunca* foram considerados como tais), assim também aparecerão, numa época distante, todas as *religiões*, isto é, como exercícios e prelúdios: talvez as religiões não tivessem mais que o mérito singular de permitir a alguns homens saborear toda a satisfação que um deus tira de si mesmo e toda a força que lhe é própria para se resgatar a si mesmo.

E se poderia perguntar se, na verdade, sem essa escola e essa preparação religiosa, o homem teria aprendido a ter fome e sede de *seu próprio eu*, a se saciar e a se encher *de si mesmo*.

Não teria sido necessário que Prometeu *acreditasse* primeiro ter *roubado* a luz e que expiasse isso – para descobrir enfim que havia criado essa luz, *ao desejar a luz*, e que não somente o homem, mas também o *deus*, tinham sido obra de *suas* mãos, da argila em suas mãos?

Não seriam apenas estátuas de escultor? – Precisamente como a loucura, o roubo, o Cáucaso, o abutre e toda a trágica *prometheia*[92] de todos aqueles que procuram o conhecimento?

## 301 – Ilusão dos contemplativos

Os homens superiores se distinguem dos inferiores porque veem e entendem infinitamente mais e só veem e entendem meditando – e isso precisamente distingue o homem do animal e o animal superior do inferior. O mundo se enriquece sempre mais com aquele que se eleva nas alturas da humanidade e cada vez mais iscas lhe são lançadas, o interesse cresce em torno dele, e na mesma proporção suas categorias de prazer e de desprazer – o homem superior se torna ao mesmo tempo mais feliz e mais infeliz.

Mas há uma ilusão que não o abandona jamais: julga encontrar-se como *espectador* e *ouvinte* no grande concerto que é a vida; diz que sua

[92] (7) Termo grego derivado de Prometeu e que alude à façanha de Prometeu que roubou o fogo do céu (NT).

natureza é contemplativa e não percebe que é ele mesmo o verdadeiro poeta e o criador da vida – que se distingue do *ator* desse drama, o chamado homem de ação, se distingue muito mais ainda de um simples espectador, de um convidado sentado diante do palco.

Tem certamente como próprio dele, sendo poeta, a *vis contemplativa*[93] e a faculdade de olhar retrospectivamente sua obra, mas ao mesmo tempo e em primeiro lugar possui a *vis creativa*[94] que *falta* ao homem de ação, seja o que for que digam a aparência e a crença tradicionais.

Nós que meditamos e sentimos, somos nós que *fazemos* e não cessamos realmente de fazer o que não existe ainda: ou seja, este mundo sempre crescente de apreciações, de cores, de pesos, de perspectivas, de escalas, de afirmações e de negações.

É esse poema de nossa invenção que os homens práticos (nossos atores) aprenderam, repetiram, traduziram em carne e em realidade, sim, mesmo em vida cotidiana. Tudo o que tem algum *valor* no mundo presente não o possui por si mesmo, segundo sua natureza – a natureza nunca tem valor: – foi preciso conferir-lhe um valor, atribuí-lo a ela e *fomos* nós que o fizemos! Nós sozinhos criamos o mundo que *interessa ao homem*! – Ora, nós não sabemos isso e quando nos acontece por um instante tomarmos consciência disso, esquecemos logo no instante seguinte: desconhecemos nossa melhor força e nos subestimamos um pouco, nós, os contemplativos – não somos, portanto, *nem tão orgulhosos nem tão felizes* como poderíamos.

## 302 – Perigo dos mais felizes

Ter sentidos apurados e um gosto refinado; estar habituado às coisas mais selecionadas e melhores do espírito, como a alimento mais verdadeiro e mais natural; dispor de uma alma forte, intrépida e audaciosa; percorrer a vida com olhar tranquilo e passo firme, estar sempre pronto aos extremos como para uma festa, sempre cheio do desejo de mundos e mares inexplorados, de homens e de deuses desconhecidos; escutar toda música alegre como se, ao ouvi-la, homens corajosos, soldados e marinheiros se permitissem uma breve parada e uma breve

[93] Expressão latina que significa "força contemplativa" (NT).

[94] Expressão latina que significa "força criativa" (NT).

alegria, e no profundo gozo do momento fossem vencidos pelas lágrimas e por toda melancolia púrpura da felicidade, quem, pois, não desejaria que tudo isso fosse *sua* partilha, seu estado! Foi essa a *felicidade de Homero*!

O estado daquele que inventou para os gregos seus deuses – não, que inventou para si mesmo seus deuses! Mas não vale a pena de simulá-lo, com essa felicidade na alma também se é a criatura mais vulnerável sob o sol! Só por esse preço se compra a mais preciosa das conchas que as ondas do universo alguma vez lançaram na praia. O possuidor dessa concha se torna cada vez mais sensível na dor e, finalmente, demasiado sensível: um pequeno desencorajamento, um pequeno desgosto acabaram por levar Homero a perder o gosto pela vida. Não tinha sabido adivinhar um simples e absurdo enigma que jovens pescadores lhe propuseram. Sim, os menores enigmas são o perigo dos mais felizes!

## 303 – Dois homens felizes

Verdadeiramente esse homem, apesar de sua juventude, sabe *improvisar na vida* e espanta mesmo os mais sutis observadores: de fato, parece que nunca se engana, embora se arrisque sempre nos jogos mais perigosos. Leva a pensar nesses músicos que improvisam magistralmente, aos quais o espectador gostaria de atribuir uma divina *infalibilidade* da mão, embora às vezes toquem errado, pois todo mortal pode se enganar. Mas são hábeis e inventivos e sempre prontos, no mesmo instante, a integrar o som produzido pelo acaso de seu dedilhar ou por uma fantasia no conjunto temático e a animar o imprevisto com um belo significado e uma alma. – Aí está um homem totalmente diferente: fracassa em tudo o que empreende.

As causas a que deu seu coração levaram-no já várias vezes à borda do abismo e muito perto da queda; e se escapou, não foi somente com o "olho machucado". Julgam que se sente infeliz?

Há muito tempo que decidiu consigo não levar muito a sério seus próprios desejos, seus projetos pessoais. Diz para si mesmo: "*Se isso não saiu a contento, talvez nisso tenha sucesso; e, no fundo, não sei se devo mais gratidão a meus malogros que não sei a qual de meus sucessos? Serei feito para ser teimoso e carregar chifres de touro? O que faz para mim o valor da vida e seu resultado se encontra em outro lugar; meu orgulho, minha miséria se encontram em outro local. Conheço melhor a vida por ter estado muitas vezes a ponto de perdê-la: essa é a razão por que a vida me deu mais alegria que a vocês todos!*"

## 304 - Ao agir, abandonamos

No fundo, não gosto de todas essas morais que dizem: "*Não faças isto! Renuncia! Supera-te!*" – Gosto, pelo contrário, de todas essas outras morais que me levam a fazer uma coisa, a refazê-la, a pensar nela de manhã à noite, a sonhar com ela durante a noite e a não pensar em outra coisa: fazer bem isso, tão bem como só eu sou capaz de fazer! Quem vive assim se livra continuamente de uma após outra das coisas que não fazem parte de semelhante vida; sem ódio e sem repugnância, vê hoje tal coisa e amanhã tal outra se despedirem dele, como uma folha amarela se destaca da árvore ao menor sopro: por outro lado, pode até mesmo nem perceber que ela o deixa, de tal modo o objetivo absorve seu olhar para a frente e não para o lado, para trás ou para baixo. "Nossa atividade deve determinar o que deixamos de lado: ao agir, nós abandonamos" – isso é que me agrada, esse é meu próprio *placitum*[95]. Mas não quero trabalhar, de olhos abertos, para me empobrecer, não gosto das virtudes negativas – as virtudes cuja essência é a negação e a renúncia.

## 305 - Domínio sobre si

Esses professores de moral que recomendam ao homem em primeiro lugar e acima de tudo que se domine, dão-lhe assim uma singular doença: quero dizer, uma irritabilidade constante diante de todos os impulsos e de todas as inclinações naturais e, de algum modo, uma espécie de comichão. Seja o que for que lhe aconteça dentro ou fora, um pensamento, uma atração, uma incitação – esse homem irritadiço sempre imagina que agora seu domínio sobre si poderia estar em perigo: sem poder confiar em nenhum instinto, se entregar a nenhum voo livre, está sempre na defensiva, armado contra si mesmo, com o olhar atento e desconfiado, ele que se instituiu o eterno guardião de sua torre.

Certamente, ele pode ser *grande* nesse papel! Mas como se tornou

[95] Termo latino que significa "o que me agrada" (NT).

insuportável aos outros, pesado para si, como se empobreceu e se isolou dos mais belos acasos da alma! E também de todas as *lições* futuras! De fato, é preciso saber se perder durante um tempo se quiser aprender alguma coisa dos seres que nós próprios não somos.

## 306 - Estoico e epicureu

O epicureu escolhe as situações, as pessoas e mesmo os acontecimentos que se conformam com sua constituição intelectual extremamente irritável e renuncia a todo o resto – isto é, à maioria das coisas – porque esse seria um alimento forte demais, pesado demais para ele.

O estoico, pelo contrário, treina para engolir pedras e vermes, cacos e escorpiões, e isso sem repugnância; seu estômago acaba por ficar indiferente a tudo o que o acaso da existência oferece: – lembra essa seita árabe dos Aïssaouas, que se encontram na Argélia e, como esses insensíveis, gosta de ter um público de convidados ao espetáculo de sua insensibilidade, de que não precisa o epicureu. – Este não tem um "jardim"?

Para homens sujeitos às improvisações da sorte, para aqueles que vivem em tempos de violência e que dependem de homens impulsivos e caprichosos, o estoicismo pode ser muito oportuno.

Mas aquele que pode *prever*, por pouco que seja, que o destino lhe haverá de permitir de tecer *um longo fio* fará bem em assumir o modo de vida epicureu; todos os homens votados ao trabalho cerebral o fizeram até agora! De fato, seria para eles a pior das perdas serem privados se sua fina irritabilidade para receber em troca a dura pele dos estoicos, eriçada de espinhos.

## 307 - Em favor da crítica

Agora te aparece como um erro alguma coisa que outrora amaste como uma verdade ou pelo menos como uma probabilidade: tu a rejeitas para longe de ti e imaginas que tua razão acaba de obter uma vitória. Mas talvez então, quando eras ainda outro – tu és sempre um outro – esse erro te fosse tão necessário como todas as "verdades" atuais, de algum modo como uma pele que te escondia e te velava muitas coisas que ainda não podias ver. Foi tua nova vida e não tua razão que matou em ti essa ideia: *já não tens necessidade dela* e agora ela se destrói por si mesma e a sem-razão sai dela como um verme.

Quando exercemos nosso espírito crítico, não há nisso nada de arbitrário e de impessoal – é pelo menos, com muita frequência, uma prova de que há em nós forças vivas e agindo que eliminam uma casca. Negamos e somos obrigados a fazê-lo porque há em nós alguma coisa que quer viver e se afirmar, alguma coisa que não conhecemos, que não vemos talvez ainda! – Isso em favor da crítica.

## 308 – A história de todos os dias

De que é feita em ti a história de todos os dias? Considera os hábitos que compõem essa história: serão o produto de inumeráveis pequenas covardias e pequenas preguiças, ou ainda aquele de tua coragem e de tua engenhosa razão? Por mais diferentes que sejam essas duas eventualidades, é possível que os homens te cubram dos mesmos elogios e que, de qualquer forma, tu sejas para eles da mesma utilidade.

Mas que os elogios, a utilidade e a respeitabilidade sejam suficientes para aquele que só pretende possuir uma boa consciência – elas não te bastarão a ti que sondas os rins, a ti que possuis a *ciência da consciência.*

## 309 – Da sétima solidão

Um dia, o viajante fechou uma porta atrás de si, se deteve e começou a chorar. Depois disse: "*Essa inclinação ao verdadeiro, à realidade, ao não-aparente, à certeza! Como detesto isso! Por que essa força que age, sombria e apaixonada, me segue, justamente eu? Gostaria de descansar, mas ela não o permite.*

*Quantas coisas me convidam a parar! Há em toda parte jardins de Armida para mim: tantas outras dilacerações do coração e novas amarguras! É preciso que ponha meu pé mais longe, esse pé cansado e ferido: e, como é preciso, volto-me muitas vezes para lançar um olhar feroz para as belas coisas que não souberam me deter, porque não souberam me reter!*"

## 310 – Vontade e onda

Essa onda, com que avidez se aproxima, como se tivesse um objetivo a alcançar! Com que pressa inquietante desliza nas fendas mais recônditas da falésia! Parece que quer prevenir alguém; parece que há ali alguma coisa de oculto, alguma coisa de valor, de um grande valor. – E agora ela reparte, um pouco mais lentamente, ainda inteiramente branca de emoção! – Estará desapontada? Terá encontrado o que procurava? – Não estará simulando a decepção? Mas já se aproxima outra onda, mais ávida e mais selvagem ainda que a primeira, e sua alma, também ela, parece cheia de mistério, cheia de vontade para procurar tesouros. É assim que vivem as ondas – é assim que nós vivemos também, nós que possuímos a vontade! – Não direi mas nada – Como? Desconfiam de mim? Vocês me querem, belos monstros? Temem que eu traia inteiramente seu segredo? Pois bem! Aborreçam-se, levantem seus corpos verdoengos e perigosos tão alto quanto puderem, levantem um muro entre mim e o sol – como agora! Na verdade, não há mais nada no mundo senão um crepúsculo verde e de relâmpagos verdes. Façam como quiserem, impetuosas, bramem de prazer e de maldade – ou mergulhem de novo, derramem suas esmeraldas no abismo, lancem sobre elas suas rendas infinitas de musgo e de espuma. - Subscrevo tudo, pois isso tudo lhes cai bem e porque sei que são infinitamente gratas: como poderia traí-las? Porque – ouvi – eu as conheço, conheço seu segredo, sei de que espécie vocês são! Vocês e eu somos de uma mesma espécie! – Vocês e eu temos o mesmo segredo!

## 311 – Luz refratada

Nem sempre se é corajoso e quando se está cansado, muitas vezes ocorre que se passe a lamentar-se desse modo: "*Como é duro fazer mal aos homens! – Oh! por que isso é necessário? De que serve vivermos escondidos se não queremos guardar para nós o que provoca o escândalo? Não seria mais prudente viver na confusão e reparar nos indivíduos os pecados cometidos, que devem ser praticados por todos? Ser insensato com os insensatos, vaidoso com os vaidosos, entusiasta com os entusiastas? Não seria justo, porquanto nos afastamos deles tão insolentemente em geral? Quando ouço falar da maldade dos outros a meu respeito – meu primeiro sentimento não é o de satisfação? Está bem assim – pareço dizer-lhes – dou-me tão mal com vocês e tenho tanta verdade de meu lado: consigam por isso prazer à minha custa, tantas vezes quantas puderem! Esses são meus defeitos e meus erros, minha loucura, meu mau gosto, minha confusão, minhas lágrimas, minha vaidade, minha noite de coruja e minhas contradições! Pois aí está do que rir! Riam e se divirtam! Não quero mal à lei e à natureza das coisas que querem os defeitos e os erros causem prazer! – É verdade que houve tempos mais "belos" em que se podia ainda sentir-se indispensável com qualquer ideia um pouco nova, em que se podia descer para a rua e gritar a todos os passantes: "Atenção! O reino de Deus está próximo!" – Poderia enfurecer-me, se eu não existisse. Ninguém é indispensável!*" – Mas, já o disse, não é assim que pensamos quando somos corajosos; não pensamos nisso.

## 312 - Meu cão

Dei um nome a meu sofrimento e o chamo "cão" – é tão fiel, tão importuno e imprudente, tão divertido, tão esperto como qualquer outro cão – e posso xingá-lo e descarregar nele meus humores: como fazem outros com seus cães, com seu criado e com sua mulher.

## 313 - Nada de quadro de mártir

Quero fazer como Rafael[96] e não pintar mais quadros de mártires. Há muitas coisas elevadas para que se vá procurar o sublime onde este se une à crueldade; e mais, meu amor próprio não ficaria satisfeito se eu quisesse fazer de mim um sublime carrasco.

## 314 - Novos animais domésticos

Quero ter meu leão e minha águia em minha volta para reconhecer sempre, por indícios e sintomas, a grandeza e a pequenez de minha força. Será necessário hoje que abaixe meus olhos para eles para os temer? E chegará a hora em que eles erguerão para mim seu olhar com temor?

## 315 - Do último minuto

As tempestades são meu perigo: chegarei a ter minha tempestade,

[96] Raffaello Sanzio (1483-1520), pintor e arquiteto italiano, famoso por suas obras executadas sobretudo em Florença e em Roma (NT).

aquela que vai me matar, como Oliver Cromwell[97] morreu com sua tempestade? Ou, sem esperar ser soprado pelo vento, vou distender-me como uma tocha fatigada e saciada de si própria – uma tocha consumida? Ou acabarei por soprar-me a mim mesmo para não chegar a esse ponto?

## 316 – Homens proféticos

Vocês não querem compreender que os homens proféticos são seres que sofrem muito: pensam somente que um belo "dom" lhes foi concedido e vocês mesmos gostariam de tê-lo – mas quero expressar meu pensamento por uma parábola. Quanto não devem sofrer os animas com a eletricidade do ar e das nuvens! Alguns deles possuem em relação ao tempo uma faculdade profética, como os macacos (pode-se observar isso na Europa, não somente nos jardins zoológicos, mas ao ar livre em Gibraltar). Mas nunca refletimos que são seus sofrimentos que neles profetizam! Quando uma forte corrente de eletricidade positiva se transforma de repente em eletricidade negativa, sob a influência de uma nuvem que se aproxima sem ser visível, e que uma mudança de tempo se prepara, esses animais se comportam da mesma maneira que com a aproximação de um inimigo; eles se organizam para a defesa e a fuga, geralmente se escondem – não veem, no mau tempo, o mau tempo, mas o inimigo de que já sentem sua mão pousada sobre eles.

## 317 – Um olhar para trás

Raramente temos consciência de que cada período de sofrimento de nossa vida tem algo de patético; enquanto estivermos nesse período, acreditamos ao contrário que esse é praticamente o único estado possível, um *ethos*[98] e não um *pathos*[99] – para falar como os gregos. Algumas notas de música me lembraram hoje um inverno, uma casa e uma vida essencialmente solitária e, ao mesmo tempo, o sentimento que eu sentia então: – eu acreditava poder continuando a viver eternamente assim.

---

[97] (12) Oliver Cromwell (1599-1658), militar e ditador da Inglaterra entre 1653 e 1658 (NT).

[98] Termo grego que significa "dever, moral" (NT).

[99] Termo grego que significa "afeto, sentimento" (NT).

Mas agora compreendo que isso era unicamente *pathos* e paixão, uma coisa que se parecia com essa música dolorosamente corajosa e consoladora – pode-se não ter sensações dessas durante anos ou mesmo durante eternidades: nós nos tornaríamos demasiado "etéreos" para este planeta.

## 318 - Sabedoria na dor

Na dor há tanta sabedoria como no prazer: ambos estão na primeira linha das forças conservadoras da espécie. Se assim não fosse com a dor, há muito tempo ela teria desaparecido; que ela cause sofrimento, esse não é um argumento contra ela, ao contrário, é sua essência. Ouço na dor a ordem do capitão do navio: "*Arriem as velas*!"

O intrépido navegador "homem" deve ser treinado a orientar as velas de mil maneiras, de outro modo não tardaria a desaparecer e o oceano o engoliria depressa.

É preciso que saibamos viver também com uma energia reduzida: logo que a dor dá seu sinal de segurança, é o momento de reduzi-la – algum grande perigo, uma tempestade se prepara e agimos prudentemente ao oferecer a menor "superfície" possível. – É verdade que há homens que, com a aproximação da grande dor, ouvem a ordem contrária e nunca têm ar mas altivo, mais belicoso, mais feliz do que quando a tempestade chega; é a própria dor que lhes dá seus instantes mais sublimes!

Esses são os homens heroicos, os grandes "promotores da dor" da humanidade: esses raros indivíduos de quem se deve fazer a mesma apologia que se faz para a dor em geral – e, na verdade, não se deve recusá-la a eles!

São forças de primeira ordem para conservar e fazer progredir a espécie: quanto mais não seja porque resistem ao sentimento de bem-estar e não escondem seu desgosto por essa espécie de felicidade.

## 319 - Intérpretes dos acontecimentos de nossa vida

Uma espécie de franqueza que sempre faltou a todos os fundadores de religião e àqueles que se assemelham a eles: – nunca fizeram dos acontecimentos de sua vida uma questão de consciência para o conhecimento. "*Que me aconteceu, então? Que se passou em mim e em torno de mim? Minha razão estaria suficientemente lúcida? Minha vontade estava armada contra os enganos da imaginação?"* – Nenhum deles se fez esta pergunta, nenhum de nossos bons religiosos se a faz hoje: pelo contrário, têm sede das coisas que são *contra a razão* e não querem ter muito trabalho em satisfazê-la – é assim que lhes acontecem milagres e "regenerescências", é assim que ouvem a voz dos anjos! Mas nós, nós outros, que temos sede da razão, queremos examinar os acontecimentos de nossa vida tão rigorosamente como se fossem experiências científicas, hora por hora, dia por dia! Queremos nós próprios ser nossas próprias cobaias!

## 320 – Reencontro

**A** – *Será que te ouvi bem? Procuras alguma coisa ? Onde ficam, no meio do mundo real de hoje, teu canto e tua estrela? Onde podes te deitar ao sol para que tu também tenhas um excedente de bem-estar e para que tua existência se justifique? Que cada um aja por sua conta – pareces me dizer – e que tire da cabeça as generalidades, a preocupação pelos outros e pela sociedade*!

**B** – *Quero mais, não sou daqueles que procuram. Quero criar para mim meu próprio sol.*

## 321 – Nova precaução

Não pensemos mais em punir, em recriminar e em querer tornar melhor! Raramente chegaremos a mudar alguém individualmente; e se chegarmos a isso, talvez sem perceber teremos feito outra coisa ainda. – *Nós* também teríamos sido modificados pelo outro! Procuremos antes que nossa influência *sobre tudo isso que está para vir* se contraponha à sua e leve a melhor! Não lutemos em combate direto! – o que é toda punição, toda recriminação, toda vontade de tornar melhor. Elevemo-nos, pelo contrário, a nós próprios muito mais alto! Demos a nosso exemplo cores sempre mais brilhantes! Obscureçamos o outro por nossa luz! Não! Não queremos nos *escurecer* como todos aqueles que punem, como todos os descontentes. Melhor que isso, afastemo-nos! Olhemos para outro lado!

## 322 – Parábola

Os pensadores cujas estrelas seguem rotas cíclicas não são os mais profundos; aquele que vê nele como num universo imenso e que traz nele vias lácteas sabe também como todas as vias lácteas são irregulares; elas conduzem até o caos e até o labirinto da existência.

## 323 - Felicidade no destino

A maior distinção que o destino possa nos reservar é de nos deixar combater durante certo tempo do lado de nossos adversários. É assim que somos *predestinados* a uma grande vitória.

## 324 - In media vita[100]

Não, a vida não me desapontou! Pelo contrário, a cada ano a acho mais rica, mais desejável e mais misteriosa – desde o dia em que veio a mim a grande libertadora, essa ideia de que a vida podia ser uma experiência daquele que procura o conhecimento – e não um dever, não uma fatalidade, não um engano! – E o próprio conhecimento – que para os outros seja outra coisa, por exemplo, um leito de repouso ou o caminho que leva para um leito de repouso ou ainda um divertimento ou uma vadiagem – para mim é um mundo de perigos e de vitórias, onde os sentimentos heroicos também têm seu local de dança e de jogos. "*A vida como meio do conhecimento*" – com esse princípio no coração se pode viver não somente com bravura, mas ainda *viver alegremente e rir de felicidade*! E como se conseguiria chegar a bem rir e a bem viver se antes não se conseguisse enfrentar a guerra e conquistar a vitória?

## 325 - Condição da grandeza

Quem pode esperar, pois, alguma coisa de grande se não sente a força e a vontade de *acrescentar* grandes dores? Saber sofrer é a coisa mais insignificante: as mulheres fracas e mesmo os escravos chegam a ser mestres nessa arte. Mas não perecer de miséria interior e de incerteza quando se provoca a grande dor e se ouve o grito dessa dor – isso é grande – isso faz parte da grandeza.

## 326 - Os médicos da alma e o sofrimento

[100] Expressão latina que significa "no meio da vida, na metade da vida" (NT).

Todos os pregadores de moral, bem como os teólogos, possuem um tique comum: todos procuram persuadir o homem que ele está muito mal, que necessita de uma cura enérgica radical e suprema. E como todos os homens deram ouvidos com demasiada ânsia, durante séculos, a esses mestres, alguma coisa dessa superstição que eles são miseráveis acabou por passar realmente neles: de modo que estão aí sempre mais que dispostos a suspirar, a achar a vida indigna de ser saboreada e a fazer cara triste, como se a existência fosse dura demais para *suportar*.

Na verdade, são furiosamente seguros de sua vida, são apaixonados por ela e cheios de astúcias e de sutilezas, querem eliminar as coisas desagradáveis e arrancar o espinho do sofrimento e da infelicidade. Parece-me que sempre se falou com *exagero* da dor e da infelicidade como se fosse de bom tom exagerar: em contrapartida, cala-se intencionalmente a respeito dos inumeráveis meios de aliviar a dor, como por exemplo os narcóticos ou a pressa febril dos pensamentos ou uma posição tranquila ou ainda as boas e más lembranças, as intenções, as esperanças e toda espécie de orgulhos e de compaixões que produzem efeitos quase anestésicos; enquanto que num alto grau de sofrimento o desmaio se produz por si.

Sabemos muito bem destilar doçura sobre nossas amarguras, especialmente sobre a amargura da alma; temos recursos em nossa bravura e em nossa elevação, bem como nos nobres delírios da submissão e da resignação. Um dano é raramente um dano por mais de uma hora; de uma maneira ou de outra, um presente ao mesmo tempo nos caiu do céu – por exemplo, uma força nova, mesmo que fosse apenas uma nova ocasião de força! Os pregadores de moral, que temas não urdiram sobre a "miséria" interior dos homens maus? E que *mentiras* não nos contaram sobre a infelicidade dos homens apaixonados! – Sim, mentiras, esse é o termo exato: conhecem muito bem a extrema felicidade dessa espécie de homens, mas a calaram porque refutava sua teoria, segundo a qual a felicidade passa pelo aniquilamento da paixão e pelo silêncio da vontade! Quanto à receita de todos esses médicos da alma e suas recomendações de uma cura radical e rigorosa, é permitido perguntar: nossa vida será realmente tão dolorosa e tão odiosa para trocá-la com vantagem pelo estoicismo de um gênero de vida petrificada? Nós não nos sentimos *tão mal assim* para termos de nos sentir mal à maneira estoica!

## 327 - Levar a sério

O intelecto da maioria dos homens é uma máquina pesada, sombria e rangente, difícil de pôr em movimento; quando querem trabalhar com ela e pensar bem com essa máquina dizem que "*levam* a coisa *a sério*"– oh! como deve ser penoso para eles "pensar bem"!

A graciosa besta humana tem a aparência de perder cada vez seu bom humor quando se põe a pensar bem; ela se torna "séria"! E "*em toda parte onde há riso e alegria, o pensamento não vale nada*": esse é o preconceito dessa besta séria contra toda "gaia ciência". Pois bem! Mostremos que se trata de um preconceito.

## 328 - Prejudicar a estupidez

É certo que no conjunto a reprovação do egoísmo, crença pregada com tanta obstinação e convicção, prejudicou o egoísmo (*em benefício dos instintos de rebanho*, vou repeti-lo mil vezes!), sobretudo pelo fato de que lhe tirou a boa consciência, ensinando a procurar no egoísmo a verdadeira fonte de todos os males.

"A procura de teu próprio interesse é a desgraça de tua vida" – isso é o que foi pregado durante milhares de anos: isso fez muito mal ao egoísmo e lhe tirou muito espírito, muita serenidade, muita engenhosidade, muita beleza, foi bestializado, enfeado, envenenado! – Pelo contrário, os antigos filósofos indicaram outra fonte principal do mal: desde Sócrates, os pensadores não cessaram de pregar: "*Sua irreflexão e sua estupidez, a amenidade de sua vida regular, sua sobordinação à opinião do vizinho, essas são as razões que lhes impedem tão frequentemente de chegarem à felicidade – nós, pensadores, somos os mais felizes porque pensamos.*"

Não nos perguntemos aqui se este sermão contra a estupidez tem mais razões em seu favor que o sermão contra o egoísmo; o que é certo é que eliminou a estupidez de sua boa consciência: – esses filósofos *prejudicaram a estupidez*!

## 329 - Lazer e ociosidade

Há uma selvageria totalmente índia, particular ao sangue dos peles-vermelhas, na maneira como os americanos aspiram ao ouro; e seu frenesi do trabalho – o verdadeiro vício do novo mundo – já começa a contaminar a velha Europa, a torná-la selvagem ao propagar uma falta de espírito de todo singular. Agora se tem vergonha do repouso; parece que se morde os dedos ao pensar em meditar. Reflete-se de relógio na mão, mesmo quando se está almoçando, com um olho no andamento da bolsa de valores – vive-se como alguém que sem cessar tivesse medo de "deixar escapar" alguma coisa. "*É preferível fazer qualquer coisa que não fazer nada*" – esse princípio também é uma corda apropriada para estrangular todo gosto superior.

E do mesmo modo que todas as formas desaparecem num piscar de olhos nesse labor frenético, assim também perecem o sentimento da forma, o ouvido e a vista pela melodia do movimento. A prova disso está na *pesada precisão* que se exige agora em todas as situações em que o homem quer ser leal para com o homem, em suas relações com os amigos, as mulheres, os pais, os filhos, os professores, os alunos, os guias e os príncipes – não se tem mais nem tempo nem força para as cerimônias, para a cortesia com graça, para todo *espírito* de conversa e, em geral, para todo lazer. De fato, a caça ao ganho força o espírito a se esgotar numa dissimulação sem trégua, numa ilusão permanente ou na preocupação de desmascarar o outro: a verdadeira virtude consiste agora em superar o vizinho.

Não há, por conseguinte, senão raras horas *permitidas* de lealdade: mas então se está cansado e só se aspira a "deixar correr" e a estender-se pesadamente na cama. Isso é o que se faz agora na própria *correspondência*; o estilo e o espírito das cartas serão sempre o verdadeiro "sinal do tempo". Se ainda se encontra prazer na sociedade e nas artes, é um prazer de escravos cansados pelo trabalho. Ah! Como fica contente por pouca coisa essa gente culta e inculta!

Ah! que suspeita sempre crescente a respeito de toda alegria! O *trabalho* tem sempre mais a boa consciência de seu lado: a inclinação à alegria já é chamada de "necessidade de repouso" e começa a ter vergonha de si mesma. "*É bom para a saúde*" – é assim que se fala quando se é surpreendido num passeio pelo campo. Sim, neste ritmo as coisas poderão ir rapidamente tão longe que não se ousará mais ceder a uma inclinação pela *vida contemplativa* (isto é, a passear com pensamentos e amigos) sem se desprezar nem ter má consciência: – Pois bem, antigamente era o contrário: o que conferia má consciência era o trabalho.

Um homem de boa origem *escondia* seu trabalho, se a miséria o constrangia o fazer um. O escravo trabalhava esmagado pelo sentimento de fazer alguma coisa de desprezível: – o próprio "fazer" já era algo de desprezível. "*Só há nobreza e honra no ócio e na guerra*": era assim que falava a voz do preconceito antigo!

## 330 – Aplausos

O pensador não tem necessidade de aplausos, desde que esteja certo dos seus: pois, esses não pode dispensá-los. Alguém pode se dispensar de todo aplauso? Duvido muito. Mesmo o sábio entre os sábios, Tácito[101], que não era um caluniador da sabedoria, dizia: "*Quando etiam sapientibus gloriae cupido novissima exuitur*"[102] – o que para ele quer dizer: nunca.

## 331 – É preferível ser surdo que ensurdecido

Antigamente se queria que todos ouvissem seu *nome*: hoje isso não basta, pois a praça ficou muito grande – é preciso *gritar e muito alto* para ser ouvido. A consequência é que as melhores gargantas enrouquecem para oferecer as melhores mercadorias; sem gritos em praça pública e sem enrouquecimento não pode mais haver gênios em nossos dias. – Essa é realmente um época bem vil para o pensador: deve reaprender a encontrar sua calma entre duas algazarras e fazer-se de surdo até tornar-se de fato. Enquanto não tiver aprendido isso, corre o risco de perecer de impaciência e de dores de cabeça.

## 332 – A má hora

Deve ter havido para cada filósofo uma hora má em que pensou: "Que importância posso ter, se não acreditam também em meus maus argumentos?" – E então um pássaro malicioso, passando ao lado dele, se pôs a gorjear: "*Que importância tens? Que importância tens tu?*"

## 333 – O que é conhecer?

"*Non ridere, non lugere, neque detestari, sed intelligere*"[103], diz

[101] Caius Cornelius Tacitus (55-120), historiador latino (NT).

[102] Frase latina que significa "Mesmo os sábios só dispensam em último caso a sede de glória" (NT).

[103] (18) Frase latina que significa "não rir, não chorar, nem detestar, mas compreender" (NT).

Spinoza[104] com essa simplicidade e essa elevação que lhe são peculiares. Mas o que vem a ser, em última análise, este *intelligere* senão a forma pela qual os três outros atos se tornam sensíveis de repente?

Senão o resultado de diferentes instintos que se contradizem, do desejo de zombar, de se queixar ou de maldizer? Para que o conhecimento seja possível, é necessário que cada um desses instintos dê sua opinião parcial sobre o objeto ou o acontecimento; então começa a luta desses julgamentos incompletos e o resultado é às vezes um meio-termo, uma pacificação, uma concessão mútua entre os três instintos, uma espécie de justiça e de contrato: de fato, por meio da justiça e do contrato todos esses instintos podem subsistir e ter razão ao mesmo tempo.

Nós, que não guardamos traço em nossa consciência senão das últimas cenas de reconciliação, de últimas prestações de contas, pensamos que *intelligere* é alguma coisa de conciliante, de justo, de bom, de essencialmente oposto aos instintos; ao passo que não é na realidade senão uma certa *relação dos instintos entre eles*.

Durante muito tempo se considerou o pensamento consciente como o pensamento por excelência: agora somente começamos a entrever a verdade, isto é, que a maior parte de nossa atividade intelectual se efetua de uma forma inconsciente e sem sentirmos nada; mas acredito que esses instintos que lutam entre si se entendem muito bem em se tornar perceptíveis e a se prejudicar *mutuamente*; – o formidável e súbito esgotamento de que são afetados todos os pensadores poderia ter sua origem aqui (é o esgotamento do campo de batalha).

Sim, talvez haja em nós muitos *heroísmos* escondidos em luta, nada de divino contudo, nada que repousa eternamente em si mesmo, como pensava Spinoza.

O pensamento *consciente*, e sobretudo o do filósofo, é o menos violento e, por conseguinte também, relativamente a mais suave e a mais tranquila forma de pensamento: é por isso que na maioria das vezes é o filósofo o mais exposto a se enganar sobre a natureza do conhecimento.

## 334 – Amar se aprende

Aqui está o que ocorre na música: em primeiro lugar é preciso *aprender a ouvir* em geral um tema ou um motivo, é preciso percebê-lo,

[104] (19) Baruch Spinoza (1632-1677), filósofo holandês (NT).

distingui-lo, isolá-lo e limitá-lo numa vida própria; depois é preciso um esforço de boa vontade para suportá-lo, apesar de sua novidade, para ter paciência em relação a seu aspecto e a sua expressão, de caridade por sua singularidade: – chega enfim o momento em que já estamos *habituados* a ele, em que o esperamos, em que pressentimos que nos faltaria se não viesse; a partir de então começa a exercer por seu encanto e não cessa até que nos tornemos os amantes humildes e encantados, que não querem nada mais desse mundo senão esse motivo e sempre esse motivo. – Mas isso não ocorre somente com a música: foi exatamente da mesma maneira que *aprendemos a amar* as coisas que amamos.

Finalmente, somos sempre recompensados por nossa boa vontade, nossa paciência, nossa equidade, nossa doçura com relação às coisas estranhas, quando para nós as coisas afastam lentamente seu véu e se apresentam em sua nova e indizível beleza: é sua melhor maneira de *agradecer* nossa hospitalidade. Mesmo o amor de si passa por isso: não há outro caminho. O amor também deve ser aprendido.

## 335 – Viva a física!

Quantos homens sabem observar? E entre o pequeno número daqueles que sabem – quantos se observam a si próprios? "*Cada um é o mais distante de si mesmo*" – todos aqueles que perscrutam as almas sabem disso e o deploram; na boca de um deus e dirigida aos homens, a máxima "conhece-te a ti mesmo!" é quase uma maldade.

Que não há nada mais a esperar disso, nada o prova melhor que a forma pela qual *quase todo mundo* fala da essência de um ato moral, essa maneira de ser pronta, empenhativa, convicta, indiscreta, com seu olhar, seu sorriso, sua complacência!

Parece que querem te dizer: "*Mas, meu caro, essa é justamente minha especialidade! Tu cais precisamente sobre quem pode te responder: é o assunto que mais domino. Ora, quando um homem diz* "isto é correto", *quando conclui* "é por isso que deve ser assim" *e quando, finalmente, faz o que assim reconheceu correto e designado como necessário – então a essência de seu ato é moral!*" – Mas, meu caro amigo, tu me falas de três ações em lugar de uma só: e o juízo "isto é correto", por exemplo, é também um ato – não se poderia desde logo emitir um juízo moral ou imoral? *Por que* consideras isso, e isso em particular, como *correto*? – "*Porque minha consciência me diz isso;*

*a consciência nunca diz nada de imoral, pois é ela que determina o que deve ser moral*!" – Mas por que *escutas* a voz de tua consciência?

O que é que te dá o direito de aceitar como verdadeiro e infalível semelhante juízo? Para essa *crença* – não há outra consciência? Uma consciência atrás de tua "consciência"? Teu juízo "*isto é correto*" tem uma pré-história em teus instintos, em tuas inclinações, em tuas antipatias e em tuas inexperiências; deves te perguntar: "*Como esse juízo se formou*?" E depois esta: "O que é que *me impele no fundo a escutá-lo*?" Podes dar ouvidos à sua ordem, como um bravo soldado que cumpre as ordens de seu oficial. Ou como uma mulher que ama aquele que ordena. Ou ainda como um lisonjeador e covarde que tem medo de seu patrão.

Ou como um tolo que obedece porque não tem nada a objetar. Em resumo, podes obedecer à tua consciência de mil maneiras diferentes. Mas *se* escutas este ou aquele juízo, como a voz de tua consciência, *se* julgas alguma coisa como correta, talvez é porque nunca refletiste sobre ti mesmo e aceitaste cegamente aquilo que, desde tua infância, te foi indicado como *correto*, ou ainda porque o pão e as honras chegaram a ti até o presente com o que chamas de teu dever; – consideras esse dever como "correto" porque te parece ser uma de tuas "condições de existência" (pois teu *direito* à existência te parece irrefutável).

A *firmeza* de teu juízo moral poderia muito bem ser a prova de uma pobreza pessoal, de uma falta de individualidade, tua "força moral" poderia ter sua origem em tua teimosia – ou em tua incapacidade de perceber um ideal novo! Em resumo: se tivesses pensado de uma forma mais sutil, tivesses observado melhor e aprendido mais, nunca mais chamarias "dever" e "consciência" a esse dever e a essa consciência que acreditas serem pessoais: tua religião seria esclarecida sobre *a maneira pela qual sempre se formaram os juízos morais* e ela te faria perder o gosto por esses vocábulos patéticos – precisamente como já perdeste o gosto que tinhas por esses outros termos patéticos, como por exemplo "pecado", "salvação da alma", "redenção". – E agora não me fales do imperativo categórico, meu amigo! – Essa expressão faz cócegas em meus ouvidos e me faz rir apesar de tua presença tão séria: me faz lembrar o velho Kant que, como punição por se ter *apoderado sub-repticiamente* da "coisa em si" - mais uma vez uma coisa bastante ridícula! – foi *apanhado sub-repticiamente* pelo "imperativo categórico" para *se extraviar de novo* com ele, no fundo de seu coração, em direção a "Deus", a "alma", a "liberdade", a "imortalidade", como uma raposa que, achando que está fugindo, retorna para sua jaula – e sua força e sua sabedoria é que tinham partido as grades dessa jaula! – Como? Admiras o imperativo categórico em ti? Essa firmeza a que chamas teu juízo moral? Esse sentimento "absoluto" que "o mesmo juízo que tens nesse caso afeta todo mundo"?

Admira antes nisso seu *egoísmo*! E a cegueira, a pequenez, a modéstia de teu egoísmo! De fato, é egoísmo considerar seu próprio juízo como lei geral; além disso, um egoísmo cego, modesto, mesquinho, porque revela que ainda não te descobriste a ti mesmo, que ainda não criaste para teu uso um ideal próprio que não pertenceria a ninguém senão a ti: – de fato, esse ideal não poderia jamais ser aquele de outro e muito menos aquele de todos! – Aquele que pensa "*nesse caso todos deveriam agir assim*", não avançou ainda cinco passos no conhecimento de si: de outro modo, saberia que não há duas ações semelhantes e que não pode haver – que toda ação que foi realizada o foi de uma maneira única e irreproduzível e que o mesmo acontecerá com qualquer ação futura, que todos os preceitos só se relacionam com o grosseiro lado exterior das ações (do mesmo modo que os preceitos mais exóticos e mais sutis de todas as morais que apareceram até hoje) – que com esses preceitos se pode atingir, é verdade, uma aparência de igualdade, mas *nada mais que uma aparência* – que toda ação, com relação a eles, é e permanece uma coisa impenetrável – que nossas opiniões sobre o que é "bom", "nobre", "grande", não podem jamais ser *demonstradas* por nossos atos, porque todo ato permanece incognoscível – que certamente nossas opiniões, nossas apreciações e nossas tabelas de valores fazem parte das alavancas mais poderosas nas engrenagens de nossas ações, mas que para cada ação particular a lei de sua mecânica é indemonstrável.

*Limitemo*-nos, portanto, à depuração de nossas opiniões e de nossas apreciações e à criação de *novas tabelas de valores* que nos sejam próprias; – mas não queremos raciocinar sobre o "valor moral dos nossas ações"! Sim, meus amigos, está na hora de mostrar o próprio desgosto por todo o palavreado moral de uns e outros. Produzir sentenças morais deve ser contrário a nosso gosto.

Deixemos esse palavreado e esse mau gosto para aqueles que não têm nada de melhor a fazer do que trazer o passado para o presente e que nunca são atuais – à multidão, portanto, à grande maioria!

Mas nós *queremos nos tornar aqueles que realmente somos* – os novos, os únicos, os incomparáveis, aqueles que produzem suas próprias leis, aqueles que se criam a si próprios!

E para isso é necessário que sejamos daqueles que aprendem e descobrem melhor tudo aquilo que é lei e necessidade no mundo: é necessário que sejamos *físicos* para poder ser, nesse sentido, *criadores* – ao passo que até hoje toda avaliação e todo ideal se fundavam num *desconhecimento* da física, em *contradição* com ela. Por isso: viva a física! E mais ainda o que nos *impele* para ela: nossa probidade!

## 336 - Avareza da natureza

Por que a natureza foi tão parcimoniosa com relação aos homens, a ponto de não fazê-los brilhar, um mais, outro menos, segundo a intensidade de sua luz? Por que os grandes homens não possuem, em sua alvorada como em seu ocaso, um brilho tão belo como aquele do sol?

Se assim fosse, haveria menos equívocos ao viver entre os homens!

## 337 - A "humanidade" do futuro

Quando olho com os olhos de uma época distante para esta, não posso encontrar nada de mais singular no homem atual que sua virtude e sua doença particular que é chamada o "sentido histórico".

É a isca de uma coisa completamente nova e estranha na história: que sejam dados a esse germe alguns séculos e mais e acabará talvez por aparecer uma planta maravilhosa com perfume não menos maravilhoso, própria a tornar nossa velha terra mais agradável de habitar do que tem sido até o presente. É que, nós homens modernos, começamos a formar a corrente de um sentimento que o futuro haverá de tornar muito poderoso, elo por elo – mal sabemos o que fazemos.

Parece-nos quase que não se trata de um sentimento novo, mas somente de um enfraquecimento de todos os sentimentos antigos: – o sentido histórico é ainda uma coisa tão pobre e tão fria que resfria muitos, até os congela, os torna mais pobres e mais frios ainda. Para outros, é o indício da velhice que chega e nosso planeta lhes parece como um melancólico doente que, para esquecer o presente, escreve a história de sua juventude.

Com efeito, esse é um dos aspectos desse novo sentimento: aquele que sabe considerar a história do homem, em seu conjunto, como *sua história*, esse sente, numa enorme generalização, toda a aflição do doente que pensa na saúde, do velho que se lembra do sonho de sua juventude, do apaixonado privado de sua bem-amada, do mártir cujo ideal é destruído, do herói na tarde de uma batalha cuja sorte ficou indecisa e da qual guarda no entanto ferimentos e o pesar da morte de um amigo. – Mas carregar essa soma enorme de misérias de toda espécie, poder carregá-la e ser, apesar disso, o herói que saúda a aurora da felicidade, no segundo dia de batalha, a vinda da felicidade, como homem que tem por horizonte milênios, como herdeiro de toda a nobreza, de todo o espírito do passado, herdeiro obrigado, o mais nobre de todos e, ao mesmo tempo, o primeiro de uma nova nobreza, como nenhum tempo nunca viu nem sonhou nada de igual: tomar tudo isso sobre sua alma, o que há de mais antigo e de mais recente, as perdas, as esperanças, as conquistas, as vitórias da humanidade e reunir, enfim, tudo isso numa única alma, resumi-lo num único sentimento – aí está o que deveria produzir uma felicidade que o homem ainda não conheceu até o presente – a felicidade de um deus cheio de poder e de amor, cheio de lágrimas e risos, uma felicidade que, semelhante ao sol da tarde, derramaria em profusão sua riqueza inesgotável no mar e que, como o sol, não se sentiria o mais rico senão quando o mais pobre pescador remasse com remos de outro. Essa felicidade divina se chamaria então - humanidade!

## 338 – A vontade de sofrer e os compassivos

É salutar para vocês ser antes de tudo homens compassivos? É salutar para aqueles que suportam que vocês sejam compassivos? Deixemos por enquanto sem resposta minha primeira pergunta. – O que nos faz sofrer mais profundamente e mais pessoalmente é quase incompreensível e inacessível a todos os outros; é nisso que ficamos escondidos a nosso próximo, mesmo quando comesse conosco no mesmo prato. Em toda parte onde se *observa* que sofremos, nosso sofrimento é mal interpretado; é próprio da compaixão *despojar* o sofrimento estranho daquilo que tem de verdadeiramente pessoal: – nossos "benfeitores", mais que nossos inimigos, diminuem nosso valor e nossa vontade. Na maioria dos benefícios com que se gratifica os infelizes há alguma coisa de revoltante, por causa da despreocupação intelectual com que o compassivo costuma brincar com o destino: não sabe nada de todas as consequências e de todas as complicações interiores que, para mim ou para ti, se chamam infelicidade!

Toda a economia de minha alma, seu equilíbrio por causa da "infelicidade", as novas fontes e as novas necessidades que surgem, os velhos ferimentos que cicatrizam, as épocas inteiras do passado que são repisadas – tudo isso, tudo o que pode estar ligado à infelicidade, não preocupa esse caro compassivo, ele quer *socorrer* e não pensa que existe uma necessidade pessoal da desgraça, que, tu e eu, temos tanta necessidade do medo, das privações, do empobrecimento, das vigílias, das aventuras, dos riscos, das transgressões, como do contrário disso tudo e mesmo, para me exprimir de uma forma mística, que o caminho de nosso próprio céu sempre atravessa a volúpia de nosso próprio inferno. Não, ele não sabe nada de tudo isso: a "*religião da compaixão*", ou o "coração", ordena socorrer e se acredita que se deu a melhor ajuda quando se ajudou depressa!

Se vocês, partidários dessa religião, professam verdadeiramente, com relação a vocês mesmos, semelhante sentimento àquele que vocês têm em relação a seu próximo, se não quiserem olhar sobre vocês mesmos, durante uma hora, seu próprio sofrimento, prevenindo sempre toda infelicidade possível, se consideram em geral a dor e a miséria como más, odiosas, dignas de serem destruídas, como uma tara da vida, pois bem então! além de sua religião da compaixão, vocês têm ainda no coração outra religião e esta é talvez a mãe daquela – *a religião do bem-estar*. Ai de mim! Como vocês conhecem mal a infelicidade dos homens, vocês gente do conforto e de boa vontade! – de fato, a felicidade e a infelicidade são irmãs gêmeas que crescem juntas ou que, como entre vocês, *ficam pequenas* juntas! Mas regressemos a nossa primeira pergunta. – Como é possível se manter em seu *próprio* caminho? A todo o instante um grito qualquer nos desvia dele; raramente nosso olhar percebe alguma coisa que mereça que abandonemos nossos negócios para acorrer. Sei que há mil maneiras honestas e louváveis para me afastar de *meu caminho* e são certamente maneiras altamente "morais"! A opinião dos pregadores da moral e da piedade vai mesmo hoje ao ponto de dizer que isso, e somente isso, é moral: – ou seja, desviar-se de seu caminho para correr em socorro do próximo. E sei com tanta certeza que não tenho mais do que me expor durante um instante a uma miséria verdadeira para me ver *eu mesmo* perdido!

Se um amigo em sofrimento me dissesse: "*Olha, vou morrer; promete-me que vais morrer comigo*" – eu o prometeria, da mesma forma que o espetáculo de um pequeno povo das montanhas, combatendo por sua liberdade, me impeliria a lhe oferecer meu braço e minha vida: – para não escolher senão maus exemplos por boas razões.

Sim, há uma secreta sedução, em todas essas orações, em todos esses apelos por socorro, pois nosso "próprio caminho" é precisamente alguma coisa de demasiado duro e exigente; alguma coisa que está muito distante do amor e do reconhecimento dos outros – não é sem prazer que escapamos dele, dele e de nossa consciência mais individual, para nos refugiarmos na consciência dos outros e no templo encantador da "religião da compaixão".

Logo que hoje eclode uma guerra qualquer, eclode ao mesmo tempo, entre os homens mais nobres de um povo, uma alegria, mantida secreta, é verdade: eles se lançam com encanto à frente do novo perigo de *morte*, porque acreditam ter finalmente encontrado no sacrifício pela pátria essa permissão há muito tempo procurada – a permissão de *escapar de seu objetivo*: – a guerra é para eles um desvio para o suicídio, mas um desvio com boa consciência.

E, calando aqui certas coisas, não quero contudo calar minha moral que me ordena: Vive escondido para *poder* viver para ti, vive *ignorante* daquilo que importa mais a tua época! Coloca, entre ti e hoje, pelo menos a espessura de três séculos! E os clamores do dia, o estrondo das guerras e das revoluções não devem chegar a ti senão como um murmúrio! Se quiseres ajudar alguém, ajuda aqueles de quem *compreendes* inteiramente o sofrimento, aqueles que têm contigo uma alegria e uma esperança em comum – teus *amigos*: e somente da maneira como tu te ajudas a ti mesmo: – "*quero torná-los mais corajosos, mais tolerantes, mais simples, mais alegres! Quero lhes ensinar aquilo que hoje tão pouca gente compreende e esses pregadores da compaixão menos que ninguém: – não mais o sofrimento comum, mas a alegria comum!*"

## 339 – "VITA FEMINA"[105]

Ver a última beleza de uma obra – que ciência e que boa vontade poderiam bastar; são necessários os mais raros, os mais felizes acasos para que o véu das nuvens se afaste desses cumes para

[105] Expressão latina que significa "vida feminina ou, literalmente, vida mulher" (NT).

deixar brilhar o sol. É preciso não somente que nos encontremos exatamente no melhor local, mas ainda que nossa própria alma tenha afastado os véus de seus cumes e sinta a necessidade de uma expressão e de um símbolo exterior, como para ter um apoio e se tornar senhora de si própria. Mas tudo isto se encontra tão raramente reunido que estou tentado a crer que os mais altos cumes de tudo o que é bem, seja a obra, a ação, a honra, a natureza, permaneceram para a maioria dos homens, mesmo para os melhores, alguma coisa de escondido e de velado: – entretanto, o que desvela a nós *só se desvela uma vez*! – É verdade que os gregos pediam: "*Que tudo o que é belo retorne duas ou três vezes*!" – eles tinham, ai! uma boa razão para invocar os deuses, pois a realidade ímpia não nos confere a beleza e, se no-la dá, só o faz uma vez! Quero dizer que o mundo está repleto de belas coisas e, apesar disso, pobre, muito pobre em belos instantes e em revelações dessas coisas.

Mas talvez que seja esse o maior encanto da vida: carrega com ela, bordado a ouro, um véu de belas possibilidades, prometedoras, selvagens, pudicas, zombeteiras, complacentes e tentadoras. Sim, a vida é mulher!

## 340 – Sócrates moribundo

Admiro a coragem e a sabedoria de Sócrates em tudo o que fez, em tudo o que disse – e em tudo o que não disse. Esse catador de ratos e esse gnomo de Atenas, zombeteiro e amoroso, que fazia tremer e soluçar os jovens petulantes de Atenas, foi não somente o mais sábio de todos os tagarelas, foi também grande no silêncio. Mas eu teria preferido que ele o tivesse guardado até o fim – talvez pertencesse então a uma categoria dos espíritos ainda mais elevada. Teria sido a morte ou o veneno, a compaixão ou a maldade? – alguma coisa no derradeiro momento lhe soltou a língua e disse: "*Ó Críton, devo um galo a Esculápio.*" Estas "últimas palavras", ridículas e terríveis, significam para quem tiver ouvidos: "*Ó Críton, a vida é uma doença*!" Será possível! Um homem que foi alegre diante de todos, como um soldado – esse homem era pessimista! É que, no fundo, durante toda a vida, contra a má sorte tinha tido bom coração e havia escondido o tempo inteiro seu verdadeiro juízo, seu sentimento interior! Sócrates, Sócrates *sofreu com a vida*! E se vingou dela – com suas palavras veladas, espantosas, piedosas e blasfemas! Um verdadeiro Sócrates teve ainda necessidade de se vingar? Faltava um grão de generosidade à sua virtude tão rica? Ai! meus amigos! Temos de superar até mesmo os gregos!

## 341 – O peso mais pesado

E se um dia, ou uma noite, um demônio te seguisse em tua suprema solidão e te dissesse: "*Esta vida, tal como a vives atualmente, tal como a viveste, vai ser necessário que a revivas mais uma vez e inumeráveis vezes; e não haverá nela nada de novo, pelo contrário! A menor dor e o menor prazer, o menor pensamento e o menor suspiro, o que há de infinitamente grande e de infinitamente pequeno em tua vida retornará e tudo retornará na mesma ordem – essa aranha também e esse luar entre as árvores e esse instante e eu mesmo! A eterna ampulheta da vida será invertida sem cessar – e tu com ela, poeira das poeiras*!" – Não te jogarias no chão, rangendo os dentes e amaldiçoando esse demônio que assim falasse?

Ou talvez já viveste um instante bastante prodigioso para lhe responder: "*Tu és um deus e nunca ouvi coisa tão divina*!" Se este pensamento te dominasse, tal como és, te transformaria talvez, mas talvez te aniquilaria; a pergunta "*queres isso ainda uma vez e um número incalculável de vezes*?", esta pergunta pesaria sobre todas as tuas ações com o peso mais pesado! E então, como te seria necessário amar a vida e amar a ti mesmo para *não desejar mais outra coisa* que essa suprema e eterna confirmação, esse eterno e supremo selo!

## 342 – "Incipit tragoedia"[106]

Quando Zaratustra[107] tinha trinta anos, deixou sua pátria, perto do lago de Urmi, e foi para a montanha. Lá usufruiu de seu espírito e de sua solidão e não se cansou durante dez anos. Mas por fim seu coração se transformou – e, uma manhã, levantando-se com a aurora, avançou em direção ao sol e lhe falou assim: "*Ó grande astro! Que felicidade seria a tua, se não tivesses aqueles a quem iluminas! Há*

[106] Expressão latina que significa "a tragédia começa" (NT).

[107] Expressão latina que significa "a tragédia começa" (NT).

*dez anos que vens aqui à minha caverna: tu te terias cansado de tua luz e de teu caminho sem mim, minha águia e minha serpente; mas nós te esperávamos todas as manhãs, te tomávamos teu supérfluo e te abençoávamos. Pois bem, vê! Estou aborrecido de minha sabedoria como a abelha que recolher mel demais; tenho necessidade de mãos que se estendam. Gostaria de dar e de distribuir até que os sábios entre os homens voltassem a ser felizes com sua loucura e os pobres, felizes com sua riqueza. Por isso devo descer até as profundezas: como tu fazes à noite, quando te vais para trás dos mares, levando tua claridade para baixo do mundo, ó astro transbordante de riqueza! – Devo descer, como tu, devo me deitar, como dizem os homens para quem pretendo ir. Abençoa-me, portanto, olho tranquilo que podes ver sem inveja mesmo uma felicidade muito grande! Abençoa a taça que quer transbordar, que a água totalmente dourada jorre levando em toda parte o reflexo de tua alegria! Vê! Esta taça quer se esvaziar de novo e Zaratustra quer voltar a ser homem."* – Assim começou o declínio de Zaratustra.

# Livro V[1]

[1] sta quinta parte não existia na primeira edição desta obra, que remonta a 1882; foi acrescentada na edição de 1887 (NT).

# Nós, os Sem Medo

*"Tremes, carcaça? Tremerias*
*muito mais, se soubesses para onde te levo."*

Turenne[108]

[108] (2) Henri de la Tour d'Auvergne, visconde de Turenne (1611-1675), marechal francês (NT).

## 343 – Nossa alegria

O mais importante dos acontecimentos recentes – o fato de que "*Deus está morto*", o fato de que a crença no Deus cristão se tornou impossível – começa já a projetar sobre a Europa suas primeiras sombras. Pelo menos para o pequeno número daqueles cujo olhar e a desconfiança do olhar são bastante aguçados e sutis para esse espetáculo, um sol parece ter-se posto, uma velha e profunda confiança se ter transformado em dúvida: nosso velho mundo deve lhes parecer todos os dias mais crepuscular, mais suspeito, mais estranho, mais "velho". Para o essencial, porém, o acontecimento é demasiado grande, distante, afastado da compreensão da maioria para que se possa dizer que a notícia chegou, e muito menos ainda que a maioria tenha compreendido o que realmente ocorreu – e tudo o que vai desmoronar agora que essa fé foi enterrada, tudo o que estava construído em cima, tudo o que se apoiava nela e tudo o que nela crescia: por exemplo, toda a nossa moral europeia. Uma série sem fim de demolições, de destruições, de ruínas e de quedas nos esperam: quem, pois, o imaginar hoje para ser o iniciador e o adivinho dessa enorme lógica de terror, o profeta de um assombro e de uma escuridão que talvez nunca tiveram lugar na terra? Nós, nós mesmos adivinhos de nascença, que ficamos como que à espera nos cumes, esquartejados entre o ontem e o amanhã, nós primogênitos, nós os prematuros do século futuro, nós que *deveríamos* perceber desde já as sombras que a Europa está prestes a projetar: como se explica, pois, que nós mesmos esperemos sem um interesse verdadeiro e especialmente sem preocupação nem temor a vinda desse assombro?

Será que ainda estamos demasiadamente dominados pelas primeiras consequências desse acontecimento? – De fato, essas primeiras consequências, contrariamente ao que se poderia talvez esperar, não nos aparecem de forma alguma tristes e sombrias, mas, pelo contrário, como uma espécie de luz nova, difícil de descrever, como uma espécie de felicidade, de alegria, de serenidade, de encorajamento, de aurora... De fato, nós, filósofos e, "espíritos livres", sabendo que "*o Deus antigo está morto*", nos sentimos iluminados de uma nova aurora; nosso coração transborda de gratidão, de espanto, de apreensão e de expectativa – enfim, o horizonte nos parece novamente livre, embora não esteja ainda claro – finalmente, nossos navios podem voltar a içar as velas, navegar diante do perigo, todos os imprevistos do acaso daquele que procura o conhecimento são novamente permitidos; o mar, *nosso* pleno mar, se abre de novo diante de nós e talvez jamais tenha havido um tão "pleno".

## 344 - Em que somos, também nós, ainda piedosos

Com justa razão se diz que, no domínio da ciência, as convicções não têm direito de cidadania: só quando se decidem a adotar modestamente as formas provisórias da hipótese, do ponto de vista experimental, de um artifício de regulamentação, é que se pode lhes conceder o acesso e mesmo um certo valor no domínio do conhecimento – com a condição de continuarem, todavia, sob uma vigilância de polícia, sob o controle da desconfiança. – Mas isso não quer dizer, no fundo, que é unicamente quando a convicção *deixa* de ser convicção que se pode lhe conceder a entrada na ciência? A disciplina do espírito científico não começaria somente a partir do momento em que não se permite mais qualquer convicção?... É provável. Ora, trata-se ainda de saber se, *para que essa disciplina possa começar*, uma convicção não é indispensável, uma convicção tão imperiosa e tão absoluta que force todas as outras a se sacrificar por ela. Vê-se que a própria ciência se baseia numa fé e que não poderia existir ciência "incondicionada".

Ela pressupõe que *a verdade* importa, a ponto de afirmar que "*nada importa mais que a verdade*" e que "*com relação a ela, todo o resto não tem senão um valor de segunda ordem*". Este é seu princípio, sua fé, sua convicção. – Mas essa vontade absoluta, o que vem a ser? Será vontade de *não se deixar enganar*? Será vontade de *não enganar*? A vontade de verdade poderia também ser interpretada dessa maneira por pouco que se admita que dizer "*não quero me enganar*" é a generalização do caso particular "*não quero enganar*". Mas por que não enganar? Mas por que não se deixar enganar? – É preciso notar que as razões da primeira eventualidade se encontram em domínio completamente diferente daquelas que respondem à segunda. Não se quer deixar-se enganar porque se considera que é prejudicial, perigoso, nefasto ser enganado – nesse sentido, ciência seria uma longa astúcia, responderia a uma precaução, teria uma utilidade, a que se poderia justamente objetar: como?

O fato de não querer se deixar enganar diminuiria verdadeiramente os riscos de encontrar coisas prejudiciais, perigosas, nefastas? Que sabem vocês a priori do caráter da existência para poder decidir se a maior vantagem está do lado da desconfiança absoluta ou do lado da confiança absoluta? Mas no caso em que as duas coisas fossem necessárias, muita confiança *e* muita desconfiança: onde iria a ciência procurar essa fé absoluta, essa convicção que lhe serve de base, que diz que a verdade é mais importante que qualquer outra coisa e também mais importante que qualquer outra convicção? Essa convicção precisamente não poderia ter-se formado, se a verdade e a não-verdade afirmavam ambas ao mesmo tempo sua utilidade, essa utilidade que é um fato. Portanto, a fé na ciência, essa fé que é incontestável, não ter tirado sua origem e, semelhante cálculo de utilidade, pelo contrário, ela se formou, *apesar* da demonstração constante da inutilidade e do perigo que residem na "vontade de verdade", na "verdade a qualquer custo". "A qualquer custo", ai! Sabemos muito bem o que isso quer dizer quando oferecemos e sacrificamos nesse altar uma crença depois da outra! – Por conseguinte, "vontade de verdade" *não* significa "*não quero me deixar enganar*", mas – e não há escolha – "*não quero enganar, nem a mim mesmo, nem os outros*": *e aqui estamos no terreno da moral.*

De fato, seria bom perguntar a fundo: "Por que não queres enganar?", sobretudo quando poderia haver aparência – e é bem esse o caso! – porque a vida não é feita senão em vista da aparência, quero dizer, em vista do erro, do engano, da dissimulação, do deslumbramento, da cegueira, e que então, por outro lado, a grande forma da vida sempre se mostrou do lado dos menos escrupulosos espertalhões.

Semelhante desígnio poderia talvez se assemelhar, para me exprimir com delicadeza, a algo de dom-quixotesco, a uma pequena sem-razão entusiasta, mas poderia ser algo de pior ainda, quero dizer, um princípio destruidor que põe a vida em perigo...

"Vontade de verdade" – isso poderia esconder uma vontade de morte. – De modo que a pergunta "por que a ciência?" se reduz ao problema moral: "*Por que, no fundo, a moral*", se a vida, a natureza, a história são "imorais"? Sem dúvida alguma, o verídico, no sentido mais ousado e mais extremo, como o pressupõe a fé na ciência, *afirma assim outro mundo* do que aquele da vida, da natureza e da história; e, enquanto afirma esse outro mundo – como? não é preciso, por isso mesmo, negar seu antípoda, esse mundo, nosso mundo?...

Mas já se terá compreendido aonde quero chegar, ou seja, que é sempre e ainda numa *crença metafísica* que baseia nossa fé na ciência

– que nós também, nós que procuramos hoje o conhecimento, nós os ímpios e os antimetafísicos, nós ainda emprestamos nosso fogo ao incêndio que uma fé de mil anos de velhice acendeu, essa fé cristã que era também aquela de Platão, segundo a qual Deus é a verdade e a verdade é divina...

Mas se precisamente isso se tornasse cada vez menos provável, se nada se afirmasse mais como divino que o erro, a cegueira e a mentira – se o próprio Deus se revelasse como nossa mais imensa mentira?

## 345 – A moral como problema

A falta de personalidade se expia em toda parte; uma personalidade enfraquecida, frágil, apagada, que se nega e se renega a si própria não serve para mais nada – e, menos que qualquer outra coisa, para a filosofia. O "desinteresse" não tem nenhum valor, nem no céu nem na terra; os grandes problemas exigem todos *o grande amor* e só os espíritos vigorosos, nítidos e seguros são capazes desse grau de amor, os espíritos de base sólida, pois repousam sobre si próprios.

Há uma diferença considerável entre um pensador que toma pessoalmente posição diante de seus problemas, a ponto de fazer deles seu destino, seu esforço e também sua maior felicidade, e aquele que se aproxima de seus problemas de forma "impessoal", aquele que só sabe abordá-los e tomá-los com as antenas da fria curiosidade. Este último não chegará a nada, certamente, admitindo que os grandes problemas não se deixam apanhar, não se deixam *observar* pelos seres de sangue de rã e pelos fracos.

São assim desde toda a eternidade – uma fantasia que compartilham, aliás, com todas as valentes mulheres. – Como pode ocorrer então que eu não tenha ainda encontrado ninguém, nem mesmo nos livros, ninguém que se posicionaria diante da moral como se ela fosse algo de individual, que faria da moral um problema e desse problema sua dificuldade, *seu* tormento, *sua* volúpia e *sua* paixão individuais?

É evidente que até hoje a moral não foi um problema; pelo contrário, foi o terreno neutro onde, depois de todas as desconfianças, dissensões e contradições, se acabava por estar de acordo, foi o local sagrado da paz onde os pensadores descansam de si próprios, onde respiram e revivem. Não vejo ninguém que tenha ousado uma *crítica* dos valores morais: verifico até, nesse caso, uma ausência de curiosidade científica, dessa imaginação delicada e aventureira dos psicólogos e dos historiadores que se antecipam muitas vezes aos problemas, apanhando-os no ar sem saber muito bem o que estão apanhando.

Foi com dificuldade que consegui descobrir algumas raras tentativas de uma *história das origens* desses sentimentos morais e dessas apreciações (o que é coisa completamente diferente de uma crítica e ainda coisa bem diversa que a história dos sistemas éticos): num caso isolado fiz de tudo para encorajar uma inclinação e um talento para com esse gênero de história – constato hoje que era em vão. Os historiadores da moral (ingleses, na maioria) são de pouca importância: eles estão ainda geralmente, de forma ingênua, sob as ordens de uma moral definida; são, sem se darem conta, os escudeiros e fazem parte da escolta: nisso seguem esse preconceito popular da Europa cristã, esse preconceito que se repete sempre com tanta boa-fé e que quer que as características essenciais da ação moral sejam o altruísmo, a renúncia, o desprezo de si, a piedade, a compaixão.

Seu erro habitual é postular uma espécie de *consenso* entre os povos, pelo menos entre os povos civilizados, a respeito de certos preceitos da moral e de concluir que decorre desses preceitos uma obrigação absoluta, mesmo para as relações entre indivíduos. Quando se deram conta do contrário e que, na verdade, entre os diferentes povos as apreciações morais são *necessariamente* diferentes, querem concluir disso que *toda* moral não obriga. Os dois pontos de vista são igualmente pueris.

Os mais sutis dentre eles cometem outro erro: depois de ter mostrado em que podem estar erradas as opiniões que um povo pode ter sobre sua moral ou aquelas que os homens têm sobre toda moral humana e, portanto, sobre a origem da moral, a sanção religiosa, o preconceito do livre-arbítrio, etc., acreditam ter assim criticado a própria moral.

Mas o valor do "*tu deves*" é profundamente diferente e independente de semelhantes opiniões sobre esse preceito e do joio de erros de que está coberto: do mesmo modo a eficácia de um medicamento num doente não tem nenhuma relação com as noções médicas desse doente, quer sejam científicas, quer ele saiba tanto quanto uma velha mulher. Uma moral poderia mesmo ter sua origem num erro: essa constatação não chegaria a afetar o problema de seu valor. – Ninguém, portanto, examinou até hoje o *valor* desse medicamento, o mais célebre de todos, esse medicamento chamado moral: teria sido necessário, antes de mais nada, que ela tivesse sido *posta em questão*. Pois bem! Essa é precisamente nossa tarefa.

## 346 - Nosso ponto de interrogação

Então não compreendem isso? De fato, haverá dificuldade em nos compreender. Procuramos as palavras, talvez procuramos também os ouvidos. Quem somos nós então? Se, com uma expressão antiga, quisermos nos chamar simplesmente ímpios ou incrédulos, ou ainda imoralistas, ainda estaríamos longe de uma designação exata: somos essas três coisas numa frase muito tardia para que se possa compreender – para que vocês possam compreender, senhores indiscretos – os sentimentos que nos animam em nosso estado de espírito.

Não! Não sentimos mais a amargura e a paixão do homem liberto que não pode deixar de transformar sua descrença usual em fé, em objetivo, em martírio! À custa de sofrimentos que nos tornaram frios e duros, adquirimos a convicção que os acontecimentos do mundo não têm nada de divino, nem mesmo nada de razoável, segundo as medidas humanas, nada de lamentável e de justo; sabemos que o mundo em que vivemos é sem Deus, imoral, "desumano" – por muito tempo lhe demos uma interpretação falsa e mentirosa, preparada pelos desejos e a vontade de nossa veneração, isto é, conforme com uma necessidade.

De fato, o homem é um animal que venera! Mas é também um animal desconfiado e o mundo não vale aquilo que imaginamos que valesse, essa é talvez a coisa mais certa de que nossa desconfiança acabou por aprender. Tanta desconfiança, tanta filosofia. Evitamos de qualquer modo dizer que o mundo tem *menos* valor: hoje isso nos pareceria até mesmo risível, se o homem quisesse ter a pretensão de inventar valores que *ultrapassassem* o valor do mundo verdadeiro – foi precisamente disso que regressamos, como de um distante extravio da vaidade e da extravagância humanas que por muito tempo não foi reconhecido como tal.

Essa loucura encontrou sua última expressão no pessimismo moderno, uma expressão mais antiga e mais forte na doutrina de Buda; mas o cristianismo também está repleto dela: ele se mostra nisso de uma forma mais duvidosa e mais equívoca, é verdade, mas nem por isso menos sedutora. "O homem *contra* o mundo", o homem princípio "negador do mundo", o homem como escala das coisas, como juiz do universo que termina por colocar a própria existência em sua balança por julgá-la muito leve – tudo isso é de um mau gosto monstruoso e desencorajador – o que há de mais risível que colocar "o homem *e* o mundo" lado a lado, que sublime presunção não confere esse "e" que os separa!

Mas o quê! Ao rir, não é dar um passo a mais no desprezo dos homens? E, por conseguinte, um passo a mais no pessimismo, no desprezo da existência como a percebemos? Não é cair na suspeita que esse contraste ocasiona, o contraste entre este mundo onde até aqui nossas venerações tinham encontrado um refúgio – essas venerações por causa das quais *suportaríamos* talvez viver – e um mundo *que não é outro senão nós mesmos*: uma suspeita implacável, fundamental e radical com relação a nós mesmos, que se apodera sempre mais de nós europeus, que nos mantém sempre mais perigosamente em seu poder e que poderia facilmente colocar as gerações futuras diante dessa terrível alternativa: "*Suprimam suas venerações, ou então – suprimam-se a si mesmos*!" O último caso levaria ao niilismo; mas o primeiro caso não levaria também – ao niilismo? – Esse é *nosso* ponto de interrogação!

## 347 – Os crentes e sua necessidade de crença

Mede-se o grau de força de nossa *fé* (ou mais exatamente o grau de sua fraqueza) pelo número de princípios "sólidos" de que necessita para se desenvolver, desses princípios que nossa fé não quer ver abalados porque servem de *sustentáculo*. Parece-me que hoje a maioria das pessoas na Europa têm ainda necessidade do Cristianismo, e é por isso que se continua a lhe dar crédito.

De fato, o homem é feito assim: poder-se-ia lhe recusar mil vezes um artigo de fé – se ele tem necessidade dele, continuaria sempre a considerá-lo como "verdadeiro" – conforme essa célebre "prova pela força" de que fala a Bíblia. Alguns têm ainda necessidade de metafísica; mas esse impetuoso *desejo de certeza* que se descarrega hoje ainda sob formas científicas e positivistas nas grandes massas, esse desejo de ter a qualquer custo alguma coisa de sólido (enquanto que o calor desse desejo impede de dar importância aos argumentos em favor da certeza) é também ele o desejo de apoio, de suporte, em resumo, esse *instinto de fraqueza* que, se não cria religiões, metafísicas e princípios de toda espécie, pelo menos os conserva. É um fato que em torno de todos esses sistemas positivistas se eleva a fumaça de um certo sombreado pessimista, algo como a fadiga, o fatalismo, a decepção ou o temor de uma nova decepção – ou ainda a exibição do ressentimento, do mau humor, do anarquismo exasperado e outros mascaramentos do sentimento de fraqueza. A própria violência com que nossos mais instruídos contemporâneos se deixam perder em lamentáveis redutos, em infelizes impasses, por exemplo, na patriotada (é assim que designo o que se denomina *chauvinismo* na França, "*deutsch*" na Alemanha), ou numa estrita profissão de fé estética, à maneira do naturalismo (esse naturalismo que não toma da natureza e que nela só descobre a parte que desperta ao mesmo tempo o desgosto e o espanto – costuma-se chamar isso hoje a *verdade verdadeira*), ou ainda no niilismo à maneira de São Petersburgo (isto é, a *crença na descrença* até o martírio); essa violência é sempre e antes de tudo uma prova de uma *necessidade* de fé, de apoio, de suporte, de recurso...

A fé é tanto mais requerida, a necessidade de fé tanto mais urgente quanto mais faltar vontade: de fato, a vontade como paixão do mando é o sinal distintivo da soberania e da força. Isso significa que, quanto menos alguém sabe comandar, mais violentamente aspira a alguém que ordene, que comande com severidade, a um deus, um príncipe, um Estado, um médico, um confessor, um dogma, uma consciência de partido. Disso se deveria talvez concluir que as duas grandes religiões do mundo, o budismo e o cristianismo, poderiam muito bem ter sua origem, e sobretudo sua propagação repentina, num enorme acesso de *doença da vontade*. E de fato foi realmente assim.

As duas religiões encontraram uma aspiração exaltada até a loucura pela doença da vontade, a necessidade de um "tu deves" impulsionado até o desespero; ambas ensinavam o fatalismo às épocas de enfraquecimento da vontade e ofereciam assim um apoio a uma multidão inumerável uma nova possibilidade de querer, uma fruição da vontade. De fato, o fatalismo é a única "força de vontade" a que podem ser levados mesmo os fracos e os indecisos, como uma espécie de hipnotização de todo o sistema sensitivo e intelectual em benefício da hipertrofia de um só sentimento, de um só ponto de vista que desde então domina – o cristão chama isso sua fé. Quando um homem chega à convicção fundamental de que deve ser comandado, ele se torna "crente"; inversamente, pode-se imaginar uma alegria e uma força de soberania individual, uma liberdade do querer, em que o espírito recusaria toda fé, todo desejo de certeza, exercido como se fosse manter-se sobre as cordas leves de todas as possibilidades, até mesmo a dançar à beira do abismo. Esse espírito seria o espírito livre *por excelência*.

## 348 – Da origem do sábio

O sábio na Europa é encontrado em todas as classes sociais e nos meios mais diversos, como uma planta que não tem necessidade de um solo particular para crescer; por isso veicula, essencial e involuntariamente, as opiniões democráticas. Mas essa origem se trai. Se porventura se está habituado com o olhar a descobrir e a surpreender na prática, numa obra ou num tratado científico, a idiossincrasia do sábio – todo sábio possui a sua – quase sempre se reconhecerá, atrás dessa idiossincrasia, a história primitiva do sábio, sua família e em particular a profissão e o ofício de seus pais. Alguns textos parecem dizer: "*Aí está, terminei, demonstrei o que tinha a demonstrar*"; então é o sangue e o instinto do sábio que se exprimem, é o ancestral que fala e que, de seu recanto, aprova a "tarefa realizada"; – a crença numa demonstração não é senão o sintoma daquilo que desde sempre se considerava, numa família trabalhadora, como "bom trabalho". Um exemplo: os filhos dos escrivães e dos burocratas de toda espécie, cuja tarefa principal sempre consistiu em classificar múltiplos documentos, em distribuí-los por arquivos e, em geral, em esquematizar, mostram, quando se tornam sábios, uma propensão a considerar um problema como resolvido a partir do momento em que estabeleceram o esquema.

Há filósofos que não são mais que cérebros esquemáticos – o que era exterior na profissão de seu pai se tornou para eles a própria essência das coisas. O talento em classificar, a estabelecer as tabelas de categorias, revela alguma coisa; não se é impunemente filho de seu pai. O filho de um advogado continuará a ser advogado enquanto homem de ciência: quer, em primeiro lugar, fazer triunfar sua causa; em segundo lugar talvez, que seja justa. Os filhos dos pastores protestantes e dos professores primários são reconhecidos pela ingênua certeza com que acreditam, como sábios, considerar suas afirmações como demonstradas a partir do momento em que acabam somente de expô-las corajosa e acaloradamente: de fato, eles têm o hábito inveterado de que *acredita* neles – nos pais deles isso fazia parte do "ofício". Num judeu, pelo contrário, levando-se em conta seu hábito nos negócios e pelo passado de seu povo, nada é menos habitual do que ser acreditado: isso se verifica nos sábios judeus – todos eles têm em alta consideração a lógica, isto é, a arte de *forçar* a aprovação por argumentos; sabem que a lógica os levará a vencer, embora tenham contra eles a repugnância de raça e de classe.

De fato, nada é mais democrático que a lógica: não conhece privilégios para as pessoas e mesmo os narizes aduncos lhe parecem retos. (A Europa, diga-se de passagem, deve reconhecimento aos judeus com relação ao exercício da lógica e à *higiene* intelectual; sobretudo os alemães, raça lastimavelmente irrazoável, da qual, ainda hoje, é preciso sempre começar por "lavar a cabeça". Em toda parte onde os judeus adquiriram influência, ensinaram a distinguir com mais sensibilidade, a concluir com mais sagacidade, a escrever com mais clareza e mais propriedade: sua tarefa sempre foi de levar um povo "à razão".)

## 349 – Ainda a origem dos sábios

Querer se conservar é a expressão de um estado de aflição, uma restrição do verdadeiro instinto fundamental da vida que tende a uma *extensão do poder* e que, por causa dessa vontade, muitas vezes põe em jogo a "autoconservação". – É sintomático que certos filósofos, como por exemplo Spinoza, o tuberculoso, tiveram justamente que considerar o que se chama instinto de conservação como causa determinante: – de fato, eram homens em plena angústia. Se nossas ciências naturais modernas se engajaram de tal forma no dogma de Spinoza (em último lugar e do modo mais grosseiro com o darwinismo e sua doutrina incrivelmente unilateral da "luta pela vida") – é provavelmente a origem da maioria dos naturalistas que está em causa: nisso pertencem ao "povo", seus antepassados eram pobres e gente simples que conheciam de muito perto as dificuldades que há em sobreviver. O darwinismo inglês respira por completo uma atmosfera semelhante àquela que produz a superpopulação das grandes cidades inglesas, o odor das pessoas pobres, reduzidas à miséria. Mas quando se é naturalista, se deveria sair do seu esconderijo, pois na natureza *reina*, não a penúria, mas a abundância e até mesmo o desperdício até a loucura.

A luta pela vida não passa de uma *exceção*, uma restrição

momentânea da vontade de viver; a grande e a pequena luta giram em toda parte em torno da preponderância, do aumento, da extensão do poder, em conformidade com a vontade de poder que é precisamente a vontade da vida.

## 350 – Em honra dos "homines religiosi"[109]

A luta contra a Igreja significa muitas coisas – entre outras, a luta das naturezas mais vulgares, mais alegres, mais familiares, mais superficiais contra a dominação dos homens mais graves, mais profundos, mais contemplativos, quer dizer, mais malvados e mais sombrios, que ruminam por longo tempo suas suspeitas sobre o valor da existência e também sobre seu próprio valor: – o instinto vulgar do povo, sua alegria dos sentidos, seu "bom coração" se revoltavam contra esses homens. Toda a Igreja romana se baseia numa desconfiança meridional contra a natureza humana, sempre mal compreendida no norte.

Essa desconfiança, o sul europeu a herdou do oriente profundo, da antiga e misteriosa Ásia, terra da contemplação. Já o protestantismo é uma revolta popular em favor dos homens íntegros, cândidos e superficiais (o norte sempre foi mais benigno e mais superficial que o sul); mas foi a Revolução Francesa que entregou definitiva e solenemente o cetro nas mãos do "homem bom" (do carneiro, do asno, do ganso e de tudo o que é incuravelmente chato e gritante, maduro para o asilo de loucos das "ideias modernas").

## 351 – Em honra das naturezas sacerdotais

Creio que os filósofos sempre se mantiveram mais afastados possível daquilo que o povo entende por sabedoria (e quem hoje não faz parte do "povo"), dessa prudente tranquilidade de alma bovina, dessa piedade e dessa suavidade de pastor interiorano que se estende pelos prados e que *assiste* ao espetáculo da vida ruminando com ar sério; talvez fosse porque os filósofos não se sentiam suficientemente povo, suficientemente pastores camponeses. Por isso talvez serão também os últimos a acreditar que o povo *possa* compreender alguma coisa daquilo que está tão distante dele,

[109] Expressão latina que significa "homens religiosos" (NT).

como a grande *paixão* daquele que procura o conhecimento, que vive constantemente nas nuvens tempestuosas dos mais altos problemas e das mais dura responsabilidades, que é forçado a viver nelas (que não é, por isso, de modo algum contemplativo, exterior, indiferente, seguro, objetivo...).

O povo honra uma categoria totalmente diferente de homens quando se faz um ideal do "sábio" e tem mil vezes razão de prestar honras a esses homens com as mais selecionadas palavras e homenagens: são as naturezas do padre, amenas e sérias, simples e castas, e tudo o que é de sua espécie; – é a eles que são dirigidos os elogios que a veneração do povo prodigaliza à sabedoria. E para quem o povo teria mais razão para testemunhar gratidão senão para esses homens que saem do meio dele e continuam a pertencer à sua espécie, mas como pessoas consagradas e escolhidas, *sacrificadas* para seu bem – eles próprios se julgam sacrificados a Deus – junto de quem o povo pode impunemente abrir seu coração, *desembaraçar-*se de seus segredos, das suas preocupações e de coisas piores ainda (porque o homem que "se confia" se desembaraça de si mesmo e aquele que se "confessou" esquece).

Ora, aqui se trata de uma imperiosa necessidade: pois, para as imundícies da alma, também são necessários canais de escoamento e águas limpas que purificam, são necessários rios caudalosos de amor e de corações valentes, humildes e puros que se prestam a esse serviço sanitário não público, que se sacrificam – de fato, isso *é realmente* um sacrifício em que o padre é e permanece a vítima.

O povo considera esses homens sacrificados e silenciosos, esses homens sérios da "fé" como *sábios*, isto é, como aqueles que chegaram ao saber, como homens "seguros" com relação à sua própria incerteza: quem, pois, o faria calar e lhe tiraria essa veneração? – Mas em contrapartida, é justo que, entre os filósofos, também o padre seja ainda considerado como um homem do "povo" e *não* como um homem que "sabe", antes de tudo porque ele próprio acredita que se possa "saber" e porque eles farejam o "povo" nessa crença e nessa superstição. Foi a *modéstia* que na Grécia inventou o termo "filósofo" e que deixou aos comediantes do espírito o soberbo orgulho de se chamarem sábios – a modéstia de monstros de orgulho e de independência como Pitágoras e Platão.

## 352 – Porque é muito difícil dispensar a moral

O homem nu é geralmente um vergonhoso espetáculo – penso em nós, europeus (para não dizer nada das europeias!). Suponhamos que os mais alegres convivas, por meio de um toque de malícia de um mágico, se vissem de repente desnudados, despidos, creio que, repentinamente, não somente seu bom humor haveria de desaparecer, mas também haveriam de perder o apetite – parece que nós, europeus, não podemos em absoluto dispensar esse mascaramento que se chama vestuário. Mas os "homens morais" não têm eles também boas razões para se disfarçar, para se vestir de fórmulas morais e de noções de conveniência?

Não temos boas razões para esconder complacentemente nossos atos sob as ideias do dever, da virtude, do espírito crítico, da honorabilidade, do desinteresse? Não que eu pense que a moralidade permita mascarar a maldade e a infâmia humana, isto é, a perigosa besta selvagem que está em nós; pelo contrário, é precisamente em nossa qualidade de *animais domésticos* que oferecemos um espetáculo vergonhoso e que precisamos de um disfarce moral – o "homem interior" na Europa não é suficientemente inquietante para poder "se deixar ver" com sua ferocidade (para que o torne *belo*). O europeu se disfarça *com a moral* porque se tornou num animal doente, enfermo, estropiado, que tem boas razões para "domesticado", porquanto é quase um aborto, alguma coisa de inacabado, de fraco e de desastrado... Não é a ferocidade do animal de presa que experimenta a necessidade de um disfarce moral, mas o animal de rebanho, com sua mediocridade profunda, o medo e o aborrecimento que se causa a si própria. *A moral adorna o europeu* – confessemo-lo! – para lhe conferir distinção, importância, aparência, para torná-lo "divino".

## 353 – Da origem das religiões

As verdadeiras invenções dos fundadores de religião são, de um lado: ter fixado um modo de vida determinado, hábitos diários que agem como uma disciplina da vontade e suprimem ao mesmo tempo o aborrecimento; de outro lado, ter dado justamente a esta vida uma interpretação por meio da qual parece envolvida na auréola de um valor superior, de modo que se torna agora um bem pelo qual se luta e se sacrifica às vezes a vida.

Na realidade, dessas duas invenções, a segunda é a mais importante; a primeira, o gênero de vida, já existia em geral ao regulamento, mas ao lado de outros modos de vida e sem que se desse conta do valor que tinha. A importância, a originalidade do fundador de religião se manifestam geralmente pelo fato que *ele vê* o modo de vida, que o *escolhe*, que pela primeira vez *adivinha* para que pode servir, como se pode interpretá-lo. Jesus (ou São Paulo), por exemplo, encontrou à sua volta a vida da gente humilde de províncias romanas: ele a interpretou e lhe conferiu um sentido superior – e por isso mesmo lhe deu a coragem de desprezar qualquer outro gênero de vida, o tranquilo fanatismo que mais tarde retomaram os Irmãos Morávios[110], a secreta e subterrânea confiança em si que cresce sem cessar até estar pronta a "vencer o mundo" (quer dizer Roma e as classes superiores de todo o império).

Buda, da mesma forma, encontrou uma espécie de homens, disseminada em todas as classes de seu povo, essa espécie de homens que, por preguiça, é boa e benevolente (antes de tudo, inofensiva) e que, igualmente por preguiça, vive na abstinência, quase sem necessidade: ele compreendeu que essa espécie de homens, com toda a sua *força de inércia*, tendia a uma fé que prometia *evitar* o retorno das misérias terrestres (quer dizer do trabalho e da ação em geral) – entender isso foi sua marca de gênio. Para ser um fundador de religião é necessário possuir uma infalibilidade psicológica na descoberta de uma categoria de almas determinadas e médias, almas que ainda não reconheceram que são da mesma espécie. É o fundador de religião que as reúne; é por isso que a fundação de uma religião se torna sempre uma longa festa de reconhecimento.

## 354 - Do "gênio da espécie"

O problema da consciência (ou mais exatamente, do fato de se tornar consciente) só se apresenta a nós no momento em que começamos a compreender em que medida poderíamos dispensar a consciência: a fisiologia e a zoologia nos colocam agora no início dessa compreensão (foram necessários, portanto, dois séculos para

[110] Irmãos Morávios ou Irmãos Boêmios é a denominação de uma corrente cristã de vida e devoção austeras que condena qualquer envolvimento ou compromisso com o mundo político; eles se consideram herdeiros do reformador tcheco Jan Hus (queimado vivo como herege em 1415); com a Reforma protestante de Lutero no século XVI, passaram para o lado deste e hoje esses seguidores são alguns milhares, disseminados em países da Europa centro-setentrional (NT).

acatar a precoce suspeita de Leibniz[111]). Com efeito, poderíamos pensar, sentir, querer, lembrar-nos; poderíamos igualmente agir em todas as acepções do termo, sem que seja necessário que tudo isso "*chegue à nossa consciência*" (como se diz, sob forma de imagem). A vida inteira poderia passar sem se olhar de algum modo nesse espelho: por outro lado, ainda agora, a maior parte da vida decorre em nós sem que haja semelhante reflexão – e mesmo quando pensamos, sentimos e agirmos, por mais ofensivo que isso possa parecer a um filósofo antigo. Para que serve a consciência, se é *supérflua* para tudo o que é essencial?

Se realmente se quiser ouvir minha resposta a essa questão e às hipóteses, talvez excessivas, nas quais ela se baseia, diria que a acuidade e a força da consciência me parecem estar sempre em relação com a *faculdade de comunicação* de um homem (ou de um animal) e essa mesma faculdade em função da *necessidade de comunicar*: mas não se deve ver nisso o ser humano individual como um mestre na arte de comunicar, de explicar suas necessidades e, ao mesmo tempo, como um ser coagido, mais que qualquer outro, a contar com seus semelhantes.

Não! Trata-se de raças inteiras e de gerações sucessivas: quando a necessidade e a miséria forçaram por muito tempo os homens a se comunicar, a se compreender reciprocamente de uma maneira rápida e repentina, acaba por se formar um excedente dessa força, dessa arte da comunicação, de algum modo um tesouro que se acumulou aos poucos e que espera agora um herdeiro que a dispense com prodigalidade (aqueles que são chamados artistas são desses herdeiros, bem como os oradores, os pregadores, os escritores: sempre homens que chegam no final de uma longa corrente, homens tardios no melhor sentido da palavra e que, por sua natureza, são *dissipadores*).

Se essa observação for correta, posso ir mais longe e supor que a consciência *só se desenvolveu sob a pressão da necessidade de comunicar*, que a princípio só era necessária e útil nas relações de homem para homem (sobretudo nas relações entre aqueles que mandam e aqueles que obedecem) e que só se desenvolveu em função de seu grau de utilidade. A consciência é apenas uma rede de comunicação entre homens – somente como tal é que foi forçada a se desenvolver: o homem que vivia solitário e o animal de presa poderiam ter passado sem ela. Se nossos atos,

[111] (5) Gottfried Wilhelm Leibniz (1646-1716), filósofo e matemático alemão (NT).

pensamentos, sentimentos e movimentos chegam à nossa consciência – pelo menos em parte – é o resultado de uma terrível necessidade que durante muito tempo dominou o homem: uma vez que era o mais ameaçado dos animais, tinha necessidade de ajuda e de proteção, tinha necessidade de seus semelhantes, era obrigado a saber exprimir sua aflição, a saber tornar-se inteligível – e para isso era necessário, em primeiro lugar, a "consciência", para "saber" ele próprio o que lhe faltava, "saber" qual era sua disposição de espírito, "saber" o que pensava.

De fato, repito, o homem, como todo ser viva, pensa constantemente, mas o ignora; o pensamento que se torna consciente representa apenas a parte mais ínfima, digamos a mais medíocre e a mais superficial – pois, é somente esse pensamento consciente que *se realiza em palavras, isto é, em sinais de comunicação*, pelo qual a própria origem da consciência se revela. Em resumo, o desenvolvimento da linguagem e o desenvolvimento da consciência (*não* da razão, mas somente da razão que se torna consciente de si própria) se dão as mãos. Acrescentemos que não é somente a língua que serve de intermediário entre os homens, mas também o olhar, a pressão, o gesto; a consciência das impressões de nossos próprios sentidos, a faculdade de poder fixá-los e determiná-los, de alguma forma fora de nós mesmos, aumentaram ao ritmo com que aumentava a necessidade de comunicá-los *a outros* por meio de sinais.

O homem inventor de sinais é ao mesmo tempo o homem que toma consciência de si mesmo de uma forma sempre mais aguda; não é senão como animal social que o homem aprende a se tornar consciente de si próprio – e o faz ainda, e o faz sempre mais. – Minha ideia é, como se vê, que a consciência não pertence essencialmente à existência individual do homem, mas, pelo contrário, que nele pertence à natureza da comunidade e do rebanho; que, por conseguinte, a consciência só se desenvolveu de uma forma sutil com relação à sua utilidade para a comunidade e o rebanho, portanto, que cada um de nós, apesar do desejo de se compreender a si mesmo tão individualmente quanto possível, apesar do desejo "de se conhecer a si mesmo", sempre tomará consciência em si próprio somente daquilo que há de não individual, daquilo que nele é "meio" – que nosso próprio pensamento é sem cessar "*aumentado*" de alguma forma pela característica própria da consciência, pelo "gênio da espécie" que a comanda – e retraduzida na perspectiva do rebanho. Todos os nossos atos são no fundo incomparavelmente pessoais, únicos, imensamente, não restando nenhuma dúvida a respeito; mas desde que os transcrevemos na consciência, *deixam de parecer assim...*

Este é o verdadeiro fenomenalismo, o verdadeiro perspectivismo como o entendo: a natureza da *consciência animal* quer que o mundo de que podemos ter consciência não passe de um mundo de superfícies e de sinais, um mundo generalizado e vulgarizado, que tudo o que se torna consciente se torne por isso superficial, reduzido, relativamente estúpido, *se torne* generalização, sinal, marca do rebanho: desde que se toma consciência, se produz uma corrupção decisiva, uma falsificação, um achatamento, uma vulgarização. No fim de contas, o aumento da consciência é um perigo e quem vive no meio dos europeus mais conscientes sabe mesmo que se trata de uma doença.

Não é, como se adivinha, a oposição entre o sujeito e o objeto que me preocupa aqui; deixo esta distinção aos teóricos do conhecimento que continuam ainda presos nas malhas da gramática (a metafísica do povo). É menos ainda a oposição entre a "coisa em si" e a aparência: porque estamos longe de nos "conhecermos" o suficiente para poder estabelecer esta *distinção*. A bem da verdade, não possuímos um órgão para o *conhecimento*, para a "verdade": "sabemos" (melhor, acreditamos saber, imaginamo-nos) nem mais nem menos que é *útil* que saibamos no interesse do rebanho humano, da espécie: e mesmo o que é chamado aqui "utilidade" não é, no final das contas, senão uma crença um produto de nossa imaginação e talvez a mas fatal estupidez, aquela que nos levará a perecer um dia.

## 355 – A origem de nossa noção do "conhecimento"

Colhi esta explicação na rua; ouvi alguém no meio do povo dizer: "Ele me reconheceu"; – e eu me pergunto o que é que o povo entende no fundo por conhecer! Que quer quando quer o conhecimento? Nada mais que isto: reduzir qualquer coisa de estranho a qualquer coisa de *conhecido*. Nós, filósofos, por "conhecimento" quereríamos talvez *mais*? O que é conhecido é aquilo a que estamos habituados, de tal modo que não nos espantamos mais, aí incluindo nossos afazeres cotidianos, uma regra qualquer que nos conduz, tudo o que nos é familiar... como?

Nossa necessidade de conhecimento não é justamente nossa necessidade de conhecido? O desejo de descobrir, no meio de todas as coisas estranhas, inabituais, incertas, alguma coisa que não nos inquietasse mais? Não seria o *medo instintivo* que impele a conhecer? O encanto do conhecedor não seria o encanto da segurança reconquistada?... Tal filósofo considerou o mundo como "conhecido" depois de tê-lo reduzido à "ideia".

Ai! Não era assim simplesmente porque a "ideia" era para ele coisa conhecida, habitual? Porque tinha muito menos medo da "ideia"? – É vergonhosa a moderação daqueles que procuram o conhecimento! Examinem, portanto, desse ponto de vista, seus princípios e suas soluções aos enigmas do mundo! Quando voltam a encontrar nas coisas, entre as coisas, atrás das coisas, qualquer coisa que infelizmente conhecemos demais, como por exemplo, nossa tabuada de multiplicar, nossa lógica, nossas vontades ou nossos desejos, que gritos de alegria não soltam! De fato, "*o que é conhecido é reconhecido*": nisso, estão todos de acordo. Mesmo os mais circunspectos entre eles acreditam que aquilo que é conhecido é pelo menos *mais fácil de reconhecer* do que aquilo que é estranho; acreditam que, por exemplo, para proceder metodicamente, se deve partir do "mundo interior", dos "fatos da consciência", pois esse seria o mundo que *melhor conhecemos*! Erro dos erros!

O que é conhecido é o que há de mais habitual e o habitual é o que há de mais difícil a considerar como problema, a ver por seu lado estranho, distante, "exterior a nós próprios".

A grande superioridade das ciências "naturais", comparadas com a psicologia e a crítica dos elementos da consciência – ciências *não naturais*, se deveria dizer – consiste precisamente nisto: escolhem por objeto elementos estranhos, quando *querer* tomar por objeto elementos que não são estranhos beira a contradição e o absurdo...

## 356 – Em que a Europa se poderá tornar cada vez mais "artista"

Em nossa época de transição, quando tantas opressões desapareceram, a luta pela existência continua a impor a quase todos os europeus um *papel* determinado, a que chamamos sua carreira; alguns conservam a liberdade, uma liberdade aparente, de escolher eles próprios esse papel, mas na maioria das vezes é o papel que os escolhe. O resultado é bastante singular: quase todos os europeus se confundem com seu papel logo que chegam a uma idade mais avançada; eles próprios são as vítimas da "comédia" que representam, esqueceram o acaso, o capricho, a fantasia que dispuseram deles quando se decidiram por uma "carreira" – talvez tivessem podido representar outros papéis, para os quais é muito tarde agora. Ao olhar mais de perto, o papel que representam *se tornou* verdadeiramente seu caráter próprio, a arte se fez natureza.

Houve épocas em que se acreditava firmemente e mesmo com certa piedade em sua predestinação para esse ofício determinado, esse ganha-pão, e no qual não se queria admitir a qualquer preço o acaso, o jogo, o arbitrário que eventualmente tivesse interferido: graças a isso, as castas, as corporações, os privilégio hereditários de certos ofícios chegaram a erigir essas colossais torres sociais que distinguem a Idade Média, na qual se pode ao menos elogiar uma coisa: a perenidade (– e a duração é na terra um valor de primeiríssima ordem).

Mas há épocas contrárias, as épocas verdadeiramente democráticas em que se perde cada vez mais essa crença e em que uma ideia contrária, um ponto de vista temerária se coloca em primeiro plano - essa crença dos atenienses que se observa pela primeira vez na época de Péricles[112], essa crença dos americanos de hoje que quer, cada vez mais, tornar-se também uma crença europeia: épocas em que o indivíduo é persuadido de que é capaz de fazer quase tudo, que está *à altura de quase todos os papéis*, em que cada um ensaia consigo mesmo, improvisa, ensaia de novo, ensaia com prazer, em que toda natureza cessa e se torna arte... Foi somente quando se imbuíram nessa *crença no papel* – crença de artista, se quisermos – que os gregos conheceram, como se sabe, degrau por degrau, uma transformação singular que não é digna de admiração sob todos os pontos de vista: *tornaram-se realmente atores*; como tais fascinaram e conquistaram o mundo, incluindo finalmente até a própria cidade que havia "conquistado o mundo" (porque foi o *graeculus histrio*[113] que conquistou Roma e *não* a cultura grega, como costumam dizer os inocentes). Mas o que me assusta, o que já se pode constatar hoje, é que nós, homens modernos, já nos encontramos precisamente no mesmo caminho; e cada vez que o homem começa a descobrir em que medida desempenha um papel, em que medida *pode* ser comediante, ele *se torna* comediante...

Então se desenvolvem uma nova flora e uma nova fauna humanas que, em épocas mais fixas e mais rigorosas, não poderiam crescer – ou,

[112] Péricles (séc. V a.C.), estratega grego, favoreceu o acesso de todos os cidadãos ao exercício do poder e aos espetáculos (NT).

[113] Expressão latina que significa "o pequeno grego histrião ou comediante" (NT).

pelo menos, ficariam "embaixo", postas de lado na sociedade, suspeitas de desonra. – É então, digo, que aparecem as épocas mais interessantes e as mais loucas da história, nas quais os "comediantes" de *todas* as espécies são os verdadeiros senhores.

Por isso mesmo, outra categoria de homens é vista sempre mais causar danos, até que se torne totalmente impossível, é a categoria dos "grandes construtores"; a força de construir se paralisa; a coragem que permitia forjar projetos a longo prazo diminui; os gênios organizadores começam a faltar: – quem ousaria ainda empreender obras cujo acabamento exigiria que se pudesse *contar* com milhares de anos?

De fato, essa crença fundamental está prestes a desaparecer, essa crença em nome da qual alguém não pode contar, prometer, antecipar planos para o futuro, sacrificar seus planos à medida que se afirma o princípio de que o homem não tem valor, sentido, a não ser enquanto for *uma pedra num grande edifício*: é por isso que ele deve antes de tudo ser sólido, ser uma "pedra"... E acima de tudo que não seja – comediante! Resumindo – ai! seria preciso ficar calado ainda por muito tempo a respeito disso – o que doravante não seria mais construído, não poderia mais ser construído, é uma sociedade no sentido antigo da palavra; para construir esse edifício inteiro nos falta antes de tudo o material de construção. *Nós todos não somos mais material para uma sociedade*: esta é uma verdade que está na hora de dizer.

Parece-me indiferente para o momento que a espécie de homens mais míope, talvez a mais honesta e em todo caso a mais barulhenta que exista hoje, a espécie que formam nossos senhores socialistas acredite, espere, sonhe e antes de tudo grite e escreva mais ou menos o contrário; pois já se pode ler em todos os muros e em todas as mesas suas palavras do futuro: "*sociedade livre*". Sociedade livre? Perfeitamente! Mas acho que vocês sabem, senhores, com que ela é construída? Com ferro de madeira! O famoso ferro de madeira! E até mesmo sem madeira...

## 357 – A propósito do velho problema: "O que é alemão?"

Façam a conta das verdadeiras conquistas do pensamento filosófico devidas a cérebros alemães: deve-se creditá-las, de qualquer maneira que seja, a toda a raça? Pode-se dizer: são ao mesmo tempo a obra da "alma alemã" ou pelo menos o símbolo dessa alma, mais ou menos no mesmo sentido como somos acostumados a considerar, por exemplo, a ideomania de Platão, sua loucura quase religiosa das formas, como um acontecimento e um testemunho de "alma grega"? Não é antes o contrário? As conquistas filosóficas alemãs não seriam alguma coisa de tão individual, de tão *excepcional* no espírito da raça e tão pouco vergonhoso de sê-lo como é entre os alemães, por exemplo, o paganismo de Goethe[114]?

Ou o maquiavelismo de Bismarck[115], chamado "realismo político"? Nossos filósofos não seriam na verdade contrários à necessidade da "alma alemã"? Em resumo, os filósofos alemães foram realmente – *alemães* filósofos? – Vou evocar três casos. Em primeiro lugar, a incomparável clarividência de Leibniz[116] que lhe deu razão, não apenas contra Descartes[117], mas também contra toda a filosofia antes dele – quando reconheceu que a consciência é um simples acidente da representação e *não* seu atributo necessário e essencial, que aquilo que chamamos consciência, *longe de ser a própria consciência*, é apenas uma condição de nosso mundo intelectual e moral (talvez uma condição doentia): – esse pensamento, cuja profundidade hoje ainda não está totalmente esgotada, tem alguma coisa de alemão? Existe uma razão para supor que um latino não teria chegado facilmente a essa inversão da evidência? – De fato, trata-se realmente de uma inversão!

Lembremos, em segundo lugar, do enorme ponto de interrogação que Kant[118] colocou junto da ideia de "causalidade" – não que, como Hume[119], tenha colocado em dúvida sua legitimidade: pelo contrário, começou por delimitar, com precaução, o domínio no interior do qual ela tem um sentido (trata-se de um trabalho que ainda não acabou em nossos dias). Tomemos, em terceiro lugar, a admirável descoberta de *Hegel*[120] que abalou todos os hábitos da lógica, bons e maus, quando ousou ensinar que as ideias específicas nascem *umas das outras*:

[114] Johann Wolfgang von Goethe (1749-1832), escritor e pensador alemão (NT).

[115] Otto von Bismarck (1815-1898), estadista alemão (NT).

[116] Gottfried Wilhelm Leibniz (1646-1716), filósofo e matemático alemão (NT).

[117] René Descartes (1596-1650), filósofo e matemático francês; dentre suas obras, já foram publicadas nesta coleção da Editora Escala Discurso do método e As paixões da alma (NT).

[118] Immanuel Kant (1724-1804), filósofo alemão; dentre suas obras, já foi publicada nesta coleção da Editora Escala A religião nos limites da simples razão (NT).

[119] (13) David Hume (1711-1776), filósofo, historiador e economista escocês; dentre suas obras, já foi publicada nesta coleção da Editora Escala Investigação sobre o Entendimento Humano (NT).

[120] (14) Georg Wilhelm Friedrich Hegel (1770-1831), filósofo alemão (NT).

esse princípio preparou os espíritos da Europa para o último grande movimento científico, o darwinismo – porque sem Hegel não teria havido Darwin[121].

Há alguma coisa de alemão nessa inovação hegeliana que foi a primeira a introduzir na ciência a noção de "evolução"? – Pois bem, sim! Sem dúvida nenhuma: nesses três casos sentimos que se "descobriu", que se adivinhou um pouco de nós próprios; estamos ao mesmo tempo reconhecidos e surpresos. Cada um desses três princípios é, para a alma alemã, uma contribuição séria para o conhecimento de si, uma experiência e uma definição pessoais. "*Nosso mundo interior é muito mais rico, muito mais vasto, muito mais escondido*" – é assim que o sentimos com Leibniz; como alemães, duvidamos com Kant do valor definitivo dos conhecimentos científicos e de tudo o que se aprende por dedução causal; o próprio cognoscível como tal nos parece como de valor *menor*.

Nós alemães seríamos hegelianos, mesmo se Hegel não tivesse existido, à medida que (em oposição com todos os latinos) concedemos instintivamente um sentido mais profundo, um valor mais rico ao futuro, à evolução do que "é" – mal acreditamos na legitimidade do conceito "ser"; – de igual modo, à medida que não estamos dispostos a conceder à nossa lógica humana que seja a lógica em si, a única espécie de lógica possível (gostaríamos, ao contrário, de nos convencer que não passa de um caso particular da verdadeira lógica, talvez um dos mais singulares e dos mais estúpidos). Haveria ainda uma quarta pergunta: a de saber se era necessário que Schopenhauer[122] com seu pessimismo, isto é, com o problema do *valor da existência*, fosse justamente um alemão.

O acontecimento *depois do* qual esse problema devia inevitavelmente se pôr, de modo que um astrônomo da alma tivesse podido calcular o dia e a hora, o acontecimento que foi a decadência da fé no Deus cristão e a vitória do ateísmo científico, é um acontecimento europeu, cujo mérito recai sobre todas as raças em conjunto. Em contrapartida, deveria ser imputado precisamente aos alemães, a esses alemães que viveram na época de Schopenhauer – terem retardado por mais tempo e da forma mais perigosa essa vitória do ateísmo; Hegel, particularmente, foi seu refreador *por excelência*, com sua

[121] Charles Darwin (1809-1882), naturalista inglês; sua mais célebre obra, A

[122] (16) Arthur Schopenhauer (1788-1860), filósofo alemão (NT).

grandiosa tentativa para nos convencer à última hora da divindade da existência por meio de nosso sexto sentido, o "sentido histórico". Schopenhauer, como filósofo, foi o *primeiro* ateu convicto e inflexível que tivemos, nós alemães: esse é o segredo de sua hostilidade para com Hegel.

Ele considerava a não-divindade da existência como alguma coisa de provado, de palpável, de indiscutível; perdia sua calma de filósofo e se indignava profundamente toda vez que via alguém hesitar nisso e procurar se explicar com rodeios.

É nesse ponto que repousa toda a sua retidão: de fato, o ateísmo absoluto e leal é a *condição primeira* na colocação de seu problema, é para ele uma vitória, definitiva e dificilmente tirada da consciência europeia, o ato mais fecundo de dois mil anos de educação no sentido da verdade, para coibir finalmente a mentira da fé em Deus... Vê-se *o que* realmente triunfou do Deus cristão: foi a própria moral cristã, a noção de veracidade aplicada com um rigor sempre crescente, foi a consciência cristã aguçada nos confessionários e que se transformou até se tornar a consciência científica, a probidade intelectual a qualquer custo.

Considerar a natureza como se fosse uma prova da bondade e da providência divinas; submeter a história ao crédito de uma razão divina, como testemunho constante de uma ordem moral do universo e de uma finalidade; interpretar nosso destino, como o fizeram durante tanto tempo os homens piedosos, vendo nele sempre a mão de Deus que dispensa e dispõe tudo em vista da salvação de nossa alma: aí estão maneiras de pensar que hoje estão *ultrapassadas*, que têm *contra* elas a voz de nossa consciência que, no julgamento de toda consciência delicada, passam por inconvenientes, desonestas, por mentira, feminismo, covardia – e essa severidade, mais que qualquer outra coisa, faz de nós *bons* europeus, herdeiros da mais longa e da mais corajosa vitória sobre si mesma que a Europa já tenha conquistado. Mas logo que assim rejeitamos essa interpretação cristã, logo que a rejeitamos como uma moeda falsa, vemos desenhar-se diante de nós, imediatamente e com uma insistência terrível, a pergunta de Schopenhauer: "*A existência tem, portanto, um sentido?*"

Esta pergunta vai exigir séculos antes de poder ser simplesmente compreendida de maneira exaustiva e em todas as suas profundezas. A própria resposta que Schopenhauer lhe deu foi – perdoem-me – algo de prematuro, juvenil, um compromisso; ele se deteve, se enredou no ascetismo da moral cristã, na qual *não se podia mais acreditar* desde que não se pudesse mais acreditar em Deus...

Mas ele *enunciou* a pergunta – como bom europeu, como já disse, e não como alemão. – A menos que se pense que os alemães tenham experimentado uma afinidade, um parentesco de espírito com Schopenhauer, uma disposição para ouvi-lo e uma necessidade de seu problema, pela maneira como se apoderaram da pergunta schopenhaueriana? Não!

Que depois dele – de resto tarde demais! – se tenham posto a meditar também e a escrever sobre esse problema, não basta certamente para concluir por uma afinidade íntima; poder-se-ia mesmo encontrar qualquer contra-argumento na singular *imperícia* desse pessimismo pós-schopenhaueriano – é claro que os alemães não se comportavam como se estivessem em seu elemento. Não é de forma nenhuma uma alusão a Eduardo von Hartmann. Muito pelo contrário, suspeito ainda, como antes, que ele fosse demasiado hábil para nós, quero dizer com isso que a terrível severidade fingida não somente se riu talvez desde o princípio do pessimismo dos alemães, mas ainda que será capaz, para acabar, de lhes "legar" em testamento a receita utilizada para zombar deles da forma mais sutil como a empregada na época das sociedades por ações. Mas pergunto: deve-se talvez considerar como uma glória alemã esse velho pião Bahnsen[123] que girou toda a sua vida com volúpia em torno de sua miséria realista e dialética e de seu "azar pessoal" – isso seria talvez alemão? (Recomendo de passagem seus escritos pelo uso que eu próprio fiz deles, como alimento antipessimista, sobretudo por causa de suas *elegantiae psychologicae*[124], com as quais, me parece, se poderia vencer os corpos e os espíritos mais fechados.) Ou será então necessário incluir entre os verdadeiros alemães um diletante e um solteirão como Mainländer[125], este açucarado apóstolo da virgindade?

No final das contas, era provavelmente um judeu (todos os judeus se tornam açucarados quando falam de moral). Não, nem Bahnsen, nem Mainländer, nem mesmo Eduardo von Hartmann fornecem provas para admitir que o pessimismo de Schopenhauer, com o olhar assustado que lança sobre um mundo privado de Deus, um mundo tornado estúpido,

[123] Julius Bahnsen (séc. XIX), filósofo alemão (NT).

[124] Expressão latina que significa "elegâncias psicológicas" (NT).

[125] Philip Mainländer (1841-1876), filósofo alemão (NT).

cego, insensato e problemático, seu espanto sincero... não foi somente um caso excepcional entre os alemães, mas sim um acontecimento *alemão*: ora, todo o resto, tudo o que se encontra em primeiro plano, nossa corajosa política, nosso alegre patriotismo, que considera tão vivamente todas as coisas sob o ângulo de um princípio pouco filosófico ( *Deutschland, Deutschland uber alles*[126]), portanto *sub specie speciei*[127], isto é, a *species* alemã, demonstra exatamente o contrário. Não! Os alemães de hoje *não* são pessimistas! E se Schopenhauer era pessimista, era, repito, como bom europeu e *não* como alemão.

## 358 - A SUBLEVAÇÃO CAMPONESA DO ESPÍRITO

Nós europeus nos encontramos diante de uma imenso campo de ruínas, de onde emergem ainda alguns edifícios que se mantêm em pé por milagre, mas cuja maioria se esparrama pelo chão; o espetáculo é bastante pitoresco – já houve alguma vez mais belas ruínas? – e recobertas de ervas daninhas de todos os tamanhos. Essa cidade em ruínas é a Igreja; vemos o mundo cristão abalado até seus fundamentos mais profundos, a fé em Deus arruinada, a fé no ideal ascético cristão se entregando a seu último combate. Uma obra como essa, que levou tanto tempo para ser construída e para se consolidar, o cristianismo – foi o último monumento romano! – não poderia ser, evidentemente, destruído com um único golpe; foram necessárias todas as espécies de abalos para abalá-lo, todas as espécies de espíritos para perfurá-lo, afundá-lo, roê-lo, apodrecê-lo.

Mas o que há de mais singular é que aqueles que mais se esforçaram para manter o cristianismo foram aqueles que se tornaram seus melhores destruidores: os alemães. Parece bem que os alemães não compreendem a natureza de uma Igreja. É falta de espírito, falta de desconfiança? Seja como for, o edifício da Igreja se baseia numa liberdade e numa liberalidade do espírito que são coisas meridionais e também numa desconfiança *meridional* com relação à natureza, ao homem e ao espírito – ela se baseia num conhecimento dos homens, numa experiência dos homens completamente diferente daquela do norte.

A reforma de Lutero foi uma vasta revolta da simplicidade contra a "multiplicidade", para falar com prudência, um mal-entendido

[126] Expressão alemã que significa "Alemanha, Alemanha acima de tudo" (NT).

[127] Expressão latina que significa "sob a espécie da espécie, sob o ponto de vista da espécie" (NT).

grosseiro e honesto em grande parte perdoável. – Não se compreendia a expressão de uma Igreja *vitoriosa* e apenas se via nela corrupção; não se compreendia o ceticismo distinto, esse *luxo* de ceticismo e de tolerância que todo poder vitorioso e seguro de si se permite. Negligencia-se hoje querer perceber como Lutero tinha a vista curta, como era mal dotado, superficial e imprudente, com relação a todas as questões cruciais do poder, antes de tudo porque era homem do povo, a quem toda herança de uma casta reinante, todo instinto de poder fazia falta: de tal modo que sua obra, que visava a restaurar a obra de Roma, deu sem o saber o sinal da destruição.

Em sua santa cólera, rasgou a tela sedosa e limpou os locais em que a velha aranha a havia tecido durante muito tempo e com o maior cuidado. Entregou a todos os livros sagrados, de tal modo que acabaram por cair nas mãos dos filólogos, ou seja, dos destruidores de toda a crença que repousa em livros.

Destruiu a ideia de "Igreja", rejeitando a fé na inspiração dos concílios: porque o espírito inspirador que fundou a "Igreja" ainda vive nela, ainda constrói nela, continua a construir sua casa para que a ideia de "Igreja" conserve sua força. Deu ao padre relações sexuais com a mulher, quando a veneração de que é capaz o povo, e sobretudo a mulher do povo, se baseia em três quartos na crença que um homem que é excepcional nesse ponto será também uma exceção em outros pontos – essa era a ideia precisamente que defendia da maneira mais sutil, mais insidiosa em favor da crença popular em algo de sobre-humano no homem, no milagre, no Deus salvador oculto no homem.

Depois de ter dado a mulher ao padre, Lutero não podia evitar de lhe *retirar* a confissão auricular, o que era psicologicamente lógico: mas com isso suprimiu o próprio padre cristão, cuja maior utilidade foi sempre ser um ouvido sagrado, um poço mudo, um túmulo dos segredos. "Cada um é seu próprio padre" – atrás de semelhantes formulas e de sua astúcia camponesa, dissimulava-se em Lutero o ódio profundo contra o "homem superior", como o havia concebido a Igreja – ele destruiu um ideal que não tinha podido alcançar enquanto mantinha o ar de combater e abominar a degenerescência desse ideal.

Na realidade, rejeitou nele o monge impossível, a *dominação* dos *homines religiosi*[128]; fez, portanto, na ordem eclesiástica o mesmo que

[128] Expressão latina que significa "homens religiosos" (NT).

combatia com tanta intolerância na ordem social – uma sublevação dos camponeses. – Quanto a tudo o que surgiu depois da Reforma, para o bem ou para o mal, e que hoje se pode fazer um balanço aproximado – quem seria suficientemente ingênuo para simplesmente elogiar ou para recriminar Lutero? Era totalmente inocente, não sabia o que fazia. O achatamento do espírito europeu, sobretudo no norte, seu adoçamento, se for o caso de preferir usar uma expressão moral, deu com a Reforma de Lutero um grande passo em frente, sem dúvida nenhuma; foi ainda a Reforma que aumentou a mobilidade e a inquietude desse espírito, sua sede de independência, sua fé num direito à liberdade, seu caráter "natural". Se, finalmente, se quiser reconhecer o mérito da Reforma por ter preparado e favorecido o que veneramos hoje sob o nome de "ciência moderna", é preciso não esquecer de acrescentar, é verdade, que é igualmente cúmplice da degenerescência do sábio moderno, de sua falta de veneração, de pudor, de profundidade, dessa candura ingênua, essa pesada probidade nas coisas do conhecimento, em resumo, desse *plebeísmo do espírito* que é próprio dos dois últimos séculos e cujo pessimismo ainda não nos libertou de forma alguma – a "ideia moderna" também faz parte ainda dessa "sublevação camponesa" do norte contra o espírito do sul, mais frio, mais ambíguo, mais provocador, que se havia sublimado na Igreja cristã, seu mais sublime monumento.

Não esqueçamos, para terminar, o que vem a ser uma Igreja, em oposição a toda espécie de "Estado": uma Igreja é antes de tudo um edifício de dominação que assegura aos homens *mais espirituais* o plano superior e que *acredita* no poder da espiritualidade até se proibir todos os meios violentos considerados grosseiros – isso é suficiente para fazer da Igreja uma instituição *mais nobre* que o Estado.

## 359 – A vingança sobre o espírito e outros planos ocultos da moral

A moral – onde é que pensam que ela possa ter seus mais temidos e mais rancorosos advogados? Aqui está um frustrado que não tem espírito suficiente para se regozijar e precisamente cultura suficiente para sabê-lo. Aborrecido, desgostoso, só se despreza a si mesmo; possuidor de pequena herança, infelizmente está privado da suprema consolação, a "bênção do trabalho", o esquecimento de si nas "lides cotidianas"; esse homem tem, no fundo, vergonha de sua existência – talvez, ainda por cima, albergue alguns pequenos vícios – e que, por outro lado, não pode impedir de se corromper cada vez mais, de se tornar sempre mais vaidoso e irritadiço em virtude de leituras a que não tem direito, ou a uma sociedade demasiado intelectual para seu estômago: esse homem, envenenado até a medula – porque para um malogrado dessa natureza o espírito se torna veneno, a cultura se torna veneno, a propriedade se torna veneno, a solidão se torna veneno – acaba por cair num estado habitual de vingança, de vontade de vingança...

Do que julgam que tenha necessidade, que tenha absolutamente necessidade para conservar diante dele mesmo uma aparência de superioridade sobre homens mais espirituais, para se dar, pelo menos na imaginação, a alegria da *vingança satisfeita*? Sempre *a moralidade*, pode-se pôr a mão no fogo, sempre as grandes palavras da moral, sempre os grandes tambores da justiça, da sabedoria, da santidade, da virtude, sempre o estoicismo da atitude (como o estoicismo esconde bem o que *não se tem*!...), sempre o manto do silêncio superior, da afabilidade, da suavidade e quaisquer que sejam os nomes conferidos ao manto do ideal, sob o qual se escondem incuráveis contendores de si, que são também incuráveis vaidosos. Que me compreendam bem: acontece às vezes que, *desses inimigos natos do espírito*, se desenvolvem esses raros exemplos de humanidade que o povo venera sob o nome de santo e de sábio; é desses homens que surgem esses monstros de moral que fazem barulho, que fazem história – Santo Agostinho[129] faz parte deles.

O temor do espírito, a vingança contra o espírito – ai! Quantas vezes esses vícios, que têm um verdadeiro poder dinâmico, deram origem à virtude! Sim, à virtude! – E, entre nós, a pretensão dos filósofos à *sabedoria*, essa pretensão – a mais louca e a mais impertinente – que apareceu aqui e acolá na terra, não foi sempre até hoje, tanto na Índia como na Grécia, *antes de tudo um refúgio*? Às vezes talvez do ponto de vista da educação, que santifica tantas mentiras, permitia ter uma terna solicitude pelos seres em formação, em devir, com seus discípulos que muitas vezes é necessário defender contra eles próprios com a ajuda da fé na pessoa (por um erro)... Mas nos casos mais frequentes, um refúgio para onde se retira o filósofo fatigado, resfriado pela idade, endurecido, porque tem o sentimento de seu fim próximo, a sagacidade

[129] Aurelius Augustinus ou Santo Agostinho (354-430), filósofo e teólogo cristão; dentre suas numerosas obras, Solilóquios já foi publicada nesta coleção da Editora Escala (NT).

desse instinto que os animais têm antes da morte – eles se afastam, se tornam silenciosos, escolhem a solidão, se refugiam em cavernas, se tornam sábios... Como? A sabedoria seria o refúgio do filósofo diante do – espírito?

## 360 – Duas espécies de causas que se costuma confundir

Segundo me parece, aí está em que consiste um de meus passos a frente, um de meus progressos mais importantes: aprendi a distinguir a causa da ação em geral da causa da ação particular, de uma ação neste ou naquele sentido, para este ou para aquele fim.

A primeira espécie de causa é uma quantidade de força acumulada e que espera ser empregada, não importa quando, não importa em quê; a segunda é, pelo contrário, medida segundo o padrão dessa primeira força, é alguma coisa realmente insignificante, geralmente um pequeno acaso, graças ao qual essa quantidade se "alivia agora de uma maneira única e determinada: é a relação do fósforo com o barril de pólvora.

Entre esses pequenos acasos e esses fósforos conto tudo o que se chama "causas" e tudo o que se chama "vocações": elas são relativamente comuns, arbitrárias, quase indiferentes, comparadas a essa enorme quantidade de força que tende, como já indiquei, a ser utilizada de uma forma qualquer.

Considera-se geralmente a coisa de outro modo: usualmente se está habituado a ver a *força motriz* no objetivo (o fim, a vocação, etc.), em conformidade com um erro antigo – mas o objetivo é apenas a *força propulsora*, confunde-se o piloto com o vapor. E mesmo assim nem sempre a força propulsora, o piloto...

O "objetivo" e a "intenção" não são, na maioria dos casos, mais do que pretextos decorativos, uma cegueira voluntária da vaidade que não quer admitir que o navio *segue* a corrente, na qual entrou por acaso? Que queira seguir essa direção *porque é preciso* que a siga? Que tem realmente uma direção, mas nem sombra de um piloto? – A crítica da ideia de "objetivo" é coisa ainda a fazer.

## 361 – O problema do comediante

O problema do comediante é aquele que me deixou preocupado por mais tempo: eu me perguntava (e ainda me pergunto às vezes) se não era preciso partir daí para atingir o conceito perigoso do "artista" – um conceito tratado até hoje com uma imperdoável ingenuidade. – A falsidade com boa consciência; o prazer de fingir que impõe seu poder e obriga a se afastar daquilo que se chama "caráter", submergindo-o às vezes até apagá-lo; o desejo íntimo de desempenhar um papel, de ter uma máscara, uma *aparência*, um excedente de faculdades de assimilação de todas as espécies que não sabem mais se saciar a serviço da utilidade mais próxima e mais estrita: tudo isso não caracteriza talvez *unicamente* o comediante...

Semelhantes instintos se desenvolveram talvez mais facilmente em famílias do baixo povo que, sob o domínio do acaso, numa dependência estrita, atravessaram penosamente sua existência, obrigadas a se acomodar no incômodo, a se dobrar a circunstâncias sempre novas, a se mostrar e a se apresentar de outra forma do que realmente eram e que terminavam, aos poucos, por saber a "virar sua capa" até se identificar com esse vestuário e passar por mestras na arte de representar incessantemente o jogo do esconde-esconde – a imitação nos animais: isso até o dia em que esse poder, acumulado de geração em geração, se torna despótico, irrazoável, indomável, e como instinto se põe a comandar outros instintos para terminar por criar o comediante, "o artista" (em primeiro lugar o bufão, o palrador, o arlequim, o louco, o palhaço, assim como o criado doméstico clássico, o Gil Blas: porque semelhantes tipos são os precursores do artista e muitas vezes do "gênio").

Em condições sociais mais elevadas se desenvolve igualmente, sob uma pressão análoga, um tipo semelhante de homens: mas então os instintos de comediante são na maioria das vezes contidos por outro instinto, por exemplo, nos "diplomatas" – estaria, por outro lado, disposto a acreditar que um bom diplomata poderia também se tornar um bom ator, contanto, bem entendido, que sua dignidade o permitisse.

Quanto aos *judeus*, esse povo da assimilação *por excelência*, se se seguir essa ideia, pode-se ver neles, de algum modo *a priori*, uma instituição histórica destinada à formação de comediantes, uma verdadeira sementeira de comediantes; e, com efeito, essa questão está agora realmente na ordem do dia: que bom ator de hoje não é judeu?

O judeu, como literato nato, como dono efetivo da imprensa europeia, exerce seu poder graças a suas capacidades de comediante, pois o literato é essencialmente comediante – ele interpreta o "homem instruído", o "especialista". – Finalmente, as *mulheres*: pensemos um pouco na história das mulheres – não é *necessário* que sejam antes de tudo e em primeiro lugar comediantes? Ouçam falar os médicos que hipnotizaram jovens mulheres: eles pedem que finalmente as amemos – que nos deixemos "hipnotizar" por elas! Resultado? Elas "se entregam" mesmo quando se dão... A mulher é de tal forma artista...

## 362 – Nossa fé numa virilização da Europa

É a Napoleão (e de modo algum à Revolução Francesa, que procurava a "fraternidade" entre os povos e via efusões floridas na terra inteira) que devemos poder pressentir alguns séculos guerreiros que se anunciam e que ficarão sem igual na história, numa palavra, ter entrado na *idade clássica da guerra*, da guerra científica e ao mesmo tempo popular, da guerra feita em grande escala (pelos meios, pelos talentos e a disciplina), que durante séculos seguidos nos haverão de invejar como uma época de perfeição com um olhar cheio de ciúmes e de respeito: – de fato, o movimento nacional de onde sairá essa glória guerreira não passa de um contragolpe do esforço de Napoleão e não existiria sem Napoleão.

Será, portanto, a ele que um dia caberá a honra de ter refeito na Europa um mundo onde o *homem* dominará o comerciante e o "filisteu"; talvez até mesmo "a mulher" mimada pelo cristianismo e pelo espírito entusiasta do século XVIII, mais ainda pelas "ideias modernas". Napoleão, que via nas ideias modernas e em geral na civilização, alguma coisa como se fossem inimigas pessoais, provou por essa hostilidade que era um dos principais continuadores do Renascimento: trouxe à luz toda uma face do mundo antigo, talvez a mais decisiva, a face de granito. Quem sabe se, graças a ela, o heroísmo antigo não acabará algum dia por triunfar sobre o movimento nacional, se não deve se tornar o herdeiro e o continuador, no sentido *afirmador*, de Napoleão – ele que queria, como se sabe, a Europa unida para que fosse senhora do mundo.

## 363 – Como cada um dos sexos tem seus preconceitos sobre o amor

Apesar de todas as concessões que estou pronto a fazer aos preconceitos monógamos, nunca admitirei que se fale para o homem e para a mulher de *igualdade* dos direitos no amor: essa igualdade não existe. É que, por amor, o homem e a mulher entendem coisas diferentes – e é uma das condições do amor nos dois sexos que um *não* suponha no outro o mesmo sentimento que o seu, a mesma ideia do "amor". O que a mulher entende por amor é bastante claro: doação completa (mais que abandono) de corpo e alma, sem restrição. Ela pensa com vergonha e medo numa doação em que se misturassem cláusulas e restrições.

É essa ausência de condições que faz de seu amor uma verdadeira *fé* e a mulher não tem outra. – O homem, se gosta de uma mulher, *exige* dela esse amor; quanto a ele próprio, está, portanto, totalmente distante das hipóteses do amor feminino; se encontrassem homens que experimentassem também esse desejo de entrega total não lhes fosse estranho, pois bem, esses não seriam – homens. Um homem que ama como uma mulher se torna escravo; uma mulher, ao contrário, que ama como mulher se torna uma mulher *mais realizada*...

A paixão da mulher, em sua absoluta renúncia a seus direitos próprios, postula precisamente que não existe, de outro lado, uma *paixão* semelhante, semelhante necessidade de renúncia: de fato, se ambos renunciassem a si próprios por amor, resultaria – não sei o que, talvez o horror ao vazio? – A mulher gosta de ser conquistada, de ser aceita como propriedade, ela quer se fundir na ideia de "propriedade", de "posse"; por isso deseja alguém que tome, que se não doe e não se entregue a si próprio, mas que queira, pelo contrário, enriquecer seu "eu" por meio de uma acréscimo de força, de felicidade, de fé, para que a mulher se doe a si mesma.

A mulher se dá, o homem toma – penso que nenhum contrato social permitirá passar por cima dessa diferença de natureza; a melhor vontade e a maior sede de justiça não poderão quase nada contra essa antítese natural, por mais desejável que possa ser não deixar ver constantemente a dureza, o horror, o enigma e a imoralidade desse antagonismo.

Porque o amor, o grande concebido em sua totalidade, em sua grandeza, em toda a sua plenitude, é próprio da natureza e, como tal, é e permanecerá alguma coisa de eternamente "imoral". – A *fidelidade* está seguramente incluída no amor da mulher, por definição, ela é uma consequência dela; no homem, o amor pode às vezes acarretar a fidelidade, seja sob forma de gratidão, seja como idiossincrasia do gosto, o que se chama "afinidade eletiva", mas não faz parte da *natureza* de seu amor – e isso tão pouco, que quase se pode falar de uma antinomia natural entre o amor e a fidelidade no homem: o amor do homem é um desejo de posse e de forma alguma uma renúncia e uma entrega; ora, o desejo de posse cessa cada vez que se realiza a *posse*... Se o amor do homem persiste é, de fato, porque seu desejo de posse é suficientemente sutil e prudente para não confessar, a não ser rara e tardiamente, essa "posse"; é mesmo possível então que esse amor cresça depois do dom da mulher: ele não confessa facilmente que a mulher não tem mais nada para lhe "dar".

## 364 – O solitário fala

A arte de frequentar os homens se baseia essencialmente no hábito (que supõe um longo exercício) de aceitar, de deglutir um repasto cuja preparação não inspira confiança. Admitindo-se que se chega à mesa com uma fome de lobo, tudo irá muito bem ("*a pior companhia te permite sentir*" – como diz Mefistofeles[130]); mas não se possui essa fome de lobo quando se tem necessidade! Ai! como os outros são difíceis de digerir! Primeiro princípio: tomar sua coragem com as duas mãos, como diante de uma desgraça, caminhar com ousadia, estar repleto de admiração por si próprio, cerrar sua repugnância entre os dentes, engolir seu desgosto. Segundo princípio: tornar o outro "melhor", por exemplo, por um elogio, para que possa suar de felicidade em si mesmo ou tomar por uma ponta suas qualidades boas e "interessantes" e puxar até que se tenha feito sair toda a virtude e que se possa dobrar a outra em suas dobras.

Terceiro princípio: a auto-hipnotização. Fixar o objeto de suas relações como um botão de vidro até que, cessando de experimentar prazer ou desprazer, se comece a adormecer imperceptivelmente, a enrijecer-se, a conseguir manutenção: um meio doméstico tirado do casamento e da amizade, abundantemente experimentada e vista como indispensável, mas não ainda formulada cientificamente. Seu nome popular é – paciência.

## 365 – O solitário fala mais uma vez

Nós também temos relações com os "homens", nós também vestimos humildemente o traje sob o qual nos conhecem (pelo qual nos *identificam*), sob o qual nos veneram e nos procuram, e sob o qual nos

[130] (24) Personagem da obra Fausto de Goethe, símbolo do demônio intelectual que confere ao homem a ilusão de compreender e dominar tudo (NT).

dirigimos à sociedade, isto é, entre pessoas disfarçadas que não querem que se diga que estão disfarçadas; nós também agimos como todas as máscaras distintas e bloqueamos cortesmente com uma cadeira a porta de toda curiosidade que não diga respeito a nosso "disfarce". Mas há ainda outras maneiras e outros truques para "frequentar" os homens: por exemplo, como "fantasma" – o que é muito recomendável quando se quer desembaraçar-se rapidamente deles e lhes inspirar temor. É simples: estendem a mão para nós e não chegam a nos apanhar. Isso assusta. Ou então: entramos por uma porta fechada. Ou ainda: quando todas as luzes foram apagadas. Ou ainda: quando já estamos mortos.

Esse último procedimento é o artifício dos homens *póstumos por excelência*. ("*Pensam então*", exclamou um dia um desses com impaciência, "*que teríamos vontade de suportar esse afastamento, essa frieza, esse silêncio de morte que reinam em torno de nós, toda essa solidão subterrânea, escondida, muda, inexplorada que para nós se chama vida e que poderia muito bem ser chamada também morte, se não soubéssemos o que nos havia de acontecer – e que somente depois da morte realizaremos nossa vida, nós nos tornaremos vivos, muito vivos! Nós, homens póstumos*!").

## 366 – A respeito de um livro sábio

Não fazemos parte daqueles que só têm pensamentos no meio dos livros, sob a influência dos livros – nós temos o costume de pensar ao ar livre, caminhando, saltando, subindo, dançando e de preferência nas montanhas solitárias ou bem perto do mar, lá onde até os caminhos se tornam sonhadores. Para julgar o valor de um livro, de um homem, de um trecho de música, começamos por nos perguntar se sabe caminhar, melhor ainda, se sabe dançar... Lemos raramente, não podemos ler pior - oh! como adivinhamos depressa como um autor chegou a suas ideias, se ficou sentado diante do tinteiro, com o ventre comprimido, reclinado sobre o papel: oh! como lemos depressa seu livro!

O intestino comprimido se trai tão certamente como o ar viciado, o teto baixo, o aposento acanhado – Esses foram meus pensamentos ao fechar rapidamente um belo livro sábio, fiquei reconhecido, muito reconhecido, mas também aliviado... No livro de um sábio há quase sempre alguma coisa de opressivo, de oprimido: o "especialista" sempre se afirma em algum local, seu zelo, sua seriedade, seu rancor, sua presunção a respeito do recanto onde está sentado a tecer sua trama, seu corcunda, todo especialista tem uma corcunda. – Um livro sábio reflete sempre uma alma que se curva; toda profissão força o homem a se curvar. Ao rever os amigos da juventude depois que entraram na posse de sua ciência: ah! é sempre o contrário do que teve lugar, ai! é deles que, desde então e para sempre, a ciência tomou posse. Incrustados em seu canto até se tornarem irreconhecíveis, sem liberdade, privados de seu equilíbrio, emagrecidos e angulosos em todo o corpo, salvo num único lugar onde são realmente redondos – fica-se emocionado e se procura calar ao encontrá-los assim...

Todo ofício, admitindo mesmo que seja um de ouro, tem acima dele um céu de chumbo que oprime a alma, que a prensa até torná-la estranhamente curvada. Não há nada a fazer a respeito. Não se imagine sobretudo que é possível evitar essa deformação por meio de algum artifício da educação. Todo *domínio* se paga caro na terra, onde tudo se paga talvez muito caro; não se poderia ser homem de uma especialidade senão à custa dos sacrifícios que são feitos. Ora, querem que seja de outro modo – querem pagar "menos caro", querem que seja mais fácil – não é, senhores meus contemporâneos?

Pois bem, que seja! Nesse então, logo a seguir, terão outra coisa: em vez do ofício e do mestre, terão o literato, o literato hábil e flexível que, com efeito, não tem corcunda – excetuando as costas largas que mostra em reverências de vendedor de loja do espírito e como "representante" da cultura – o literato que no fundo não é *nada*, mas que "representa" quase tudo, que desempenha e "substitui" o conhecedor, que com toda a humildade se encarrega também de *se fazer* pagar, venerar e celebrar em lugar do outro. – Não, meus amigos sábios! Eu os abençoo, a vocês e à sua corcunda.

E também porque desprezam, como eu, os literatos e os parasitas da cultura! E porque não sabem comercializar seu espírito! E porque vocês não têm senão opiniões que não podem se expressar em dinheiro! E porque não representam o que vocês não *são*! Porque não têm outra vontade senão de se tornarem mestres em seu ofício, por respeito a toda espécie de maestria e de excelência e por aversão radical contra tudo o que é apenas aparência, semiverdade, brilhante, virtuosidade, maneiras de demagogos e de comediantes nas letras e nas artes – contra tudo o que não quer se apresentar diante de vocês com uma *probidade* absoluta em sua preparação e em seus meios! (O próprio gênio não ajuda a superar semelhantes lacunas, por mais que se tente a fazê-las esquecer com um hábil engano: coisa compreensível quando são vistos de perto os mais dotados de nossos músicos e de nossos pintores – todos sabem, quase sem exceção, graças à astuciosa invenção de maneiras, de acessórios e mesmo de princípios – a criar imediata e artificialmente a *aparência* dessa probidade, dessa solidez de escola e de cultura, sem conseguir, é verdade, a se enganarem a si próprios, sem impor silêncio definitivamente a sua própria má consciência. De fato, já o sabem muito bem: todos os grandes artistas modernos sofrem de má consciência.)

## 367 – Qual a primeira distinção a fazer entre as obras de arte

Tudo o que foi pensado, versificado, pintado, composto, mesmo edificado e esculpido, pertence à arte monologada ou à arte diante de testemunhas. Deve-se contar também nessa última a arte que não é aparentemente senão uma arte monologada e que encerra a fé em Deus, todo o lirismo da oração: pois para um homem piedoso não há ainda solidão – fomos nós, os ímpios, os primeiros a inventar a solidão. Não conheço diferença mais profunda em toda a ótica de um artista: saber se é com o olhar da testemunha que ele observa a elaboração de sua obra (que se observa "a si próprio") ou se "esqueceu o mundo", o que é essencial em toda arte monologada – arte que *se baseia no esquecimento*, que é a música do esquecimento.

## 368 – O cínico fala

Minhas objeções contra a música de Wagner[131] são objeções fisiológicas; para que dissimulá-las ainda sob fórmulas estéticas? É um "fato": respiro com dificuldade quando essa música começa a agir sobre mim; logo meu pé se aborrece e se revolta contra ele – meu pé sente necessidade de cadência, de dança e de marcha, reclama da música em primeiro lugar, os arrebatamentos que proporcionam uma *boa* marcha, o passo, o salto, a dança. – Mas meu estômago não protesta também? E meu coração? A circulação de meu sangue?

E minhas entranhas não se entristecem? O que é que me não

[131] Richard Wagner (1813-1883), compositor alemão (NT).

enrouquece insensivelmente? – Por isso me pergunto: meu corpo inteiro, que *pede* então à música? Acredito que pede um *alívio*: como se todas as funções animais devessem ser aceleradas por ritmos leves, ousados, desenfreados e seguros deles; como se a vida de bronze e de chumbo devesse ser transmudada no outro de melodias delicadas e suaves.

Minha melancolia quer se repousar nos esconderijos e nos abismos da *plenitude*: eis porque tenho necessidade de música. Que me importa o teatro? Que me importam as convulsões de seus êxtases morais com que o "povo" se satisfaz! Que me importam todas as caretas dos comediantes!... Adivinha-se, sou de um caráter fundamentalmente antiteatral – mas Wagner era, pelo contrário, essencialmente homem de teatro e comediante, o mimólogo mais entusiasta que jamais existiu, mesmo como músico!...

Se, seja dito de passagem, a teoria de Wagner foi "*o drama é o objetivo, a música é sempre apenas o meio*" – sua *prática* foi, pelo contrário, do começo ao fim, "*a atitude é o objetivo, o drama e mesmo a música são sempre apenas os meios*".

A música serve a acentuar, a reforçar, a interiorizar o gesto dramático e a exterioridade do comediante, e o drama wagneriano é apenas um pretexto para numerosas atitudes dramáticas.

Wagner tinha, ao lado de todos os outros instintos, os instintos de mando de um grande comediante, em toda parte e sempre e, como já acenei, também como músico. – Foi o que demonstrei claramente, mas com certa dificuldade, a um bom wagneriano; e eu tinha razões para acrescentar ainda: "*Seja, portanto, um pouco mais sincero consigo; não estamos no teatro! No teatro, só somos honestos como massa; como indivíduo, mentimos, nos mentimos a nós mesmos. Quando vamos ao teatro deixamo-nos a nós próprios em casa, renunciamos ao direito de falar e de escolher, renunciamos a nosso próprio gosto, mesmo à nossa coragem, como a possuímos e a exercemos entre quatro paredes para com Deus e para com os homens. Ninguém leva ao teatro o senso mais sutil de sua arte, nem mesmo o artista que trabalha para o teatro; é lá que somos povo, público, rebanho, mulher, fariseu, eleitor, concidadão, democrata, próximo, semelhante, é lá que a consciência mais pessoal sucumbe ao encanto nivelador da maioria, é lá que reina o "vizinho", é lá que nos tornamos vizinho...*" (Esquecia-me de contar o que meu wagneriano esclarecido respondeu a minhas objeções fisiológicas: "*Não és, portanto, dito de modo simples, suficientemente bem comportado para nossa música!*")

## 369 - O que coexiste em nós

Nós, artistas, não devemos confessar a nós mesmos que há em nós uma inquietante discordância; nosso gosto, de um lado, e nossa força criadora, de outro, são separados de uma forma singular; permanecem separados e têm um crescimento particular – quero dizer que têm graus e *tempos* diferentes de velhice, de juventude, de maturidade, de decomposição, de putrefação.

De tal modo que, por exemplo, um músico poderia compor durante toda a sua vida coisas que estariam *em oposição* com aquilo que seu ouvido de ouvinte refinado e seu coração de ouvinte apreciam, gostam e preferem – não é realmente necessário que conheça essa contradição.

Pode-se, como prova uma experiência que se repete com dolorosa constância, ultrapassar facilmente com seu gosto o gosto que se tem na força criativa, mesmo sem que essa força seja paralisada com isso e refreada em sua produção; mas também pode ocorrer o contrário – e é sobre isso que gostaria de chamar a atenção do artista.

Um homem que cria constantemente, uma "mãe" entre os homens, no sentido superior do termo, alguém que não conhece outra coisa senão gravidez e partos de seu espírito, que não tem mais tempo algum para refletir sobre sua própria pessoa e sobre sua obra e compará-las, que não tem tampouco a intenção de exercer seu gosto, que o esquece simplesmente e o deixa correr ao acaso – esse homem acabará talvez por produzir obras *infinitamente superiores a seu senso crítico*: o que faz com que diga asneiras sobre elas e sobre si mesmo – ele as dirá e as pensará. Parece-me que é regra geral entre os artistas muito fecundos – ninguém conhece de forma pior um filho que seus pais. Diria mesmo que é assim, para tomar um exemplo marcante, do mundo dos poetas e dos artistas gregos sem exceção: eles nunca "souberam" o que faziam...

## 370 - O que é o romantismo?

Talvez se recorde, pelo menos entre meus amigos, que comecei por me lançar sobre a questão do mundo moderno com alguns grandes erros e alguns exageros forçados, mas eu alimentava grandes esperanças. Considerava – quem sabe na sequência de que experiências pessoais? – o pessimismo filosófico do século XIX como sintoma de uma força superior do pensamento, de uma bravura mais temerária, de uma *plenitude* de vida mais vitoriosa que aquelas que tinham sido o próprio século XVIII, a época de Hume, de Kant, de Condillac[132] e dos sensualistas. Tomava o conhecimento trágico como verdadeiro *luxo* de nossa civilização, via nele o mais precioso, o mais nobre e o mais perigoso dos desperdícios, pensava, levando em conta sua opulência, que esse luxo lhe era *permitido*.

De igual modo interpretava a música alemã como a expressão de um poder dionisíaco da alma alemã: nela acreditava surpreender o rumorejar subterrâneo de uma força primordial, comprimida havia muito tempo e que enfim vinha à luz – indiferente a tudo aquilo que hoje se chama cultura pudesse ser abalado.

Como se vê, eu desconhecia então, tanto no pessimismo filosófico como na música alemã, o que lhes conferia seu verdadeiro caráter – seu *romantismo*. O que é o romantismo?

Toda arte, toda filosofia podem ser consideradas como remédios e auxílios a serviço da vida em crescimento e em luta: supõem sempre sofrimentos e sofredores. Mas há duas espécies de sofredores: há em primeiro lugar aqueles que sofrem de *superabundância de vida*, aqueles que reclamam uma arte dionisíaca e também uma visão trágica da vida interior e exterior – e há em seguida aqueles que sofrem de um *empobrecimento da vida*, que pedem à arte e ao conhecimento a calma, o silêncio, o mar tranquilo, ou ainda a embriaguez, as convulsões, o abalo, a loucura.

A esta *última* categoria de necessidade corresponde todo romantismo na arte e na filosofia; foi a ela que respondiam e respondem ainda Schopenhauer e Wagner, para citar os dois românticos mais famosos e mais expressivos, entre aqueles que então eu interpretava *mal* – aliás, *de alguma forma* em seu benefício, como haverão de concordar.

O ser mais transbordante de vida, o deus e o homem dionisíaco, pode se permitir não somente observar o que é terrível e inquietante, mas também dar-se ao luxo de fazê-lo ele próprio, de tudo destruir, de tudo desagregar, de tudo negar; sua superabundância o autoriza

[132] (26) Etienne Bonnot de Condillac (1715-1780), filósofo francês (NT).

em suma à maldade, à insanidade, à fealdade, pois é capaz de fazer de cada deserto uma região fértil. Inversamente, o homem mais sofredor, mais pobre em força vital tem a maior necessidade de suavidade, de amenidade, de bondade, tanto em pensamento como em ato e, se possível, de um Deus que seria particularmente um Deus dos doentes, um "salvador"; tem também a necessidade de lógica, de inteligibilidade abstrata da existência – porque a lógica tranquiliza e dá confiança – em resumo, de uma certa intimidade estreita e calorosa que dissipa o temor e de um confinamento em horizontes otimistas.

Assim aprendi aos poucos a compreender Epicuro como o oposto de um pessimista dionisíaco, como o "cristão" que, de fato, não passa de um aspecto de epicureu e, como este, essencialmente romântico – e assim eu chegava a uma acuidade sempre maior no manejo da *indução*, tão difícil e tão capciosa, na qual se cometem mais erros – aquela que da obra remonta ao criador, do fato ao autor, do ideal àquele que tem *necessidade* dele, de qualquer maneira no fato de pensar e apreciar a *necessidade* que comanda. – A respeito de todos os valores estéticos me sirvo agora desta distinção capital: pergunto-me em cada caso: "*É a fome ou a abundância que cria aqui*?" À primeira vista outra distinção pareceria ser mais recomendada – salta muito mais aos olhos – quero dizer: saber se é o desejo de fixidez, de eternidade, de *ser*, que é a causa criadora ou o desejo de destruição, de mudança, de novidade, de futuro, de *vir-a-ser*.

Esses dois desejos, contudo, quando se olha mais de perto, parecem ainda ambíguos, e não se pode interpretá-los senão de acordo com o critério indicado anteriormente, que se deve preferir, ao que me parece. O desejo de *destruição*, de mudança, de devir, pode ser a expressão da força superabundante, grávida de futuro (meu termo para isso é, como se sabe, a palavra "dionisíaco"), mas pode ser também o ódio do ser fracassado, do deficiente, do deserdado que destrói, que é *forçado* a destruir porque o estado de coisas existente, todo estado de coisas, todo ser mesmo, o revoltam e o irritam – para compreender essa paixão é preciso olhar de perto nossos anarquistas. A vontade de *eternizar* tem igualmente necessidade de uma interpretação dupla. Pode, por um lado, provir da gratidão e do amor: – uma arte que tem essa origem será sempre uma arte de apoteose, ditirâmbica talvez com Rubens[133],

[133] Petrus Paulus Rubens (1577-1640), pintor flamengo (NT).

divinamente zombeteira com Hafiz[134], luminosa e benevolente com Goethe, derramando sobre todas as coisas um raio homérico de luz e de glória. Mas pode ser também essa vontade tirânica de um ser que sofre atrozmente, que luta e que é torturado, de um ser que gostaria de dar ao que lhe é mais pessoal, mais particular, mais próximo, dar à verdadeira idiossincrasia de seu sofrimento o selo de uma lei e de uma coação obrigatórias e que se vinga de algum modo de todas as coisas, imprimindo-lhes em caracteres de fogo *sua* imagem, a imagem de *sua* tortura. Este último caso é o *pessimismo romântico* sob sua forma mais expressiva, seja como filosofia schopenhaueriana da vontade, seja como música wagneriana: – o pessimismo romântico é o último *grande* acontecimento no destino de nossa civilização. (Que possa haver um otimismo completamente diferente – um pessimismo clássico – esse pressentimento e essa visão me pertencem, não podem ser separados de mim, são meu *proprium*[135] e meu *ipsissimum*[136]; entretanto, meu ouvido repudia o termo "clássico", que se tornou usado demais, muito arredondado, muito irreconhecível. Chamo esse pessimismo do futuro – porque está a caminho, o vejo chegar! – o *pessimismo dionisíaco*.)

## 371 – Nós, os incompreensíveis

Alguma vez já nos queixamos de ser mal compreendidos, desconhecidos, confundidos, caluniados, de ser mal-entendidos e de não tê-lo sido? Esse é precisamente nosso destino – ai! por muito tempo ainda, digamos para ser modestos, até o ano de 1901 – essa é também nossa distinção; não nos estimaríamos bastante a nós mesmos se desejássemos que fosse de outra maneira. Nós nos prestamos à confusão – o fato é que nos engrandecemos a nós mesmos, mudamos sem cessar, rejeitamos nossa velha casca, criamos pele nova a cada primavera, nos tornamos sempre mais jovens, mais por vir-a-ser, mais altos e mais fortes, afundamos nossas raízes com sempre maior força nas profundezas – no mal – enquanto que ao mesmo tempo abraçamos o céu com mais amor, com nossos braços sempre mais abertos, aspirando a luz do céu sempre mais avidamente, com todos os nossos ramos e com todas as nossas filhas.

[134] (28) Mohammed Shams od-Din Hafiz (1327-1390), poeta persa (NT).

[135] Termo latino que significa "próprio, bem próprio" (NT).

[136] (30) Termo latino, superlativo de ipsum (si mesmo): exatamente "si mesmo, si mesmíssimo" (NT).

Nós crescemos, como as árvores – isso é difícil de compreender, tão difícil de compreender como a vida! – crescemos não apenas num local, mas em toda parte, não numa só direção, mas tanto para o alto como para baixo, para o interior e para o exterior – nossa força cresce ao mesmo tempo no tronco, nos ramos e nas raízes, já não temos mais a total liberdade de fazer qualquer coisa separadamente, de *ser* alguma coisa em separado... De fato, essa é nossa sorte: crescemos em *altura;* admitindo que seja esse nosso destino nefasto – pois habitamos sempre mais perto do raio! – pois bem! nem assim deixamos de guardar com honra esse destino, embora permaneça aquele que não poderíamos compartilhar, comunicar – o destino dos cumes, *nosso* destino...

## 372 – Porque não somos idealistas

Outrora os filósofos temiam os sentidos – não teremos esquecido demais esse temor? Somos todos sensualistas, nós, homens de hoje e homens do futuro em filosofia, não no plano da teoria, mas naquele da *praxis*, da prática... Os filósofos de outrora, pelo contrário, acreditavam ser atraídos pelos sentidos para fora de *seu* mundo, o frio reino das "ideias", numa ilha perigosa e mais meridional, onde temem ver suas virtudes de filósofos derreter como a neve sob o sol. Para filosofar era preciso então tapar os ouvidos com cera; um verdadeiro filósofo não entendia a vida, porquanto a vida é música, e ele *negava* a música da vida – é uma velha superstição de filósofo acreditar que toda música é música de sereia. – Hoje seríamos tentados a julgar no sentido contrário (o que poderia ser em si do mesmo modo falso): a acreditar que as *ideias* têm um poder de sedução mais perigoso que os sentidos, com seu aspecto frio e anêmico e até mesmo não por esse aspecto – as ideias viveram sempre do "sangue" dos filósofos, roeram sempre os sentidos dos filósofos e até mesmo, se quiser acreditar, seu "coração".

Esses filósofos antigos eram pessoas sem coração: filosofar era sempre uma espécie de vampirismo. Não sentem, diante de figuras como a de Spinoza, alguma coisa de profundamente enigmático e inquietante? Não veem o drama que aqui se representa, não veem a *palidez aumentar* sem cessar – os sentidos se empobrecerem e a dessensualização passar como ideal? Não pressentem a presença, em segundo plano, de uma sanguessuga por longo tempo escondida que começa a se agarrar aos sentidos e que acaba por conservar, por deixar somente os ossos e seu chocalhar? – Quero dizer, categorias, fórmulas, *palavras* (porque, perdoem-me, *o que restou* de Spinoza, *amor intellectualis dei*[137], não passa de um chocalhar e nada mais! O que é *amor*, o que é *deus*, quando deixam de ter uma gota de sangue?). Em suma, todo idealismo filosófico foi até agora uma espécie de doença, em toda parte onde não foi, como no caso de Platão, a precaução de uma saúde muito rica e perigosa, o temor de sentidos superpoderosos, a sabedoria de um sábio discípulo de Sócrates. – Talvez nós, homens modernos, não somos bastante saudáveis para *ter necessidade* do idealismo de Platão. E se não tememos os sentidos, é que...

## 373 – A "ciência" como preconceito

É uma consequência das leis da hierarquia que os sábios, na medida em que pertencem à classe intelectual média, não têm de forma alguma acesso às questões e aos problemas verdadeiramente *grandes*: nem sua coragem nem sua visão bastam para atingi-los – sobretudo a necessidade que faz deles pesquisadores, sua previsão e seu desejo interior de obter *este ou aquele* resultado, seu temor e sua esperança se entregam e se contentam cedo demais.

O que, por exemplo, entusiasma à sua maneira esse pedantesco inglês Herbert Spencer[138], o que o leva a traçar uma linha de esperança no horizonte de seus desejos, essa tardia reconciliação entre "o egoísmo e o altruísmo" com que divaga, nos leva quase a vomitar: – uma humanidade com semelhantes perspectivas spencerianas como últimas perspectivas nos pareceria digna de desprezo e de destruição!

Mas *só o fato* que alguma coisa que é forçado a considerar como esperança superior não aparece e não pode aparecer a outros como repugnante possibilidade, esse simples fato constitui um problema que Spencer não teria podido prever... Ocorre o mesmo com essa crença com que se satisfazem hoje tantos sábios materialistas que acreditam que o mundo deve ter seu equivalente e sua medida no pensamento humano, na avaliação humana, num "mundo de verdade", do qual se

[137] Expressão latina que significa "amor intelectual de deus" (NT).

[138] Herbert Spencer (1820-1903), filósofo e sociólogo inglês (NT).

poderia finalmente aproximar com o auxílio de nossa pequena razão humana, bem grosseira. – Como? Queremos realmente rebaixar a existência a um exercício de cálculo, a uma pequena tarefa para matemáticos?

Que se evite, antes de tudo, querer tirar da existência humana seu caráter *ambíguo*: é isso que exige o bom gosto, senhores, o gosto do respeito acima de tudo – o que ultrapassa seu horizonte! Que seja verdadeira somente uma interpretação do mundo em que vocês estarão no verdadeiro, em que se possa realizar pesquisas científicas (querem dizer, na realidade, mecânicos?) e continuar a trabalhar segundo seus princípios, uma interpretação que permita contar, calcular, pesar, ver, tocar e não outra coisa, é um despropósito e uma ingenuidade, se não for demência ou idiotice. Não é, pelo contrário, muito provável que é o que há de mais superficial e de mais exterior à existência – o que há de mais aparente, sua crosta e sua materialização – que se capta por primeiro? Talvez até mesmo exclusivamente?

Uma interpretação "científica do mundo", como vocês a entendem, meus senhores, seria por conseguinte ainda uma das mais *estúpidas* interpretações do mundo, isto é, das mais pobres de sentido: isso dito aos ouvidos dos mecanicistas e posto em sua consciência, eles que hoje gostam de se misturar com os filósofos e que imaginam de forma absoluta que a mecânica é a ciência das leis primeiras e últimas, sobre as quais, como sobre um fundamento, toda existência deve ser edificada. Entretanto, um mundo essencialmente mecânico seria essencialmente *desprovido de sentido*! Se julgássemos o *valor* de uma música pelo que dela se pode calcular e contar, traduzir em fórmulas – como seria absurda semelhante avaliação "científica" da música! Que se teria captado, compreendido, reconhecido dela? Nada, estritamente nada daquilo que é "música"!

## 374 – Nosso novo "infinito"

Saber até onde vai o caráter perspectivista da existência ou mesmo saber se a existência possui ainda outro caráter, se uma existência sem interpretação, sem "sentido", não se torna um "absurdo", se, por outro lado, toda existência não é essencialmente *interpretativa* – é o que, como correto, não pode ser decidido pelas análises e pelos exames do intelecto mais assíduos e mais minuciosamente científicos: uma vez que o espírito humano, durante essa análise, não pode agir de outra forma do que se ver sob suas próprias perspectivas e *unicamente* assim.

Só podemos ver com nossos olhos: há uma curiosidade sem esperança em querer conhecer que outras espécies de intelectos e de perspectivas *poderiam* existir, por exemplo, se há seres que podem conceber o tempo para trás, ou ora em marcha para frente ora em marcha para trás (o que modificaria a direção da vida e inverteria igualmente a concepção da causa e do efeito). Espero, contudo, que estejamos hoje longe da ridícula pretensão de decretar que nosso reduzido canto é o único de onde se tem *o direito* de possuir uma perspectiva. O mundo, para nós, voltou a se tornar "infinito"; não podemos lhe recusar a possibilidade de *se prestar a uma infinidade de interpretações*. Voltamos a ser dominados por grande calafrio: – mas quem teria vontade de divinizar de novo, imediatamente, à antiga moda, esse monstro de mundo desconhecido? Adorar esse desconhecido doravante como o "deus desconhecido"? Ai! Existem demasiadas possibilidades de interpretar esse desconhecido *sem deus*, de interpretá-lo com o diabo, com a estupidez ou com a loucura – sem contar com nossa própria maneira, essa interpretação humana, demasiado humana, que conhecemos!...

## 375 – Porque parecemos epicuristas

Nós, homens modernos, somos prudentes, prudentes com relação a convicções supremas; nossa desconfiança se mantém alerta contra os sortilégios e os enganos de consciência que há em toda crença forte, em todo sim ou não absolutos: como explicar isso? Talvez, em grande parte se deva ver nisso a criança que se queimou, o idealista abusado, mas por outro lado, a melhor, a curiosidade repleta de alegria daquele que estava outrora recolhido em seu canto até ficar exasperado e que se inebria e se exalta agora no ilimitado, "com toda a liberdade". Assim se desenvolve uma tendência quase epicurista em procurar o conhecimento, uma tendência que não deixa escapar facilmente o caráter incerto das coisas; de igual modo, uma antipatia contra as grandes frases e as atitudes morais, um gosto que recusa todos os antagonismos pesados e grosseiros das reservas. De fato, é *isso* que faz nosso orgulho, essa leve tensão das rédeas quando nossa impetuosa necessidade de certeza nos impele para frente, o sangue-frio do cavaleiro em suas corridas mais selvagens: de fato, antes como depois, nós montamos os animais mais fogosos e, se hesitamos, não é o perigo que nos leva a hesitar...

## 376 – As paradas na vida

Esse é o sentimento de todos os artistas, de todos os homens que criam "obras", da espécie materna entre os homens: sempre imaginam, cada vez que um período de sua vida termina – um período que se fechou com uma obra – que atingiram o próprio objetivo; sentindo-se cada vez prontos para morrer, dizem: "Estamos maduros para a morte." Isso não quer dizer que estejam cansados – mas antes que sua obra amadureceu e que deixou em seu ator, como deve, uma luminosidade e uma doçura de outono. Então o *ritmo* da vida diminui sempre, se torna espesso e pesado como mel – diminui até longas paradas, até a crença no longo repouso...

## 377 – Nós, sem-pátria

Entre os europeus de hoje, não faltam aqueles que têm o direito de se chamar, num sentido distintivo e que os honra, sem-pátria: possa minha secreta sabedoria, minha "*gaia ciência*", tocar-lhes o coração. De fato, sua sorte é dura, sua esperança é incerta, é necessária uma verdadeira habilidade para lhes inventar uma consolação – e para quê! Nós, filhos do futuro, como poderíamos estar em nossa casa nesse hoje! Somos hostis a todo ideal que ainda pudesse encontrar um refúgio, um "em casa", nesse tempo de transição frágil e quebradiço; quanto às "realidades" desse tempo, não acreditamos em sua *duração*. O gelo que ainda tem hoje se adelgaçou de tal maneira: o vento do degelo sopra, nós mesmos, nos os sem-pátria somos alguma coisa que quebra o gelo e outras "realidades" demasiado frágeis... Nada "conservamos", não queremos regressar a nenhum passado, não somos "liberais" em absoluto, não trabalhamos para o "progresso", não temos necessidade de tapar os ouvidos para não ouvir as sereias do futuro cantar na praça pública. – O que elas cantam, "*Igualdade de direitos!*", "*Sociedade livre!*", "*Nem senhores nem escravos!*", isso não nos atrai! – na verdade, não achamos de forma alguma desejável que o reino da justiça chegue e que a paz seja instaurada na terra (porque esse reino seria forçosamente o reino da mediocracia e da chinesice); aplaudimos todos aqueles que, como nós, gostam do perigo, da guerra e das aventuras, aqueles que não se deixam acomodar e reacomodar, conciliar e reconciliar, nos contamos a nós mesmos entre os conquistadores, refletimos na necessidade de uma nova ordem e também de uma nova escravidão – pois, para todo reforço, para toda elevação do tipo "homem", é necessária uma nova espécie de escravidão. – Aí está porque não nos sentimos bem numa época que gosta de reivindicar a honra de ser a mais humana, a mais caridosa, a mais justa que alguma vez já existiu debaixo do sol!

Já é bastante triste ver que essas belas palavras sugerem tantas segundas intenções para que não vejamos também a expressão – e também o mascaramento – do mais profundo enfraquecimento, da fadiga, da velhice, da diminuição das forças! Que nos importa saber com que enfeites um doente decora sua fraqueza! Que a exiba como o faz com sua *virtude* – não há dúvida, com efeito, que a fraqueza torna doce, ah! tão doce, tão justo, tão inofensivo, tão "humano"! – A "religião da piedade" a que nos quereriam converter – ah! nós conhecemos muito bem os pequenos jovens e as pequenas jovens histéricas que hoje têm necessidade de véu e de ornamentos! Não somos humanitários; nunca nos permitiríamos falar de nosso "amor pela humanidade" – nós não somos suficientemente comediantes para isso!

Ou suficientemente são-simonistas[139], suficientemente franceses para isso. É preciso ter sido atingido por doses excessivas, bem *gaulesas*, de irritabilidade erótica e de impaciência sensual para se aproximar ainda da humanidade de maneira leal e com ardor...

Da humanidade! Já houve alguma vez velha mais horrível entre todas as horríveis velhas? – (a menos que seja a "verdade": uma questão para os filósofos.) Não gostamos da humanidade; mas, por outro lado, estamos bem longe de ser muitos "alemães" – no sentido atual da palavra "alemão" – para podermos ser os porta-vozes do nacionalismo e do ódio das raças, para podermos nos regozijar com os males nacionais do coração e com o envenenamento do sangue, que fazem com que na Europa um povo levante barricadas contra o outro, como se uma quarentena os separasse.

[139] (33) Designativo dos adeptos da doutrina de Louis de Rouvroy, conde de Saint-Simon (1760-1825), doutrina que pretendia emancipar a humanidade, fundar um "novo cristianismo" (NT).

Para isso somos muito imparciais, muito maliciosos, muito delicados, também viajamos muito; preferimos muito mais viver nas montanhas, à margem, "inatuais", em séculos passados ou futuros, ainda que fosse apenas para nos poupar a raiva silenciosa a que nos condenaria o espetáculo de uma política que esteriliza o espírito alemão, injetando-lhe a vaidade e que é, de resto, uma *pequena* política: – não tem ela necessidade, para impedir que sua criação desabe logo que for edificada, que se erga entre dois ódios mortais? Não é obrigada a querer perpetuar o fracionamento da Europa em pequenos Estados?...

Nós, sem-pátria, somos múltiplos em demasia e muito misturados, em raça e origem, para fazer parte dos "homens modernos" e, por conseguinte, pouco tentados a participar a essa mentirosa auto-idolatria racial que hoje se exibe impudicamente na Alemanha, à guisa de distintivo do lealismo germânico e que parece duplamente falsa e inconveniente na pátria do "sentido histórico". Somos, numa palavra – e que essa palavra seja nossa palavra de ordem! – *bons europeus*, os herdeiros da Europa, os herdeiros ricos e satisfeitos – mas ricos também em obrigações, herdeiros de vários milhares de anos de espírito europeu: como tais, saídos do cristianismo e a ele hostis, porque precisamente *saímos* de sua escola, porque nossos ancestrais eram cristãos de uma lealdade sem igual que, por sua fé, teriam sacrificado os bens, o sangue, sua condição e sua pátria. Nós – nós fazemos o mesmo. Mas em favor de quê? Por nossa falta de fé pessoal? Por aquela dos outros? Não, bem o sabem, meus amigos! O sim escondido em vocês é mais forte do que todos os nãos e todos os talvez de que vocês sofrem com sua época: e se lhes for necessário partir para o mar, vocês, emigrantes, empenhem-se em ter também – uma fé!...

## 378 – "E voltaremos a ser claros"

Nós que somos ricos e pródigos em espírito, colocados como poços abertos à beira da estrada, não querendo proibir a ninguém o acesso a nós, infelizmente não sabemos nos defender quando desejaríamos fazê-lo, não temos meios para impedir que nos *perturbem*, que nos obscureçam – porque a época em que vivemos joga no fundo de nós sua "atualidade" mais recente, porque os pássaros sujos dessa época jogam neles suas imundícies, os malandros suas ninharias e viajantes esgotados que ali descansam suas pequenas e grandes misérias.

Mas faremos como sempre: arrastaremos para o fundo tudo o que jogarem em nós – porque somos profundos, não o esquecemos – *e nos tornaremos novamente claros.*

## 379 – Interrupção do louco

Não foi um misantropo que escreveu este livro: o ódio dos homens se paga muito caro hoje. Para poder odiar como outrora se sabia odiar o homem, à maneira de Tímon[140], em bloco, sem restrição, com todo o *amor* do ódio – para isso se deveria poder renunciar ao desprezo – e quanta bondade devemos até precisamente a nosso desprezo! Somos os "os eleitos de Deus"; o desprezo sutil é de nosso gosto, é nosso privilégio e nossa arte, talvez nossa virtude, modernos entre os modernos que somos!...

O ódio, pelo contrário, iguala uns diante dos outros, no ódio há honra e, finalmente, no ódio há *medo*, uma grande parcela de medo. Mas nós, que somos sem medo, nós, os homens mais espirituais dessa época, conhecemos bastante bem nossa vantagem como tais para viver justamente na despreocupação em relação a esse tempo. Não me parece provável que nos decapitem, que nos encerrem, que nos expulsem, nossos livros não serão certamente proibidos e queimados.

A época ama o espírito, ela nos ama e teria necessidade de nós, mesmo que lhe déssemos a entender que somos artistas no desprezo, que toda relação com os homens nos causa um leve susto, que, apesar de nossa doçura, nossa paciência, nossa afabilidade, nossa cortesia, não poderíamos persuadir nosso nariz a deixar a aversão que possui contra a vizinhança dos homens, que menos a natureza é humana mais a amamos, que amamos a arte *quando* ele é a fuga do artista diante do homem, ou o sarcasmo do artista contra o homem ou o sarcasmo do artista contra si mesmo...

## 380 – "O viajante" fala

Para considerar uma vez de longe nossa moralidade europeia, para medi-la pela escala de outras moralidades, mais antigas ou futuras, é preciso agir como faz o viajante que quer conhecer a altura das torres de uma cidade: *sai* da cidade. "Pensamentos sobre os preconceitos morais",

[140] Tímon (séc. VI a.C.), personagem lendário grego, modelo de misantropia (NT).

se quisermos que não sejam preconceitos sobre os preconceitos, supõem uma posição *de fora* da moral, algo para além do bem e do mal, para que seria necessário subir, galgar, voar – e nesse caso um para além de *nosso* bem e de *nosso* mal, uma independência de toda "Europa", essa última entendida como uma soma de juízos avaliadores que nos ordenam e que entraram em nosso sangue. *Querer* assim se colocar fora e acima, é talvez uma leve temeridade, um "*tu deves*" particular e irrazoável, pois nós também, nós que procuramos o conhecimento, temos nossas idiossincrasias da vontade "não libertada": – a questão está em saber se *pode* realmente subir lá em cima. Isso depende de muitas coisas. No conjunto, trata-se de saber se somos pesados ou leves, é o problema de nosso "peso específico". É preciso ser *extremamente leve* para impelir sua vontade de conhecer para tão longe e, de algum modo, para além de seu tempo, para se criar olhos que possam abraçar milhares de anos e que o azul neles se reflita! É preciso estar desapegado de muitas coisas que nos oprimem, que nos entravam, que nos mantêm curvados, que nos tornam pesados, a nós, europeus de hoje. O homem de semelhante além, que quer ele próprio abraçar as avaliações superiores de sua época, tem necessidade em primeiro lugar de "ultrapassar" em si mesmo essa época – essa é a prova de força – e, por conseguinte, não somente sua época, mas também sua repugnância contra essa época, a contradição, o sofrimento que lhe causava essa época, sua inatualidade, seu *romantismo*...

## 381 – A questão da compreensão

Quando se escreve não se faz questão somente de ser compreendido, mas certamente também de não sê-lo. Não é de forma alguma uma objeção contra um livro que alguém o possa achar incompreensível: talvez fizesse parte das intenções do autor não ser compreendido por não sei quem. Todo espírito distinto e de bom gosto escolhe seus ouvintes quando quer se comunicar; sua escolha fecha a porta aos "outros". Todas as regras sutis de um estilo têm ali sua origem: de um lado, elas se mantêm à distância, criam a distância, proíbem a "entrada", a compreensão – de outro, elas abrem os ouvidos daqueles que nos são parentes pelo ouvido.

E, para dizê-lo entre nós e em meu caso particular – não quero me deixar impedir nem por minha ignorância, nem pela vivacidade de meu temperamento, de ser compreensível para vocês, meus amigos: nem pela vivacidade, disse, embora ela me force, para poder me aproximar de uma coisa, a me aproximar dela rapidamente. De fato, eu ajo com os problemas profundos como se fossem um banho frio – entrar nele rápido e sair depressa. Acreditar que dessa maneira não se entra nas profundezas, não se vai demais *ao fundo*, é a superstição daqueles que temem a água, dos inimigos da água fria; eles falam sem experiência.

Ah! O frio intenso torna a gente ágil! – Dito de passagem, uma coisa ficaria verdadeiramente incompreendida e desconhecida pelo fato de ser tocada apenas no voo, captada por um olhar, num instante? Seria necessário realmente começar por sentar em cima dela? Tê-la chocado como um ovo? *Diu noctuque incubando*[141], como dizia Newton[142] de si mesmo? Há pelo menos verdades de um pudor e de uma suscetibilidade tais que não se pode apoderar-se delas senão de uma forma imprevista – que é preciso *surpreender* ou deixar... Enfim, minha brevidade tem outra razão ainda: entre as questões que me preocupam, há muitas que devo explicar em poucas palavras para me compreendam ainda mais rapidamente. De fato, é preciso evitar, como imoralista, perverter a inocência, quero dizer, os asnos e as solteironas dos dois sexos que não têm outra vantagem da vida senão sua inocência; melhor ainda, minhas obras devem entusiasmá-los, elevá-los e levá-los para a virtude. Não conheço nada mais alegre na terra que o espetáculo de velhos asnos e de velhas solteironas que agita o doce sentimento da virtude: e isso "*eu vi*" – assim falava Zaratustra.

Esta é minha brevidade; com relação à minha ignorância, que não dissimulo nem a mim mesmo, a questão é mais grave. Há horas em que tenho vergonha dela; é verdade que há horas também em que tenho vergonha dessa vergonha. Talvez nós, filósofos, estejamos todos hoje em má posição perante o saber humano: a ciência cresce e os mais sábios de nós estão prestes a descobrir que sabem muito pouco. É verdade que seria pior ainda se ocorresse de outro modo – se soubéssemos *demais*. Nosso dever é antes de tudo não nos envolvermos em confusão conosco mesmos. Nós *somos* outra coisa e não sábios, embora seja inevitável que, entre outros, nós fôssemos também sábios. Temos outras necessidades, outro crescimento, outra digestão: precisamos mais e também precisamos menos. Não há fórmula para definir a quantidade de alimento que é necessário para um espírito; se, no entanto, ele

[141] Expressão latina que significa "incubando dia e noite" (NT).

[142] (36) Isaac Newton (1642-1727), físico, matemático e astrônomo inglês (NT).

tem gosto pela independência, com uma vinda brusca e uma partida súbita, com viagens, talvez com aventuras que são unicamente a força dos mais rápidos, preferirá viver livre com um alimento frugal do que cevado e na opressão. Não é a gordura, mas uma grande elasticidade e um vigor maior que o bom dançarino exige de seu alimento – e não vejo o que o espírito de um filósofo poderia desejar de melhor do que ser um bom dançarino. De fato, a dança é seu ideal, sua arte particular e finalmente também sua única piedade, seu "culto"...

## 382 – A grande saúde

Nós, homens novos, nós que não temos nome, que somos difíceis de compreender, precursores de um futuro incerto – temos necessidade, para um novo fim, de um novo meio, quero dizer de uma nova saúde, de uma saúde mais vigorosa, mais aguda, mais obstinada, mais intrépida e mais alegre do que foi até agora qualquer outra saúde. Aquele cuja alma está ávida por ter as feições de todos os valores que tiveram curso e de todos os desejos que foram satisfeitos até o presente, de visitar todas as costas deste "Mediterrâneo" ideal, aquele que quer conhecer, por meio das aventuras da experiência mais pessoal, que se sente um conquistador, um explorador do ideal e também que se sente um artista, um santo, um legislador, um instruído, um sábio, um homem piedoso, um adivinhador, um divino solitário de outrora: esse terá antes de tudo necessidade de uma coisa, da grande saúde – de uma saúde que não somente se possui, mas que se deve também conquistar sem cessar, porquanto sem cessar é sacrificada e precisa ser sacrificada!... E agora, depois de ter estado por tanto tempo em viagem, nós, os argonautas do ideal, mais corajosos talvez do que o exigisse a prudência, muitas vezes naufragados e abismados, mas em melhor saúde do que se poderia desejar e permitir-se, perigosamente bem de saúde, de uma saúde sempre nova – parece-nos ter diante de nós, como recompensa, um país desconhecido, do qual ninguém viu ainda as fronteiras, um além de todos os países, de todos os recantos do ideal conhecido até hoje, um mundo tão rico em coisas belas, estranhas, duvidosas, terríveis e divinas, que nossa curiosidade, bem como nossa sede de possuir, saíram de seus gonzos – ai! agora nada mais chega para nos saciar!

Como poderíamos, depois de semelhantes perspectivas e com semelhante forme na consciência, com semelhante avidez de ciência, nos satisfazer ainda com esses *homens atuais*? É deplorável, mas é inevitável que não prestemos mais seriamente atenção a seus objetivos e a suas esperanças mais dignas e talvez não pudéssemos até mesmo prestar atenção a isso.

Outro ideal corre diante de nós, um dieal singular, tentador, cheio de perigos, um ideal que não gostaríamos de recomendar a ninguém porque a ninguém reconhecemos facilmente o *direito* a esse ideal: é o ideal de um espírito que brinca ingenuamente, isto é, sem intenção e porque sua plenitude e sua força transbordam, com tudo o que até o presente se chamou sagrado, bom, intangível, divino; espírito para o qual as coisas mais elevadas que servem, com razão, de medida ao povo, significariam já alguma coisa que se assemelha ao perigo, à decomposição, ao rebaixamento ou , pelo menos, à convalescença, à cegueira, ao esquecimento momentâneo de si; é o ideal de um bem-estar humano-sobre-humano e de uma benevolência análoga, um ideal que parecerá muitas *desumano*, por exemplo, quando se coloca ao lado de tudo o que até agora foi sério, terrestre, ao lado de toda espécie de solenidade no gesto, na palavra, na entonação, no olhar, na moral, como sua viva paródia involuntária – e com o qual, apesar de tudo, a *grande* seriedade talvez só começa, com o qual o verdadeiro problema é talvez somente posto, o destino da alma volta, o ponteiro caminha, a tragédia começa...

## 383 – Epílogo

Mas ao traçar, para terminar, lentamente, lentamente, esse sombrio ponto de interrogação, quando eu não tinha a intenção de relembrar ao leitor as virtudes da verdadeira arte de ler – ai! que virtudes esquecidas e desconhecidas! – me dou conta que o rir mais zombeteiro, mais jovial e mais frívolo se faz ouvir em torno de mim: os próprios espíritos de meu livro se jogam sobre mim, me puxam as orelhas e me chamam à ordem. Eles me interpelam desse modo: "*Já não podemos mais; para o diabo, para o diabo, essa música negra e sombria como as penas de um corvo! A claridade da manhã já não brilha em volta de nós? Não estamos cercados de um verde e macio relvado, o reino da dança? Já houve uma hora melhor para estar feliz? Quem quer entoar uma canção, uma canção da manhã tão ensolarada, tão leve, tão aérea que, em vez de expulsar as ideias negras as convida a cantar com ele, a dançar com ele? Antes a melodia de uma estúpida cornamusa que esses sons misteriosos, esses gritos de coruja, essas vozes de além-túmulo, esses assobios de marmotas, com os quais nos presentearam até o momento em sua selvagem solidão, senhor eremita e músico do futuro! Não! Basta com esses sons! Entoemos melodias mais agradáveis, mais marcantes e mais alegres!*" – Aí está o que vocês querem, meus impacientes amigos?

Pois bem! Quem não lhes obedeceria de boa vontade? Minha cornamusa está pronta, minha garganta também – talvez saiam sons roucos, pois deem um jeito vocês! Estamos nas montanhas! Mas o que lhes farei ouvir será pelo menos novo e, se vocês não o compreenderem, se as palavras do trovador lhes são ininteligíveis, que importa! Essa é a "maldição do trovador". Assim ouvirão mais distintamente sua música e sua melodia, dançarão tanto melhor ao ritmo de sua gaita de foles... Querem isso?...

# Apêncice

## Canções do príncipe

## livre como um pássaro[1]

[1] O termo alemão do texto original "vogelfrei" significa também, no sentido figurado, "fora da lei" (NT).

## A Goethe

O imperecível
É apenas símbolo!
Deus, o insidioso,
Impostura de poeta...

A roda do universo
Rola de fim em fim:
O ódio a chama miséria,
O louco diz que é um jogo.

O jogo do mundo, imperioso,
Mistura o ser à aparência:
– A eterna loucura
*Nos* mistura a ela!...

## A vocação do poeta

Repousava, outro dia,
Sentado à sombra de espessa folhagem,
Quando ouvi golpes discretos,
Suavemente, como em compasso.
Aborrecido, fiz uma careta,
Até que enfim, eu também, como um poeta,
Comecei a falar em tique-taque.

Enquanto eu versificava, upa!
Sílaba por sílaba,
Subitamente desatei a rir, a rir,
Pelo menos durante um quarto de hora.
Tu poeta? Tu um poeta?
Estarás assim mal da cabeça?
– "*Sim, senhor, você é poeta*!"
Pic, o pássaro, dá de ombros.

Quem espero sob este arbusto?
Salteador, quem quero surpreender?
Uma sentença, uma imagem?
E logo faço a rima.
Tudo o que rasteja, o que saltita,
O poeta logo transforma em versos.
– "*Sim, senhor, você é poeta*!"
Pic, o pássaro, dá de ombros.

As rimas para mim são como flechas.
Como o animal sobressalta, treme, pula,
Quando a flecha penetra
Nas partes nobres de seu corpo!
Vais morrer, pobre diabo!
Ai! se não for de embriaguez.
– "*Sim, senhor, você é poeta*!"
Pic, o pássaro, dá de ombros.

Versículos oblíquos, cheios de pressa,
Pequenas palavras loucas que se atropelam!
Até que, linha após linha,
Tudo esteja suspenso na corrente.
E há pessoas cruéis
Isso diverte? Poeta sem coração?
– "*Sim, senhor, você é poeta*!"
Pic, o pássaro, dá de ombros.

Zombas, pássaro? Queres rir?
Já estou com a cabeça desvairada,
Meu coração estaria ainda mais?
Cuidado, cuidado com minha ira!
Mas o poeta tece rimas,
Mesmo irado, breves e verdadeiras.
– "*Sim, senhor, você é poeta*!"
Diz "pic", o pássaro, que dá de ombros.

# No sul

Num ramo torcido, eis-me suspenso,
E balanço meu cansaço.
É de um pássaro que sou hóspede,
Repouso num ninho de pássaro.
Onde estou então? Longe! Ai, muito longe!

O branco mar adormeceu,
Em sua superfície uma vela púrpura.
Uma rocha, uma figueira, a torre e o porto,
Idílios ao derredor, balidos de ovelhas,
Inocência do sul, acolhe-me!

Andar a passo – que existência!
Esse andar me torna alemão e pesado.
Disse ao vento que me levasse,
O pássaro me ensinou a planar.
Para o sul, sobrevoei o mar.

Razão! Coisa entristecedora!
Isso nos aproxima demais do fim.
Aprendi voando, o que me iludia.
Sinto a seiva que sobe e a coragem
Para uma vida nova e um jogo novo...
Pensar sozinho é a sabedoria,
Cantar sozinho seria estúpido!
Eis um canto em sua honra,
Sentem-se em torno de mim,
Em silêncio, pássaros maldosos!
Tão jovens, tão falsos, tão vagabundos,
Parecem ser feitos para amar,
E para todos os belos passatempos?
No norte – hesito em confessá-lo –
Amei uma mulher, velha de chorar:
Ela se chamava “Verdade”...

# A piedosa Beppa[143]

Enquanto meu pequeno corpo for belo,
Vale a pena ser piedosa.
Sabe-se que Deus gosta das mulheres jovens,
E sobretudo daquelas que são bonitas.
Ele perdoa, tenho certeza,
Ao pequeno monte
De amar, como mais de um pequeno monge,
A estar perto de mim.

Não é um padre da Igreja!
Não, é jovem e muitas vezes vermelho,
Apesar de sua cinzenta embriaguez,
Cheio de desejo e de ciúme.
Não gosto dos velhos,
Ele não gosta das pessoas velhas;
Grande é a sabedoria de Deus,
Como ele nos arranjou bem!

A Igreja sabe viver,
Ela sonda os corações e os rostos.
Sempre me haverá de perdoar –
E quem então não me perdoa?
Murmura-se na ponta dos lábios,
Dobra-se os joelhos e vai-se embora;
Com um pequeno pecado novo,
Apaga-se depressa o antigo.
Bendito seja Deus na terra,
Que ama as jovens bonitas,
E perdoa de bom grado
Essa espécie de dor do coração.
Enquanto meu pequeno corpo for belo,
Vale a pena ser piedosa:
Quando eu for uma velha senhora
O diabo virá me procurar!

---

[143] Beppa é hipocarística ou redução carinhosa e familiar do nome próprio italiano Giuseppa (Josefa) (NT).

## O barco misterioso

Na noite passada, quando tudo dormia,
E que, nas ruelas, o vento
Suspirava sem estar seguro de si,
Nada podia me acalmar, nem o travesseiro,
Nem a papoula, nem o que faz também
Dormir – uma boa consciência.

Enfim, renunciei ao sono,
Corri para a praia.
O clarão da Lua era suave - e, na areia quente,
Encontrei o homem com seu barco.
Os dois cochilavam, como pastor e ovelha:
– Sonolento, o barco deixou a margem.

Uma hora passou, talvez duas,
Ou talvez mesmo um ano?
De repente meus sentidos foram submersos
Numa eterna inconsciência
E um abismo se abriu,
Sem fundo: – tinha terminado!

– Chega a manhã, em negras profundezas
Um barco repousa e repousa –
Que aconteceu? Um grito se eleva,
Cem gritos: que há? Sangue? –
Nada aconteceu! Tínhamos dormido,
*Todos* – Ah! Tão bem! Tão bem!

## Declaração de amor
*(em que o poeta se fez despedir)*

Oh! maravilha! Voa ainda?
Sobe e suas asas não se mexem?
Quem é então que o leva e o eleva?
Onde está agora seu fim, seu voo, sua rédea?

Como a estrela e a eternidade
Vive nas alturas de que a vida foge,
Compassivo, mesmo para com a inveja;
Subiu bem alto quem o vê planar!
Oh! albatroz, pássaro!
Um desejo eterno me impele para as alturas.
Pensei em ti: então uma lágrima
Após outra, escorreu – sim, eu te amo!

## Canção de um carneiro de Teócrito[144]

Estou deitado, doente,
Os percevejos me devoram,
Perturbam minha luz!
Eu os ouço dançar...

Ela queria, a esta hora,
Deslizar até mim,
Espero como um cão
E nada chega.

Esse sinal da cruz que prometia?
Como ela haveria de mentir?
– Ou corre atrás de cada um,
Como minhas cabras?

De onde lhe vem o vestido de seda?
Pois bem! Minha altiva!
Há ainda mais de um bode
Nesse bosque?

– Como a espera amorosa
Me deixa perturbado e venenoso!
Assim cresce na noite úmida
O venenoso cogumelo do jardim.

O amor me corrói
Como os sete males.
– Não tenho mais apetite para nada,
Adeus, minhas cebolas!
A lua já se deitou no mar,
Cansadas estão todas as estrelas,
O dia chega cinzento,
Gostaria de morrer.

[144] Teócrito (310-250 a.C.), poeta grego nascido em Siracusa (Sicília), considerado o pai da poesia pastoril (NT).

# "Essas almas incertas"

Essas almas incertas,
Detesto-as até a morte.
Toda a sua honra é um suplício,
Seus elogios cobrem de vergonha

Porque, no fim de *sua* área,
Não atravesso o tempo,
O veneno da inveja, doce e desesperado,
Em seu olhar me saúda.

Que me injuriem cordialmente,
E me virem as costas!
Esses olhos suplicantes e extraviados
Sem cessar se enganarão a meu respeito.

## Um louco em desespero

Ai de mim! O que escrevi na mesa e na parede,
Com meu coração de louco, com minha mão de louco,
Devia decorar para mim mesa e parede?...

Mas *vocês* dizem: "*As mãos de louco rabiscam,*
*É preciso limpar a mesa e a parede*
*Até que o último traço tenha desaparecido*!"

Permitam! Vou dar-lhes uma pequena mão –
Aprendi a utilizar a esponja e a vassoura,
Como crítico e como homem de trabalho.

Mas quando o trabalho estiver findo,
Gostarei muito de vê-los, supersábios que vocês são,
Mesa e parede de sua sabedoria, sujas...

## Rimus remedium[145]

*ou: como os poetas doentes se consolam*

Feiticeira do tempo
De tua boca baba escorre
Lentamente uma hora após outra.
Em vão todo meu desgosto exclama:
"*Maldito, maldito seja o abismo*
*Da eternidade*!"

O mundo – é de bronze:
Um touro furioso – é surdo aos gritos.
A dor escreve com uma adaga voadora
Em minha perna:
"*O mundo não tem coração*
*E seria loucura dele querer um*!"

Derrama todas as papoulas,
Derrama a febre! O veneno em meu cérebro!
Depois de muito tempo experimentas
minha mão e minha fronte.
Que pedes? O quê? "*A que preço*?"
– Ah! Maldita seja a jovem
E sua zombaria!

Não! Volta!
Faz frio lá fora, ouço a chuva –
Eu deveria ser mais terno contigo?
– Toma! É ouro: como a moeda brilha!
Te chamar "*felicidade*"?
Te abençoar, febre?

A porta se abre de súbito!
Chove até em minha cama!
O vento apaga a lamparina – miséria!
– Aquele que agora não tiver cem *rimas*,
Aposto, aposto,
Que vai deixar sua pele!

[145] Expressão latina que significa "a rima como remédio" (NT).

## "Minha felicidade!"

Revejo os pombos de São Marcos[146]:
A praça está silenciosa, a manhã nela repousa.
No suave frescor, indolente, envio meus cantos,
Como um enxame de pombos para o azul
E os chamo de novo das alturas,
Mais uma rima que prendo à plumagem
– Minha felicidade! Minha felicidade!

Calma abóbada do céu, azul claro, teto de seda,
Planas protetora sobre o edifício multicor
Que amo – que digo? Que temo, que *invejo*...
Como seria feliz bebendo sua alma!
Alguma vez a devolveria?
Não, não falemos mais, presa maravilha do olhar!
– Minha felicidade! Minha felicidade!

Torre severa, com que vigor de leoa
Te ergues aqui, vitoriosa, sem custo!
Enches a praça com teus sons profundos –
Em francês, tu serias seu "*accent aigu*"![147]
Se como tu eu ficasse aqui
Saberia por que coação, suave como seda...
– Minha felicidade! Minha felicidade!

Vai embora, vai embora, música. Deixa as sombras engrossar
E crescer até a noite escura e suave.
É ainda muito cedo para as harmonias, os ornamentos de ouro
Ainda não cintilam em seu esplendor de rosa,
Resta ainda muito dia,
Muito para confabular, deslizar, cochichar sozinha
– Minha felicidade! Minha felicidade!

[146] Alusão aos milhares de pombos que vivem na praça São Marcos de Veneza (NT).

[147] Expressão francesa que significa "acento agudo, som agudo" (NT)

## Para os mares novos

Lá embaixo – quero ir e confio
Em mim e em minha arte.
O mar se oferece, vasto, e se estende
E meu barco genovês navega para o azul.

Tudo cintila para mim, num esplendor novo,
O meio-dia cochila no espaço e no tempo: –
Só *teu* olhar – monstruoso
Me fita, ó infinito!

# Sils Maria[148]

Estava sentado ali à espera – à espera de nada,
Para além do bem e do mal, usufruindo ora
Da luz, ora da sombra, abandonado
A esse jogo, ao lago, ao meio-dia, ao tempo sem fim.
E depois, de súbito, amiga, um se tornou dois –
E vi passar Zaratustra perto de mim...

[148] Localidade suíça onde Nietzsche permanecia longas temporadas (NT).

## Para o mistral

*Canção para dançar*

Vento mistral, caçador de nuvens,
Matador de tristeza, varredor do céu,
Tu que muges, como te amo!
Não somos nós dois as primícias
De uma mesma origem,
com a mesma sorte,
Eternamente predestinados?

Lá, nos deslizantes caminhos de falésia,
Acorro dançando a teu encontro,
Dançando, enquanto assobias e cantas;
Tu que vens sem navio e sem remos,
Como o irmão mais livre da liberdade,
E te lanças nos mares selvagens.

Apenas acordado, ouvi teu apelo,
Desci as falésias,
Até o muro amarelo do mar.
Saúde! Já como as claras ondas
De uma torrente de diamante, descias
Vitoriosamente da montanha.
Nos ares nivelados do céu,
Vi galopar os cavalos,
Vi a carruagem que te leva.
Vi até mesmo o gesto da mão
Que, no dorso dos cavalos,
Como o relâmpago baixa seu chicote,
Eu te vi saltar da carruagem
Para acelerar tua corrida,
Eu te vi correr como uma flecha e
Tombar diretamente no vale,
Como um raio de ouro trespassa
As rosas da primeira aurora.
Dança agora sobre mil dorsos,

No dorso das ondas,
das ondas pérfidas –
Saúde a quem cria danças *novas*!
Dancemos de mil maneiras,
Que *nossa* arte seja denominada – livre!
Que seja chamada gaia – *nossa* ciência!
De tudo o que floresce tomemos
Uma flor para nossa glória,
E duas folhas para uma coroa!
Dancemos como trovadores,
Entre os santos e as putas,
Dancemos
entre Deus e o mundo!
Aquele que, com os ventos, não sabe dançar,
Aquele que deve se envolver em mantos,
Como um velho enfermo,
Aquele que é hipócrita,
Arrogante e virtuoso como um ganso,
Que deixe nosso paraíso.

Sacudamos a poeira dos caminhos,
No nariz de todos os doentes,
Espantemos os rebentos dos doentes,
Purifiquemos a costa inteira
Do hálito dos peitos secos
E dos olhos sem coragem!
Expulsemos quem perturba o céu,
Enegrece o mundo, atrai as nuvens!
Clarifiquemos o reino dos céus!
Mujamos... tu, o mais livre
De todos os espíritos livres, contigo
Minha felicidade *muge* como a tempestade.
– E, para que essa lembrança
Dessa felicidade seja eterna, toma a *herança*,
Toma essa *coroa* contigo!
Atira-o para cima, atira-a mais longe,
Apodera-te da escada que leva ao céu,
E amarra-a – nas estrelas!

## VIDA E OBRA DO AUTOR

Friedrich Wilhelm Nietzsche nasceu em Röcken, Alemanha, no dia 15 de outubro de 1844. Órfão de pai aos 5 anos de idade, foi instruído pela mãe nos rígidos princípios da religião cristã. Cursou teologia e filologia clássica na Universidade de Bonn. Lecionou filologia na Universidade de Basileia, na Suíça, de 1868 a 1879, ano em que deixou a cátedra por doença. Passou a receber, a título de pensão, 3.000 francos suíços que lhe permitiam viajar e financiar a publicação de seus livros. Empreendeu muitas viagens pela Costa Azul francesa e pela Itália, desfrutando de seu tempo para escrever e conviver com amigos e intelectuais. Não conseguindo levar a termo uma grande aspiração, a de casar-se com Lou Andreas Salomé, por causa da sífilis contraída em 1866, entregou-se à solidão e ao sofrimento, isolando-se em sua casa, na companhia de sua mãe e de sua irmã. Atingido por crises de loucura em 1889, passou os últimos anos de sua vida recluso, vindo a falecer no dia 25 de agosto de 1900, em Weimar. Nietzsche era dotado de um espírito irrequieto, perquiridor, próprio de um grande pensador. De índole romântica, poeta por natureza, levado pela imaginação, Nietzsche era o tipo de homem que vivia recurvado sobre si mesmo. Emotivo e fascinado por tudo o que resplende vida, era ao mesmo tempo sedento por liberdade espiritual e intelectual; levado pelo instinto ao mundo irreal, ao mesmo tempo era apegado ao mundo concreto.

**Impressão e Acabamento:**
Gráfica Oceano